汉高祖刘邦

黄中业 ◎ 著

中国友谊出版公司

图书在版编目（CIP）数据

汉高祖刘邦 / 黄中业著 .-- 北京：中国友谊出版公司，2022.10

ISBN 978-7-5057-5539-0

Ⅰ.①汉… Ⅱ.①黄… Ⅲ.①汉高祖（前256-前195）－传记 Ⅳ.① K827=341

中国版本图书馆 CIP 数据核字 (2022) 第 156416 号

书名	汉高祖刘邦
作者	黄中业
出版	中国友谊出版公司
发行	中国友谊出版公司
经销	新华书店
印刷	天津画中画印刷有限公司
规格	880×1230 毫米　32 开 10 印张　185 千字
版次	2022 年 10 月第 1 版
印次	2022 年 10 月第 1 次印刷
书号	ISBN 978-7-5057-5539-0
定价	59.00 元
地址	北京市朝阳区西坝河南里 17 号楼
邮编	100028
电话	(010) 64678009

目 录

第一章　胸怀大志　起于草莽

一　秦始皇厌东南 / 003

二　泗水亭长刘邦 / 005

三　沛县刘、萧、曹三友 / 007

四　英雄曾"好酒及色" / 012

五　吕公慧眼择佳婿 / 013

六　观天子车驾出游——"大丈夫当如此也！" / 017

七　纵刑徒夜入草莽泽 / 028

八　芒砀山匿身观天下 / 030

第二章　趁势起兵　入关灭秦

一　始皇帝暴政、二世倒行逆施 / 037

二　陈胜、吴广大泽乡首倡起义 / 042

三　反秦烈火势成燎原 / 045

四　沛县父老拥戴沛公 / 053

五　举步维艰投奔项梁 / 056

六　张良说"沛公殆天授" / 058

七　怀王封项羽为鲁公 / 061

　　八　章邯镇压东方义军 / 064

　　九　巨鹿之战威震中原 / 068

　　十　沛公率先攻入关中 / 073

第三章　受封汉王　还定三秦

　　一　沛公还军霸上 / 083

　　二　制定约法三章 / 085

　　三　刘邦鸿门赴宴 / 087

　　四　项羽分封诸侯 / 094

　　五　汉王刘邦苦衷 / 098

　　六　以萧何为丞相 / 103

　　七　拜韩信为大将 / 104

　　八　汉王还定三秦 / 110

第四章　三杰辅佐　汉楚相争

　　一　汉王东渡黄河 / 117

　　二　汉军旗开得胜 / 120

　　三　刘邦彭城惨败 / 123

　　四　萧何转漕给军 / 125

　　五　韩信汉赵易帜 / 127

　　六　黥布归属汉王 / 132

　　七　张良运筹帷幄 / 135

　　八　陈平献离间计 / 138

九　韩信齐地称王 / 142

　　十　反攻前的坎坷 / 148

第五章　垓下一战　称帝天下

　　一　韩信、彭越按兵不动 / 153

　　二　楚军垓下四面楚歌 / 154

　　三　项羽溃围、斩将、刈旗 / 157

　　四　乌江岸边一曲悲歌 / 159

　　五　刘邦即位汜水之阳 / 163

第六章　以秦为鉴　轻徭薄赋

　　一　汉初社会经济凋敝 / 169

　　二　高帝发布五月诏书 / 171

　　三　轻徭薄赋政策实施 / 175

　　四　"马上治之"引出陆贾一部《新语》/ 176

　　五　"惩戒亡秦孤立之败"埋下隐患 / 178

第七章　建章立制　规摹弘远

　　一　定都关中 / 185

　　二　徙都长安 / 188

　　三　封雍齿什方侯 / 191

　　四　诏定功臣位次 / 192

　　五　叔孙通制礼仪 / 195

　　六　萧何汉律九章 / 198

七　韩信、张良整次兵法 / 201

　　八　张苍为汉制定章程 / 203

第八章　大驾亲征　平叛御侮

　　一　分封异姓诸侯王 / 207

　　二　田横与五百壮士 / 208

　　三　臧荼和利几反叛 / 211

　　四　韩王信叛走匈奴 / 211

　　五　匈奴困高帝于白登 / 214

　　六　刘敬献策和亲匈奴 / 215

　　七　贯高谋刺汉高帝 / 218

　　八　伪游云梦擒韩信 / 221

　　九　北征陈豨 / 229

　　十　东征黥布 / 232

第九章　刘氏家族　吕后内助

　　一　太公高寿 / 243

　　二　妻妾众多 / 245

　　三　高帝八男 / 248

　　四　患难夫妻 / 252

　　五　智擒彭越 / 253

　　六　计诛韩信 / 255

　　七　易立太子 / 257

　　八　戚姬命运 / 265

第十章 临终嘱托 遗风后世

一　临终诏书 / 271

二　相国人选 / 272

三　迟不发丧 / 274

四　萧何见疑 / 275

五　张良隐逸 / 280

六　萧规曹随 / 283

七　卢绾悲哀 / 287

八　豁达大度 / 291

九　从谏如流 / 299

十　《大风歌》/ 304

汉高祖刘邦大事年表 / 307

第一章
胸怀大志　起于草莽

　　公元前 256 年，刘邦降生在沛县丰邑的普通农家。此人长大后不事产业，结友交游，直到三十六岁那年，秦王嬴政兼并群雄，建立大秦帝国，刘邦才在秦帝国的泗水郡沛县当上了泗水亭长。正是在这个小小的亭长任上，刘邦的雄心与日俱增。始皇帝对东南地区的臣民颇不放心，曾不止一次地说过"东南有天子气"。可是，秦始皇怎么也不会想到，日后夺取秦王朝天下的，竟是小小的泗水亭长。

一　秦始皇厌东南

大秦帝国的东南地区，在春秋战国时期原是楚国的故地。楚于战国"七雄"之中，疆域最为辽阔，物产丰富，具有较强的经济实力与军事实力。当时有"凡天下强国，非秦而楚，非楚而秦"[1]，"横成则秦帝，纵成即楚王"[2]的说法。在秦灭六国的兼并战争中，楚国是秦军的第五个战略目标。如果不把秦军的囊中之物齐国计算在内，楚国实际上是秦军的最后一个战略目标。当李信所统率的二十万秦军被项燕所统率的楚军打得大败之后，秦始皇不得不亲自出面请老将王翦出山，并答应王翦早就提出的"非六十万人不可"的条件。秦始皇命王翦统率倾国之兵灭楚一事表明，楚于山东六国之中不仅地广人多，而且具有较强的军事实力。因此，秦帝国建立之后，秦始皇对帝国东南方的原楚国遗民最不放心，是很可以理解的。当时在楚地民间广为流传的一句谶语："楚虽三户，亡秦必楚"，这也反映出楚地的反秦情绪和势力比帝国的其他地区更为强烈。秦始皇当时所说的"东南有天子气"，显然是同这样的历史背景联系在一起的。

秦始皇所说的"东南有天子气"，实际上是按照当时方士们的迷信说法，认为皇帝所在的地方，天空有一种特殊的云气，这种"五色具而不雨"的特殊云气，便是所谓"天子气"。秦始皇经常说这句话，表明他担心帝国东南方的天子云气下面隐伏着将来可能要称帝的

---

[1]《战国策·楚策一》。
[2]《战国策·秦策四》。

人物，而这又是他绝对不能允许出现的事情。他巡行东南的目的之一，便是为了镇伏这股天子气。这便是《史记·高祖本纪》上所记载的"秦始皇帝常曰：'东南有天子气'，于是东游以厌（yā）之"。

　　文献记载表明，秦始皇常说的"东南有天子气"，并不是他自己所观察的结果，而是秦帝国负责"候星气"官员中的所谓"望气者"向他提出的观测报告。《史记·项羽本纪》亦曾载范增向项羽进言："沛公志不在小。吾令人望其气，皆为龙虎，成五彩，此天子气也。"可见，秦汉时的一些人包括项羽的军师范增在内，都相信"望气者"关于五彩云、天子气之类的说法。而一心想寻仙求药、幻想长生不老、屡受方士欺骗而不悔的秦始皇，对此更是深信不疑，并且想通过巡游东南来镇伏可能危害秦帝国的天子气。范增所说的"吾令人望其气"一语表明，他说刘邦有天子气，也不是自身观察后的结论，而是他使令专门从事望气的人观测的结果。之所以有以"望气"为专门职业的人，是因为当时迷信占卜，于是便有人望云气来附会人事，预言吉凶。

　　由于秦始皇相信望气者关于天子气一类的预言，特别是后来的大汉皇帝刘邦果然是楚国故土上的人，因而汉代以后的一些文献典籍中，记载了不少有关秦始皇镇伏天子气的故事。所谓望气者关于天子气的说法，当然是利用人们的迷信心理，以望气附会人事，预言吉凶，不足为信。但是，秦始皇等人却相信望气者所说的话，他的"东游以厌之"，表明镇伏天子气很可能是他东巡的目的之一。在今天看来，汉代人谈秦始皇常曰东南有天子气，显然是为刘邦贵为天子和为汉王朝的授命于天制造舆论；《宋书》《晋书》中所载的"五百年后江东有天子气"以及"改金陵曰秣陵"，改朱方为丹徒之类，显然是借着谈秦始皇时的事来为魏晋之后的金陵为都城以及后来某朝开国帝王的出现制造舆论。关于秦始皇常说"东南有天子气",我们今天只能从这些记载中去猜测秦始皇对帝国的东南方很不放心,担心这里会出现新的天子,夺取秦帝国的江山。当然,刘邦后来的贵为天子一事,并非是望气者的"东南有天子气"的应验。

二 泗水亭长刘邦

秦始皇的望气先生们说"东南有天子气",这个预言固然不足凭信。但秦始皇死后的第十二个月,在帝国的东南方燃起了反秦的熊熊烈火,则是不可否认的历史事实。大泽乡与刘邦起兵的沛县,项籍、项梁起兵的会稽,还有黥布与番君起兵的鄱阳湖畔,等等,不都是帝国东南方的楚国故土么?在秦末无数支农民起义军中,最终夺取全国政权并贵为天子的,则是秦帝国东土上沛县境内的一个小小的泗水亭长,此人姓刘名邦,字季。

刘邦其人,据《史记·高祖本纪》[①]记载:"高祖,沛丰邑中阳里人,姓刘氏,字季。父曰太公,母曰刘媪。"沛是秦时县名,属泗水郡,治所在今江苏省沛县。丰邑中阳里,邑与里都是当时地方上的基层行政组织。当时,丰邑属于沛县,中阳里属于丰邑。汉王朝建立后,丰邑改为丰县,即今江苏省丰县。

沛、丰二县位于今江苏省的东北角,西与山东省单县接壤,北为山东省鱼台县,东临微山湖畔,与山东省微山县接壤,南与安徽省砀山县相连。刘邦的家乡,从地形上看属于苏北丘陵的西端,是山东

[①] 以下简称《本纪》,本书引文凡注以《本纪》者,皆指《史记·高祖本纪》而言。

省的低山、丘陵向南延续的侵蚀残丘,海拔大都在二百米左右。沛、丰一带的残丘低缓,临近微山湖畔,多有沼泽、小溪,溪流源出于沛、丰南面砀山县东南面的芒山、砀山。就自然条件而言,刘邦的家乡适于农业,又有水流与湖泊,堪称鱼米之乡。沛、丰一带的上空有什么天子气,不过是望气先生们的话语,可以不必当真。但是,在这一方的土地上,养育了西汉王朝开国皇帝刘邦与开国功臣如萧何、曹参、樊哙、王陵、周昌、周勃,则是不容否认的事实。

刘邦的父亲人称刘太公,母亲人称刘媪,太公与媪(ǎo)都是当时人们对老年男子或老年妇女的尊称与通称。刘邦正是出生于这样一个普通的农户家庭。

由于刘邦后来做了大汉王朝的开国皇帝,人们对于刘邦的降生,便编出了一段神奇的故事,用来宣扬君权神授,《本纪》对此亦有记载。故事说:

当初,刘太婆在大湖边休息小睡,睡时梦见与天神相遇交合。这时,正值天空中雷电交加,天昏地暗。刘太公冒着雷雨寻找妻子,在湖畔看见有一条蛟龙盘在妻子的身上。雨过天晴,蛟龙也随着乌云离去不见。后来,刘太婆怀了身孕,生下刘邦。

显然,这是刘邦做了皇帝之后人们编造出来的神话故事,其用意在于说刘邦是天神的后代,是真龙天子的传人,宣扬的是君权神授的理论。据《本纪集解》引皇甫谧曰:"高祖以秦昭王五十一年(公元前256年)生。"待到秦王政命王翦率大军灭亡楚国的那一年(公元前223年),刘邦已是三十四岁的壮年。

据《本纪》所载,刘邦相貌非凡,"隆准而龙颜",长着高高的鼻梁,上额突起,犹如龙额,有着漂亮的胡须,左腿上有七十二颗黑痣。后来,人们便通指"隆准而龙颜"为帝王的相貌。刘邦的为人,据记载是天性仁爱，待人宽厚，喜欢施舍，胸襟开阔。

在刘氏家中，刘邦还有两位哥哥，他排行老三。长大后，刘邦不肯像他的两位哥哥那样经营产业，居家过日子。父亲常常为此而责怪他，要求他像二哥刘仲那样"事家人生产作业"。父亲的责怪与劝告，并未能使刘邦有所改变。直到三十多岁，他也没有娶妻生子。好在刘氏一家的家境还说得过去，能养活得起他这个闲人。

刘邦三十四岁那年，秦灭楚国。两年后，秦统一六国，郡县天下。按照秦帝国的政治制度，在地方上，郡下设县，县下设乡，乡下每十里设亭。这时，刘邦已是壮年。他既不愿像平常人那样从事劳作，经营产业，总闲居家中又不是个办法，便应试出任沛县东部的泗水亭亭长。亭长的职责是平时负责练兵，接待来往官吏，为政府输送财物、传递文书等。在亭长之下，还设有掌管开闭扫除的"亭父"和掌管追捕盗贼的"求盗"。亭长是秦帝国基层政权组织中微不足道的小吏，然而这一职务的谋得，不仅可免去父亲整日对他的唠叨不休，同时也使他有机会与县府里的下级官吏们有所来往，见识了不少的世面，结交了不少新的朋友。

三　沛县刘、萧、曹三友

刘邦自从当上了泗水亭长以后，因公事经常出入县府衙门，一来二去，同县府里的下级官吏们混得很熟。刘邦目光锐敏，善于察颜观色，很能体察人们的心理活动。加之他谈话诙谐风趣，每当同事们聚首的时候，或在公案之旁，或在酒桌之上，只要刘邦一语既出，在场的人无不开怀大笑。他有时谈古论今，但更多的是设譬为喻，因而在座某位的言谈举止，就成了他取笑的对象。不消说，被取笑者往往是被弄得满面通红,手足无措。然而,这从不影响他与同事们的友善关系。因为同事们不仅知道他是善意的取笑,主要是他那体察入微的洞察、诙谐而风趣的言语,其中蕴藏着无限的智慧。他总是从人们不大留意或观察不到的地方,为大家挖掘出来可供开心的笑料,使同事们在公务之余感到无比的畅快。再说,刘邦并不总是取笑某一人,经常在场的任何一个人,没有不被刘邦所取笑过的。今天取笑你,明天取笑他,颇为公平,因此人们并不介意刘邦取笑自己;非但不介意,每当县府的小吏们聚首之时,如果刘邦没有在场,大家总是感到似乎缺少点什么,觉得有些索然无味。时间一长,同事们终于弄明白了,刘邦不是在嘲笑哪一个人,而是对人们的某些言谈举止和心态活动进行披露和揭示,使之曝光于大庭广众,供人们开心一笑,确实是"对事不对人"。因此,究竟是何人的言行成了取笑的对象,也就无所谓了。

至于县府里的衙役,刘邦也混得很熟。由于衙役与小吏身份有所不同,刘邦对他们的取笑便有些过分,带有很大的戏弄耍笑成分,表现出某种程度的玩世不恭。好在衙役们由于职业与身份的关系,对于刘邦的取笑也不介意,彼此的关系也相处得很融洽。

刘邦的取笑于同事及县府内的衙役,从一个侧面表明他对人情世故有很强的洞察力。他起兵反秦后的知人善任,显然与此有关;他善于处理人际关系,能把自己融合于不同阶层的不同人之中,是他做小吏时便具有的本领。一介亡国之民(楚被秦所灭),在秦帝国的暴政之下,作为一个胸怀大志的人,面对举世混浊的种种世态,他怎能不用玩世不恭的态度,取笑人们身上的种种可笑之处,来抒发胸中的压抑、积愤和不满,以求得心境上的平衡?对《本纪》中的"意豁如也,常有大度",特别是所谓"廷中吏无所不狎",作上述那样的一些理解，恐怕是合乎实际的。

刘邦对县府中的小吏无不取笑，又"好酒及色"，这绝不意味着同他私交密切的人都是些酒肉朋友。在县府的官吏之中，主吏掾萧何与狱掾曹参（cān），便同刘邦有着莫逆之交。在沛县之中，刘、萧、曹三人堪称沛县三友。萧、曹后来辅佐刘邦打天下功劳卓著，帝国建立后又相继为西汉王朝的第一、第二任相国。这里对萧、曹二人与刘邦共同起兵前的事迹，作如下的介绍。

萧何也是沛丰人，与刘邦是同乡。此人精明干练，通晓业务，勤于职守，办事公道，又忠厚老实，有很高的品德修养。在县府中，他起先是县丞手下的一名小吏。由于他通晓法律，审讯囚犯时无冤枉陷害，办案精明而公平，是县丞得力的助手，在县府的小吏之中享有盛誉。萧何的政绩被沛县县令发现后，便提拔他为沛县的"主吏掾"。主吏即功曹，汉代的郡守、县令之下皆设有功曹史，简称功曹，主管总务、人事，与闻政务，有相当的实权。掾（yuàn），是附属官员的通称。

萧何自升任主吏掾官职后，更是勤于政务，政绩突出。郡里负责考察属下各县官吏政绩优劣和郡县工作的监郡御史，带领着属官来沛县考察，发现萧何很称职，工作很出色，所经办的政务都能分辨得清清楚楚，无丝毫差错，是个难得的人才，便提拔他担任泗水郡的"卒史"职务。卒史是郡守官署中的属吏之一，共设置十员，分管不同方面的政务。在年终全郡官吏的考核中，萧何名列第一。

秦代的监郡御史直接对朝廷中的三公之一——御史大夫负责，其重要职责之一便是对全郡的官吏进行考核，同时为朝廷荐举人才。泗水郡的御史欣赏萧何的才能与品德，准备向朝廷汇报有关萧何的情况，推荐他到朝廷担任官员。由郡县中的属吏征调到朝廷中任职，这对于地方官员来说可谓是求之不得，被征调者无不倍感荣耀。令人感到不可理解的是，当御史把自己的想法告知萧何时，萧何略思片刻之后，首先感谢御史大人栽培自己的一片盛情美意，然后便以父母年迈为由婉转地向御史辞谢。起初，御史以为萧何是出于礼仪上的谦让，便再次劝他准备刻日赴京，祝愿他日后飞黄腾达。谁知御史愈是劝说萧何，萧何愈发坚持表示不愿到朝廷任职。萧何的这种态度，使得御史感到大惑不解。

萧何为什么与常人不同，不肯到朝廷任职？从他在郡县中勤勤恳恳的工作表现来看，这确实不可理解。作为郡县里一名下级属吏，勤恳工作的目的之一，不就是为了能晋升官职、享受更高的荣华富贵么？事实上，萧何作为一名属吏，也并非是不想升官。然而，洞明世事的萧何，从他在郡县担任属吏的多年实践中，他不仅精通自己所分管的政务，而且又善于思索。在任职期间，他深感大秦帝国的制度和法律竟是如此地高明与精细，是楚国的制度和法律所无法比拟的，因而对于楚国被秦所灭，他并不感到奇怪和惋惜。萧何专研秦王朝法律，勤于政务，在很大程度上是出于对崭新的、令他钦佩的秦帝国制度和法律的浓厚兴趣。当然，萧何的忠于职守，也包含着对乡亲父老们负责的心愿。也许萧何本人当时并没有意识到，他的专研法律、精通业务、关心百姓、善于思索，事实上使他走上了一条以治理国家为己任的道路。萧何后来成为汉帝国的一代名相，与此是不无关系的。

正因为如此，也促使萧何以敏锐的洞察力看到了秦帝国的另一面：在这样一个好端端的制度和法律体系之下，帝国的始皇帝为什么在施政方针上竟如此不顾百姓的疾苦：没完没了的徭役负担，数不清的无辜百姓沦为刑徒，戍五岭、筑长城、骊山墓、阿房宫……百姓们如何承受得了。他为此而苦闷，百思而不得其解。他目睹人民饥不得食，寒不得衣，赭衣半道，聚啸山林，转为盗贼，预感到将会有一场大风暴来临。在这种预感之下，他深知自己不过是郡县里的一个小小属吏，即或是调至朝廷，也不可能担任更高的官职，由他来扭转天下大势，力挽狂澜。萧何并不崇奉明哲保身，但是他也不愿到深不可测的朝廷中充当无谓的牺牲品，况且又远离家乡，抛弃父母妻子儿女，太不值得了。想到这些，萧何怎肯到朝廷去做官？

御史哪里能知道萧何会想到这些，他愈是说到朝廷任职前途无量，萧何愈是感到前景可怕，愈是再三辞谢。御史也是个聪明人，他见萧何坚决不肯到朝廷做官，其中必有缘故，但肯定不是因为有年迈的父母。御史器重萧何，见他不肯应征，也就不再勉强，当然也没有因此而责怪他，只是觉得这真是太遗憾了。

萧何不肯到朝廷做官的种种想法，表明他有非凡的政治眼光。否则，他不是成了秦王朝的殉葬品，恐怕也难以在汉帝国一展他的名相才能吧。

刘邦在沛县的另一名好友曹参，也是沛县人，在县府中担任"狱掾"，是主管监狱的一名小吏。曹参为人豪爽，有勇有谋，临事善于决断。在沛县属吏中，曹参是一位颇有威信、名望较高的小吏。在刘邦起兵后，他屡立战功，后来继萧何为汉帝国的第二任相国。

刘邦、萧何、曹参三人，各有长处，性格各异。论职务，萧何因担任主吏掾、卒史，比刘、曹二人有更大的实权，官职也略高一等。萧、曹任职于郡县，刘邦任泗水亭长。在刘邦的朋友之中，萧曹二人以其独到的眼光，深知豁达明理、谈吐风趣、颇有些玩世不恭的刘邦，是位能担当大事的人物。就三人的关系而论，堪称沛县三友。

四　英雄曾"好酒及色"

　　《本纪》中还谈到刘邦的"好酒及色"。作为一名亭长，刘邦哪里有那么多的公务可做，况且他又是一个不肯做那些琐碎小事的人。为消磨时光，抒发积闷，他近乎饮酒成癖，常常是不醉不止。除了在县衙内外与同事们饮酒外，他更多的是独饮自斟。他经常光顾的地方，是附近王大妈、武大娘所开设的两家乡间小酒店，而且往往是每饮必醉，人们常见他醉卧酒馆之中。时间一长，王大妈与武大娘都曾发现过这样的奇怪现象：

　　当刘邦醉卧小酒馆便榻之上酣睡时，武大娘和王大妈都曾发现过醉汉的上方似乎有游龙盘绕，因而感到惊奇万分。令武、王二店家感到惊异的，还有每当刘邦光顾小酒馆时，酒馆的来客便突然大增，常常是"酒售数倍"。所以每到年终结账的时候，两家酒馆主人便总是将刘邦平日所欠的酒账一笔勾销了。

　　刘邦的饮酒欠账，与"醉卧""有龙"不同，应属于事实，但这并非他小气。作为亭长，他并不像政府中的各级官员那样享有朝廷按时发给的俸禄，而是按规定派人替他耕种分给他的那一小块土地，以土地上的收获物作为自己的生活来源。刘邦从不搜刮百姓财物，又仁而爱人，喜好施舍，他手头哪里会有余钱供他整日饮酒？

　　关于刘邦的好色，史书没有留下具体的记载，只是在《史记·齐悼惠王世家》写道："齐悼惠王刘肥者，高祖长庶男也。其母外妇也，曰曹氏。高祖六年，立肥为齐王，食七十城。"这条记载表明，刘邦在与吕氏结为夫妻之前，至少有一个经常往来的情人，并生有一子。这在他的家乡几乎是人所共知的事。因而刘邦即皇帝位后立刘肥为齐王，表明他并不以结婚前与曹氏有过这段亲密关系为介意，有勇气把"私生子"立为王。同时也可以看出，当时人们并不认为刘邦婚前的这种行为有什么可以谴责的。刘邦的这位"外妇",史书只记载她姓曹氏,其他情况则不详。

五　吕公慧眼择佳婿

刘邦的结发妻子吕雉(zhì),字娥姁(xǔ),砀郡单父(今山东单县)人,出生于公元前241年,比刘邦小十五岁。单县是沛县西面的邻县,吕雉的父亲人称吕公,是沛县县令的好友。为躲避仇人,吕公举家迁至沛县居住,吕雉因此得以与刘邦喜结良缘。

沛县县令见老友吕公迁至本县居住,便决定摆酒宴为吕公接风。县令此举,从表面上看是不忘故友,重叙旧情,以交友之道为重,而实际上则是县令借此向他的下属官吏索取钱财的一次机会。县令有意事先将设酒宴款待吕公一事张扬出去,待到举行酒宴的那天,沛县府中的属吏及当地豪杰名流,闻知县令在家中设宴接待贵客,哪一位敢不前往凑趣助兴?既然前往县令家赴宴,又会有谁不备一份"礼物"便空手前往?

宴会当天,县令家门前车水马龙,客人出出进进,很是热闹。为应付这一场面,县令家中的管事忙碌不休,而主持收纳财礼的事宜,县令特意命主吏萧何担任。由协助县令负责全县官吏人事考核的萧何来接收财礼,县令举办此次宴会的真实用意,不言而自明。

县令在家中设宴接待贵客,刘邦怎能不赴宴往贺。但是,他既无朝廷俸禄,又不肯搜括百姓,连饮酒都是欠账,哪有钱以备财礼?然而,刘邦又怎肯错过这场盛宴?踌躇了一会儿,便两手空空而来。当刘邦来到县令家门前时,客人早已来了大半,县令与吕公已在堂上分宾主落座。在门前,刘邦听到萧何向前来的贵宾们说:"贺礼不满千钱的,坐于堂下。"

闻知萧何主持收纳财礼,刘邦心中不禁得一阵高兴,也就不为两手空空前来而犯难了。可是,对于贺礼不满千钱坐于堂下的这一规定,刘邦却有几分讨厌。灵机一动,刘邦便于门外在名帖上写道:"泗水亭长刘邦贺万钱。"而实际上他手中连一钱也没有带。负责招待的家客见刘邦在帖上写道"贺万钱",大吃一惊,便立即高声向门内喊道:"泗水亭长刘季贺万钱!"

随着,接待人员便导引刘邦入门到堂上入座。这时,坐于堂上主宾席的吕公,闻听有贺万钱的贵宾到来,大吃一惊,不知是何方贵客,便急忙起身迎接刘邦到堂上就座。

萧何在门内闻听接待人员高喊刘邦贺万钱,不由一怔。他心里清楚,刘邦哪里会有什么万钱充当贺礼,肯定是在欺诈,在心里暗自骂道:"这小子今天又到这里来耍鬼把戏,这不明明是给我出难题么?"萧何素知刘邦的为人,彼此又是莫逆之交,此刻也无可奈何,只得暂且为他遮掩一下。

刘邦呢,只见他大摇大摆地在门客的导引下,彬彬有礼地步入堂上。

萧何在堂下见刘邦在堂上受到吕公的敬重,便走上堂来,面对吕公说道:"刘季好说大话,很少能说到做到。"

萧何对吕公所说的这句话,实质上是对刘邦发出的警告。诈称贺万钱已使萧何有苦难说,他哪能容得刘邦在吕公面前再次口出狂言,惹出麻烦来。刘邦当然知道好友萧何的用意,但他装作没听见的样子,在他素来瞧不起的县府一班官吏面前,刘邦毫不客气,大大方方地坐在上座,一点也不谦让。

酒宴进行期间,刘邦在吕公的一旁神态自若,谈笑风生,与吕公谈得很是投机。酒席临近尾声，客人们已开始离座告辞，吕公一一答谢。当刘邦也要离座时，吕公向刘邦使了一个眼色，刘邦心领神会，知道吕公是要他暂且留住，也许有话要说。

刘邦待客人都已离去后，自己却留在后面。这时，吕公在送走全部客人后，转身面对刘邦，请他坐下。吕公落座后，便严肃而郑重地对刘邦说："您的相貌非凡，我家中有个亲生的女儿，愿意嫁给你为妻。"

此时刘邦已年近四十，仍未娶妻。他见吕公是一位不平凡的长者，又是县令的故友，心里有意答应这门亲事，但口上不得不回答说：

"后生蒙大人赏识，实属三生有幸。只是婚姻大事，容后生禀告父母后再作答复。"

"是的。是的。"吕公连声点头允诺。

从刘邦的回话和态度来看，吕公知道刘邦在心中已经答应了这门亲事，料想刘邦的父母也不会提出什么异议。

刘邦向父母禀告吕公之意，父母也很高兴。多年来，父母一直为刘邦的婚事操心，怎奈儿子对此事总是借故推托，使得做父母的也无可奈何。在儿子禀告此事之前，父母对三儿子的婚事问题，早已是心灰意冷，不愿再过问了。令二位老人喜出望外的是，这次是他的儿子主动禀告此事，从谈话的口气中，二老知道儿子心中有意与吕公女儿成婚，况且吕公又是县令的故友，不是寻常人家，当然没有任何异议。只是刘老太公在高兴之余，想起三儿子的婚事令他操心多年，心中难免还残存着怨气，便向三儿子说道：

"不成器的东西，都是年近四十岁的人了，还没有个家室。当父母的还能陪伴你们几天，也不愿为你再操这份心了。这件事只要你自己愿意，我和你妈也就不想再说什么了。"

刘邦从父亲的谈话中，知道二老心里对这门婚事是满意而高兴的，只是多年来对自己有些怨气，话不能不这么说。见父母答应这门婚事，刘邦心里很是高兴，因为这毕竟是他有生以来第一次要做新郎啊！

吕公把女儿吕雉许配给刘邦，这事在家中却引起了一场轩然大波。却说吕公赴宴后回至家中，把将女儿许配给刘邦一事讲给老伴儿，谁知吕老太听后大怒道："你这个老糊涂，从前总是跟我说咱们这个女儿与众不同，一定要嫁个富贵人家。来到沛县后，县令想把女儿娶做儿媳妇，这是多么好的一门亲事，门当户对，年龄也相般配。我有心答应，可你却说不合适，坚决不肯，我也依了你。可你今天却事先不向我说一声，竟稀里糊涂地把女儿许配给刘季。他刘季是什么人，都年近四十了，家里又没有什么产业……"

吕公见老伴儿唠叨没完，心里有些不耐烦，心想说不定还要说出什么令人烦恼的话来，便打断吕老太的话，生气地说："这不是你们妇道人家所能懂得的！难道我能让自己的亲生女儿将来受苦遭罪么？"

吕公是吕门的一家之主，他向吕老太说了这句话，这门亲事就算是这样地定了下来。

刘邦与吕雉结婚的那天，很是热闹。作为一名亭长，刘邦在远近也算是小有名气，加上他待人仁慈和善，人缘很好，又有县府里的一班同事和朋友，前来参加婚礼的客人很多。不消说萧何、曹参等人是宴席上的贵宾，就连县令也派人送来了一份贺礼。婚礼这天，刘邦感到平生从没有过的畅快，比平时多饮了许多酒。待到客人散去，他与妻子吕雉进入洞房时，早已醉得不成样子了。

刘邦自从娶吕雉为妻后，两人日子过得很和谐。从此，刘邦便很少光顾王大妈、武大娘所开设的两家小酒店，外妇曹氏那里也很少再见到刘邦的身影。吕雉的相貌虽然算不上是美人，但也五官端正，正是妙龄少女,豆蔻年华,又有良好的家教,举止有礼,为人还很要强。过门后,吕雉把家里家外都操持得井井有条,就连田间的农活,也都大多由她来劳作,对丈夫更是关心备至,很是敬重。刘邦对自己这位年轻的妻子从心眼儿里感到满意,对妻子体贴入微,吕雉劳作一整天所产生的疲乏,在丈夫无微不至的关怀下,瞬间便消失在幸福温情之中。

刘邦结婚后,吕雉为他生下一个女儿,这就是后来的鲁元公主;一年多后又为他生下一个男孩,这就是后来的孝惠皇帝。刘邦年过四十,喜得贵子,当然高兴万分。夫妻一起安安稳稳地过日子,二人之间的恩恩爱爱自不必细说。其间,曾有一件与后来似乎有关的事,《本纪》里有所记载。

前文已经说过,秦时的亭长不算是帝国在编的官员,官府也不发给俸禄,只是拨给一块田地,由官府派人代耕。虽说是有人代耕,也主要是播种或收获的大忙季节有人代劳,田间管理期间的除草等多项农活仍须家人劳作。自从吕雉嫁给刘家后,田间除草等农活儿主要是她承担下来。刘邦见妻子抚养两个孩子,又要到田间操持农活儿,很是心疼,便在农忙季节经常请假回家,协同妻子在田间除草。

六 观天子车驾出游——"大丈夫当如此也!"

刘邦自与吕雉结为夫妻,除照例忙于公务之外,有时也同妻子一道种田,膝下又添了一对儿女,乐享天伦,一段时间内精神上很是愉快,尝到了家庭生活的温暖。然而,像刘邦这样一个胸怀大志的人,小家庭的温暖、儿女情长之类并不能使他在精神上得到全部的满足。

成家几年之后，他时时有不可名状的烦闷生了出来，但又都不是妻子、儿女们惹的。这时，有一件"美差"使刘邦的这种精神状态得到了缓解，此事实与秦帝国的徭役制度有关。

当时，秦帝国的成年男子，除了每年为郡县地方政府服一个月的劳役外，一生中还要为中央政府（国家）服徭役一年、戍边一年。事实上，秦帝国农民的徭役负担很重，远远超出制度上的规定。按制度上的规定，沛县农民以及刑徒每年都要有人到都城咸阳，为国家服徭役或徒刑。浩大的秦始皇陵与阿房宫工程，常年需要几十万劳力。郡县被征调的服徭役的民夫，当然要由地方政府派人带领前往，并由带领者监管这些民夫。地方政府中的官吏，一般都不愿担任这一差事。因为这不仅要远离家乡，备尝旅途的辛苦，有时还要承担一些意想不到的风险，责任重大。秦法对带领民夫的官吏有非常严苛的要求与规定，违犯法规者将视其不同情节给予严厉的惩罚。

一日，刘邦正在亭舍中闲坐，胸中很是烦闷。恰巧曹参因公事路过这里，到亭舍休息片刻，顺便与刘邦叙谈叙谈。刘邦在烦闷之际见好友光临，很是高兴，邀曹参到武大娘酒店痛饮一场。曹参深知同刘邦饮酒不醉不休，而自己又公务在身，必须及时赶回县府，便谢绝道："亭长，今日实在对不起，手头有一个紧急的案子要办，天黑前必须赶回县府。容我改日陪亭长喝个痛快。"

刘邦看曹参讲话时的表情，不像是说谎，也就不再勉强，说道："这次就依了你，回去请转告萧功曹，就说我很想他，请他近日能抽空光临亭舍。到时候你随他同来，咱们痛饮一场。"

"恐怕不成，他近日忙得很哩。"曹参回答说。

"什么忙得很，做官还有不办公务的？"

"不是。近日郡里发下朝廷公文，又要调一批民夫到咸阳去服徭役……"

"徭役年年有，按规定征调不就是了，这同忙与不忙有何干系？"刘邦打断了曹参的讲话。

"我不是说徭役的征调，是说萧功曹正为物色带队人犯难。合适的人选都已不止一次地去过了，不合适的人选又令人放心不下。你想，当差的谁愿抛家舍业地受那份苦，又要冒些风险……"

刘邦挥手打断了曹参的谈话，他本来就烦闷，想同他饮酒解烦，他却说什么公务在身；邀萧何近日前来，又说什么为物色带队人犯难，不由得重添烦闷。曹参见刘邦心情不好，自己又急于赶回县府，便起身而去。

曹参走后，刘邦心想：真是各有各的难处啊！人生在世，何必为这些不值得的……想到这里，刘邦精神不禁为之一振，喜上眉梢。他暗暗自语：带领民夫去咸阳服役算得了什么！出去见见世面，总比一生一世都呆在沛县要强得多吧，何不趁此机会到京城走上一遭。当晚，刘邦主意已定。第二天清晨，刘邦来到县府萧何的寓舍。虽说卯时未到，萧何早已伏案办公。萧何见刘邦大清早就赶到县府，感到有些奇怪，以为出了什么事情，便问道："亭长清晨光临，有何公干，莫非是出了什么事情？"

"没有什么公干和事情，是来看望看望。"刘邦面带笑容地随便回答。刘邦这种表情和回答使萧何更是一时弄不清是怎么回事，便说："不对！你大清早就来到县里，必定是有事，是公事！对不？"

刘邦含笑不语，走近公案，公案上正放着与征调徭役有关的公文。刘邦有意地两眼盯着案上的公文，拖长了声调一字一字地笑着说道："我哪里有什么公事，是朋友间的私事，我是特意前来为萧大人排忧解难的啊！"

萧何是个聪明人，他见刘邦两眼盯着公文用特殊的语调说什么排忧解难，联想昨晚曹参回到县府转告他的邀请和曹刘之间的对话，顿时明白了刘邦的来意，便笑着说："亭长莫非是有意……"

萧何没有往下讲，只是瞧了瞧案上的公文，二人会意，便一同放声哈哈大笑起来。

由刘邦带领沛县的民夫去咸阳服徭役，当然是合适的人选，萧何没有什么不放心的。刘邦近些时候心情总是烦闷，也好借此机会出去散散心，见见世面。然而，这毕竟是远离家乡，只身在外，加之责任重大，秦法又严，万一有什么闪失……因此，萧何无论怎样为带队人选犯难，也不能往好友刘邦的头上去想。这次刘邦主动要去，考虑到方方面面的原因，萧何这才勉强地同意他出去一次。萧何不愿在朋友面前说什么担心风险之类的话语，只是向朋友问道："带队去咸阳的事，同嫂夫人说了没有？她同意吗？"

"说了。她管不了我的事。"

其实，在事情定下来之前，刘邦怎会同妻子讲？他认为这样的事情用不着同女人商量。然而，事情一旦定下来，如何向妻子讲这件事，刘邦又感到有些为难了。妻子比自己小十五岁，带领两个年幼的孩子在家里顶门过日子，是太难为她了。再说，自从结婚后刘邦从未出过远门。平时总是在一起，天长日久，习以为常，觉得没有什么。一旦要经年累月地离开妻子儿女，心里感到一种从未体验过的难受。早知如此，刘邦说不定不会主动去找萧何要求带队西行。但是，刘邦也不后悔，大丈夫一言既出，不容反顾。

从县府回家的那天晚上，儿女们睡下后，刘邦心情沉重地向妻子告知带队去咸阳的事。深夜的黑暗之中，刘邦看不到床榻上妻子的表情，也没有听到妻子在暗中啜泣。吕雉很理解和敬重丈夫，丈夫离家远行，她的心情可想而知。然而她近年来察觉到丈夫时常闷闷不乐，自己也不好问，怕增添他的烦恼。这时，吕雉心想：借此机会让他出去散散心吧，男人怎能总是守在家门口过日子？在丈夫面前，吕雉是个温柔和顺而又多情的妻子，但遇事时她又是个很刚强的女人，这就是《史记·吕太后本纪》所说的"吕后为人刚毅"。因此，在夫妻即将暂时分别之际，吕雉并没有像一般少妇那样在丈夫面前哭泣，而是把痛苦压抑在心中，劝丈夫用不着惦记家里，一路保重，节制饮酒，平平安安地早去早回。妻子的这种态度，使刘邦深深地引以自慰。

时至中秋，吕雉在刘邦行前早已准备好了过冬所需的寒衣。且不说刘邦夫妻儿女相别时的千情百态，只见启程时县府中送别刘邦的场面，昔日那些好友们无不前来饯行。按往常惯例，每位替他饯行的官员都得送给他三百钱，资助他旅途上的费用。当时，为官府服劳役抵债，每日的工钱是八钱，三百钱相当于一个劳力一个多月的工钱。只有萧何一个人送给他五百钱，刘邦为此很受感动，直到他做了皇帝之后，他还惦记着"何独以五"这件往事。

从沛县至咸阳，一路西行，大约有一个月的行程。深秋季节，田地的庄稼都已收割入场，冬小麦麦苗刚刚破土而出，中原大地之上，远望黄绿相间，近看则一片荒凉。田野上看不到劳作的农夫，只有田边枯黄的杂草，秋风迎面吹来，一派凄凉气氛。

刘邦同他带领的农夫，都是告别了亲人而踏上征程，怀着同样的心情向西方默默无语地行进，哪里有什么兴致欣赏旅途上的风光。刘邦感到这一年的深秋很是别扭：往年深秋同妻子女儿在场院打场，喜庆丰收，各户人家都是喜气洋洋的，怎么今年深秋在田野上却见不到人影，一派凄凉？年过四十的刘邦，难道不知道此刻农夫不在田野而在场院么？这是由于刘邦在旅途上心绪不好。此时，只有此时，他才体会到父母、朋友，特别是妻子儿女在他心中竟占有这么重的分量。

旅途中刘邦很少一个人独自饮酒，他深知自己带领着本县的几百名农夫，责任重大，不能给萧何及家中父母妻子添什么麻烦，让亲人挂念。妻子在临行前嘱咐他途中节制饮酒的那句话，他牢牢地记在心中。

刘邦出身于寻常百姓人家，在农村中长大，深知身服徭役的农夫们的疾苦。一路之上，他很关心农夫，有谁害了头疼脑热的，他都亲自问候。临行前同事们送给他的那些旅费，他饮酒是用不尽的，况且他又很少独自饮酒。因此途中不时用自己的旅费买些酒食，让大家一同享用；他自己也喝上几杯，但由于公务在身，朋友们又不在场，他也没有兴致多饮。几百名农夫中有人同他年龄相近，但大多是二十岁上下的青年男子，属于晚辈。刘邦的体恤农夫，使得他所带领的几百人对他无限感激和爱戴，没有一个人给他惹出什么麻烦。

刘邦带领民夫从沛县启程西行，一路上凄凄凉凉，心绪不佳，整日寡言少语，似乎变成了另外一个人。然而，走过函谷关（今河南灵宝西南）进入关中秦国故地时，他的心情随着路旁的景观开始振奋，似乎从另外一个世界把自己寻找回来，恢复了自我。被他带领的民夫们看得清楚：刘邦边走边仰望左侧高耸入云的秦岭，有时又驻足凝视路基之下右侧远方的黄河、渭水，那犹如一条条白色的丝带，一片宁静的气氛同左侧山间的鸟鸣声，恰成映照。

刘邦还是不讲话，他贪婪地望着层出不穷的奇景，仿佛自己走入了另一个世界，默然而无语。刘邦的脑海中在不停地思索：大秦帝国的故土，确是一块形胜宝地，崇山峻岭，巨川大河，形势险要，无怪乎山东六国的联军总是不能越函谷关而西行一步，而猛如虎狼的秦军却是从西方居高临下，一举而灭亡六国。这一切，都是刘邦身居沛县时所无法体会得到的。

　　观景览物，思索历史，伴随着刘邦西行的步伐。为在限期内赶到咸阳，刘邦怎敢停步发怀古之幽情。作为队长，跟随在他身后的，毕竟是几百名衣装不整、服色不一的农家子弟啊！也正因为如此，停留在他脑海中的景物，总是使他陷入在一片憧憬之中，使得他可以因此而尽情地遐想。

　　走着走着，远处的山阳水阴之间，露出了帝国皇帝离宫别馆的殿影。秦自建国以来，西起雍都（今陕西凤翔），东至潼关黄河，"东西八百里，离宫别馆相望属"[1]。所谓"关中计宫三百"[2]，说明秦国多年来在渭水两岸所先后建造的庞大宫殿群，堪称数不胜数。风格各异的秦宫，夕阳映照，点缀在青山绿水之间，使刘邦神往而心花怒放。这时，刘邦才知道在家乡时常听老人们所讲述的天宫，其实不是在天上，而是在人间，就在他的视野之内。

　　刘邦同他所带领的民夫们全都被征途上的景观所感染了，一个个指指点点，欢声笑语，旅途的疲劳被驱散得无影无踪了。人们此刻的心情，如果说有什么不同的话，那便是民夫们更感兴趣的是山坡树上红透了的柿子，田间的茅屋农舍……而刘邦的视线，却始终不曾从此处彼处的宫殿上方移开。他在想：建造这么多的宫殿，有一处不就够用了么？要是自己，选择一个最好的去处，建造一个最好的宫殿，也就够一生一世享用了，何必建造那么多！驰骋的想象，使刘邦忘记了自己的身份。归终，他无限感慨。山间的离宫，不也是人住的么？他暗暗自语：何时能住上这种别馆，也不枉活一世！

---

[1]《史记·秦始皇本纪·正义》引《庙记》。
[2]《秦始皇本纪》。

总之，秦帝国的离宫别馆，把来自帝国东土的刘邦，引入了一个新的世界。此时此刻，什么近年来的烦闷，旅途上的凄凉，父母、朋友、妻子儿女，似乎都成了另一个世界的往事，自己如今同他们已经斩断了一切联系。以往的四十多年，不过是逝去的一场梦；而在他所想往的这个新世界里，则只有他刘邦和山间的离宫别馆。

刘邦所带领的民夫，报到地点是咸阳城东南的阿房宫工地，距咸阳尚有几十里的路程。进入工地后，民夫便在监管下投入了紧张而繁重的劳作，刘邦则借着职务上的方便，有机会瞻仰了雄伟的咸阳城墙和城楼，游览了城中繁华的街市，特别是有幸目睹了秦始皇帝车驾出行。

秦始皇车驾出行，一般都是戒备森严，禁止老百姓围观。但偶尔也有破例的时候，即允许路旁的百姓观看，任人瞻仰，借以在平民百姓面前显示他的神威。史书记载中的"纵观"，即任人观看的意思。刘邦有幸赶上这一盛大场面，当时，警戒线之外，路旁人山人海。刘邦被人流涌至前沿，他叉腿站稳了脚跟，得以观看了皇帝车队在他面前驶过的全部情景：

车队前面的是类似兵车性质的所谓"高车"，每车驾清一色的四匹高头大马。车上笔直地站立着高大魁梧的卫士，手持兵器，身着盔甲，目光直视，威风凛凛。兵车之后是副车，即所谓"安车"。车上有椭圆形车盖，车厢分前后二室，外表装饰华丽，前面坐着谦恭谨慎的驾车御官，也是每车驾清一色的四匹高头大马。副车过后是秦始皇帝乘坐的更为豪华壮丽的所谓"金根车"，车上驾六匹清一色的高头大马。金根车过后，又有副车、兵车驶过。整个车队浩浩荡荡地在刘邦眼前驶过，他感到眼花缭乱，也说不上有多少车驾驶过，行进了多少时间。

据文献记载，天子车驾出行，有大驾、法驾、小驾之分，除皇帝乘坐的金根车、五时副车之外，大驾有属车（包括兵车在内）八十一乘，法驾有属车三十六乘，小驾有属车九乘。秦始皇此次车驾出行，不是出函谷关巡行帝国的东土，当然不会配备有八十一乘属车的"大驾"；但他恩准百姓"纵观"，用配备九乘属车的"小驾"又不足以在百姓面前显现皇帝的神威，因而他下令配备有三十六乘属车的"法驾"。由金根车、五时副车、三十六乘属车和仪仗所组成的车队，可谓是浩浩荡荡了。

秦始皇当年所乘坐的车驾，实物当然难以保存至今。但是，1978年6月秦始陵出土的两驾铜车、铜马、铜俑系精美的仿真制品，大小相当于真车、真马、真人的二分之一，车与系驾的结构完全模拟实物，与真车马基本上无有差异，现已修复完好，公开向人们展出，使我们有幸从实物上分享刘邦当年所曾享受到的一点眼福。

当秦始皇的车驾从纵观的百姓面前驶过后，警戒线随之撤除，人群中也顿时鼎沸起来。此时，刘邦才如梦方醒，望着远去的车队，他情不自禁地感叹道："嗟乎，大丈夫当如此也！"

刘邦也弄不明白，自己怎么会在大庭广众面前冒出了这样一句犯有杀头大罪的狂言。好在当时离散的观众人声沸腾，周围也没有什么人听清他这句话，但刘邦却对自己一字一字吐出的这几个字，听得清清楚楚。

司马迁作《史记》时，于《高祖本纪》以凝炼的文笔生动地记载了这则故事：

高祖常繇咸阳，纵观，观秦皇帝，喟然太息曰："嗟乎，大丈夫当如此也。"

这次纵观皇帝车驾出行，刘邦也有小小的遗憾，即没有看到始皇帝的"龙颜"。秦始皇当时并没拉开车窗（据秦始皇陵出土的副车实物，车的后室前阑的上方，有一帘状掀窗，左右两侧又各开一个推拉式的小窗。两副窗板均镂空铸成菱花形小孔，闭窗后仍可隐约看到窗外景物的大致状况，但外边却看不见窗内的情况，起到了今日纱窗的作用），他不想让百姓看到他的龙颜，这不仅因为他有时微服私行于街头民间，以保自身的安全，而且为了不失自己的尊贵；但在有菱花形小孔的窗内，秦始皇却可以看到窗外百姓沿途瞻仰他的盛况。刘邦虽然没有目睹秦始皇的龙颜，但他脑海中所想象的皇帝尊容，肯定会比实际要神秘且高大得多，因而对他具有长久的诱惑力。

第二年的秋天，沛县下一批来咸阳服徭役的民夫到达阿房宫工地，刘邦这才带领去年秋天来到这里的民夫启程返回家乡。

家乡毕竟是家乡，亲人毕竟是亲人。这里，且不说刘邦同父母、朋友、妻子如何叙说一年多来的离别之情；也不说刘邦与萧何、曹参在饮酒间谈及他在关中、咸阳的观感，以及皇帝车驾仪仗和自己的口出狂言之类。这里，有必要指出如下的事实：刘邦在关中和咸阳神往离宫别馆与纵观皇帝车驾前前后后的那些日子，他早已把家乡的父母、朋友、妻子儿女忘得一干二净，仿佛自己成了另外一个世界的主人，同往昔断绝了一切。因而，当他回到家乡的亲朋之间、身在温柔之乡，却仍对关中、咸阳不能忘怀，时时神往。

刘邦在关中忘却家乡，在家乡又神往关中，这就决定了他在第一次去咸阳之后，又多次隔年带领服徭役的民夫去咸阳，这就是《本纪》所说的"高祖常徭咸阳"。

在沛县生活了四十多年的刘邦，除了熟悉终年劳苦的农夫之外，所见到过的人物上至郡县守令，下至守令的属吏，除了萧、曹之外，他一概瞧不起。然而瞧不起守令及其属吏又算得了什么？"大志"又从何谈起？他多次带领民夫去关中，走咸阳，刘邦这才知道这世界有多大，见到了他从未见到过的一切。沛县是刘邦生活了四十多年的现实世界，关中与咸阳也是现实世界，而后者反映到刘邦的头脑中，却成了他的理想王国。在这个理想王国中，当然要有士农工商四民，人人安居乐业，但国王则应当是他刘邦。他应享有关中的三百余处离宫别馆，拥有秦皇帝那样的车驾仪仗，手下有呼之即来的文武百官，后宫有数不清的嫔妃美人……

从刘邦的经历来看，"常徭咸阳"是他一生的转折点。他多次来到关中，实际上是在接受"洗礼"，洗去身上的世俗习气，终于找到了大志的终极目标。从此，他既在物质上生活于现实世界之中，又在精神上向往一个理想的世界，从而形成了他的双重人格。在后来秦末农民大起义的洪流中，可谓英雄豪杰辈出，刘邦不过是其中的一员。然而，那些诸多叱咤风云的人物虽然是现实世界里的英雄豪杰，论指挥作战的本领和拥有的势力，超过刘邦者大有人在，但谁也没有像刘邦这样曾多次到关中去接受洗礼，没有谁像刘邦那样在头脑中多年追求着属于他的理想王国。说穿了，谁都没有在秦始皇在世时便有"大丈夫当如此也"的大志，也没有在起义之初便有当皇帝的雄心和规划，因而一个个败在刘邦的手下。试想，刘邦如不是"常徭咸阳"并树立了"大丈夫当如此"的大志，他凭什么能在秦末乱世，于各路诸侯之中夺得帝位？

理想毕竟离不开现实。刘邦确实是在追求他的理想世界，但他的双脚还是得站在现实世界之上，并且要经受他不曾经受过的磨难。

七　纵刑徒夜入草莽泽

刘邦热衷于"常徭咸阳",乐此不疲,好友萧何不止一次地在心中思索,担心万一有什么闪失。他了解刘邦,终归还是未加劝止,总是支持他带队前往。但最后这一次,却与以往有所不同:这次由他带领的不是服徭役的农家子弟,而是身带刑具的刑徒;服役的地点和所从事的苦役,不是在咸阳城东南建造阿房宫,而是在骊山(今陕西临潼县东南)脚下修秦始皇陵。至于时间呢?已是始皇帝病死沙丘的前夕。帝国所面临的形势,已不是天下太平,而是"群盗满山",普天之下,"亡逃山林"者已是数不胜数了。

在山雨欲来风满楼的形势下,县令点名命刘邦带领刑徒去骊山修墓。出发前,刘邦便预感到气氛与往常有所不同。然而他多年来自告奋勇地"常徭咸阳",人们又无不赞扬他带队有方,他此次怎好意思借故推辞,心中确实有难言之处。

果然不出刘邦所料,刚刚离开沛县县城不远,队伍中便有不少人逃亡。刑徒逃亡的原因,当然是不甘心受罪,担心难以活着回来,不如现在逃亡,也许会有一条生路。况且,当时的破产农民,还有在骊山修墓的刑徒如黥布之流,"亡逃山林"者大有人在,有不少人选择了这条道路。因而刘邦所带领的刑徒一离开县城便有多人逃亡,是不足为怪的。

面对着刑徒出发后的逃亡,刘邦大伤脑筋。他估计,照此下去,不待到达骊山,刑徒岂不是要逃光了么?当队伍行至丰邑西面的泽中亭(因亭在沼泽地中,故名泽中亭)时,刘邦已从刑徒的逃亡中受到启发,找到了自己不容选择的唯一一条生路。刘邦知道,按照秦法,他所带领刑徒到达骊山时如果逃亡大半,是要依法问斩的。与其到骊山伏法就刑，莫如现在就逃亡山林，也许还能活下去。想到这里，刘邦主意已定。

在泽中亭，刘邦下令就地休息。他拿出自己的旅费，派人到附近买来酒肉，请大家开怀痛饮。以往带队西行，刘邦也曾同带领的民夫们于途中饮酒，但作为队长他总是节制自己，因为前面还有路程。这次不同了，他前面的路程，不是西行入关，而是从此去他也不知道的去处，自己也从此不再是什么带队的队长，还节制什么？在酒肉面前，刘邦第一次如此地与他所带领的刑徒们开怀痛饮。从表面上看，刘邦是那样高兴地大口饮酒，大声呼喊；其实，在场的人，谁也没有像刘邦的心情是那样的复杂和痛楚。

痛饮之中，刘邦思绪万千。自父母生下自己以来，已有四十余载。如今，父母健在，家有娇妻爱子，自己也曾多次带队去咸阳风光过，不止一次地做过当皇帝的美梦，而今日却落得个有国难报、有家难投，上不能孝敬父母、下不能抚养妻子儿女的悲惨地步。此时此刻，他想的不是什么理想王国、皇帝美梦，而是必须正视的冷酷现实：逃亡山林。在这种心情下饮酒，怎能不醉？待到夜幕降临后，刑徒中有不少人也都喝得大醉了。以刘邦的酒量，他虽然今日饮得大醉，但头脑尚且清醒，尚能出言不乱。刘邦见天色已黑，便起身向刑徒们高声说道：

"诸位父老乡亲们，你们就此各奔他乡去吧！我也要从此离开这里，远走他方了。"

刑徒们明白刘邦这番话的意思，是当场释放他们，各谋生路。刑徒们趁着酒兴，纷纷相互砸坏刑具，霎时间便亡匿不见了。有十几名青壮年被刘邦释放刑徒的行为所感动，觉得逃往他处也死生难料，甘愿随从刘邦同行。

八　芒砀山匿身观天下

刘邦在西距沛县县城二百里左右的丰西泽中亭将所押送的百余名刑徒释放，自己也随即逃亡，为首者当然是死罪。消息很快便传到沛县。私自释放所押送的全部刑徒，这并非一件小事。若不是在秦帝国行将灭亡的前夕，这件事非追究法办不可。然而，当时的天下动荡不安，各级地方官员也都是自身难保。如果上报朝廷，按秦法且莫说是沛县县令，就是泗水郡郡守也要负有不同程度的连带责任，将受到刑事或行政处罚，因而从县令到郡守都是故意装作不知，没有把此事上报至朝廷。况且，沛县县令和县府中的属吏如萧何、曹参等人，同刘邦又有着不同程度的密切关系，因而对此事遮掩不提，首犯刘邦亦未被立案追查。

刘邦释放刑徒后去向不明，急坏了家中的父母和妻子，特别是他的妻子吕雉。年迈的父母为儿子的下落不明而忧伤，但又无可奈何。父亲有时还很生气，怨他的这个三儿子从小就不听老人的话，"不事家人生产作业"，在外边胡闹，才有今天的下场，叫老人为他操心，他这也是自作自受。作为同命运的妻子，吕雉与公公的想法和态度不大相同。自从得知丈夫逃亡后，她昼思夜想，坐立不安，在家里再也呆不住了。于是，吕雉把年幼的女儿、儿子安顿在外婆家中，自己毅然地离开家门，踏上了寻夫的行程。

且说当初刘邦在草泽中举首四望，哪里会是自己的栖身之处呢？迟疑之时，刘邦想起秦始皇几年前东巡时说过的一句话。这位千古少有的秦始皇帝，虽说是聪明一世，晚年却又做出了不少糊涂一时的蠢事。他听信"望气者"所说的"东南有天子气"，把这句话挂在自己的嘴边上，四出宣扬，并且以东游楚地来制伏这股天子气。就客观效果而言,这岂不是替被推翻的六国旧贵族宣扬帝国的江山不稳么?怎能不算是秦始皇所做的一件蠢事呢?可以证明这一点的是,刘邦在走出沼泽地后,于迷茫之中受秦皇帝"东南有天子气"这句话的启发,举目遥望南面那云雾缭绕的芒山、砀山,心想:面前莫非就是为自己提供的有天子气的栖身之处吧?于是便毫不犹豫地带领十余人向芒山、砀山走去。

芒、砀(dàng)两山在今安徽省砀山县东南,芒山县是沛县西南方的邻县,芒山在北,砀山在南,其间相距仅八里。芒砀两山系苏北丘陵的东缘,海拔并不太高,但位于低洼的沛丰沼泽地的南沿,其相对高度亦足以称为这一地区小有名气的山陵,况且山间有古树密林,杂草丛生,蜿蜒起伏,于"山泽岩石之间",不乏可匿身之处,可供辗转栖身。

刘邦进入芒、砀山后,大有绝处逢生之感。匿身于山岩间的风霜雨雪之苦,对于出身农家的刘邦和跟随他的十几余名青壮年来说,并算不得什么。虽然要经常变换住处,东躲西藏,但大家在一起共患难,倒也是过得无拘无束,整日里好不快活。刘邦约束跟随自己的十余名弟兄,不可侵暴附近百姓,干那些打家劫舍、杀人越货的勾当。这样一来,这些人的吃饭问题也是令刘邦伤脑筋的事,真不知他们都是怎样充饥度日的,史书根本没有留下有关的记载。

再说吕雉离开家门之后,一个从未只身出外的农家少妇,离家独自四处寻夫,难以想象要经受多少辛苦和艰险的磨难。好在她天性"为人刚毅",在丈夫畏罪逃亡、下落不明的情况下,为着寻夫,她已经不顾天底下会有什么可以阻拦住她前行的艰难险阻;如果寻不到丈夫,自己活在世上还有什么意思?在这种意念支配下,吕雉还会有什么畏惧吗?

吕雉逢人问路，首先来到丰西泽中亭。再四下打听，又来到了芒砀山。芒山与砀山蜿蜒方圆数十里，山高林密，杂草丛生，乱石遍地，终日不见人影，到哪里去找丈夫？就这样，也不知吕雉究竟在山中辗转几日，但最终还是找到了丈夫。

夫妻二人相见于山岩之间，吕雉两目直视从山间上走下来的壮年男子，只见刘邦满面胡须，额骨高突，两只比往常更加炯炯有神的大眼睛，把脸庞衬得更加瘦削。再往下看他那褴褛的衣衫，一路走来时摇摇晃晃的样子，心里痛如刀绞，难道这就是分别不久的丈夫么？刘邦瞧着妻子那副两目直视的呆傻神态，又见她那被山风吹乱了的鬓发，树枝划破了的衣袖，特别眼角出现的皱纹，痛感妻子怎么竟会变成这副模样。二人四目相视，一时相对无语。最终还是刘邦首先开口："娥姁（吕雉字娥姁），你怎么会找到这里？"

刘邦这句话，使得妻子再也忍受不住，便扑到丈夫的怀中失声痛哭起来。

刘邦向妻子询问家中父母和儿女的情况，妻子一一详细回答。又问一路上的艰辛，吕雉却用三言两语把话支吾过去，不肯向丈夫讲述她为寻夫所遭受的那些艰辛，生怕丈夫为此而感到难过。吕雉问丈夫怎么来到这里，又问在这里生活得怎样，刘邦怀着与妻子相同的心情，也是没有多讲，妻子听后心绪稳定下来。

刘邦的匿身之所并非是吕雉的久留之地，她只在这里留宿一夜，便告辞离开。时隔不久，吕雉又来到山岩，为丈夫送来寒衣，为大家带来一些食品。此后的一段时间内，吕雉曾多次来芒砀山探望丈夫。刘邦等人匿身于山岩之间，为安全起见，经常变换栖身的地方，行踪飘泊不定。然而，吕雉每次前来，总是能顺利地找到丈夫的藏身之处。

吕雉经常往来于沛县与芒山、砀山之间，这事怎能瞒得住家乡的人。时间一久,人们知道了刘邦没有远走,就在西南方的芒山、砀山。

吕雉对来到家中询问刘邦下落的萧何、曹参说了实话,萧、曹请吕雉向刘邦捎话,让他珍重自己。

对有关刘邦的奇闻,最感兴趣的是沛县中的青年子弟,他们三三两两地聚在一起,议论着前往归附,有的人竟想借此在天下动荡时混个前程。

刘邦匿身于芒山、砀山后不久,秦始皇便病死于沙丘。继位的秦二世倒行逆施,不到一年的功夫便把天下弄得民怨沸腾。当陈胜、吴广在大泽乡首举反秦义旗时,刘邦在芒砀山间所聚集的徒众早已不是当初的十余人了。

第二章

趁势起兵　入关灭秦

秦帝国东土的一名小小亭长刘邦，因押送的刑徒多有逃亡而入山林匿身。在秦末风云变幻之际，此人摇身一变而为沛公，又趁时乘势，竟比天下无敌的项羽抢先兵入关中，接受秦王子婴的投降，你说怪也不怪？

一 始皇帝暴政、二世倒行逆施

刘邦生于秦昭王五十一年，秦王嬴政即日后的秦始皇帝生于秦昭王四十八年（公元前259年），刘邦比秦始皇仅年少三岁。秦昭王是秦国历史上著名的国君，在位长达五十六年。秦昭王在位期间，曾重用一大批来自其他国家的贤才，以为客卿，再由客卿而任命为将相，如甘茂、司马错、客卿造、楼缓、范雎、蔡泽以及名将白起等人，在对外战争中屡获胜利，疆土不断扩大。秦兼并六国的战争，事实上从秦昭王时期已经开始。

继秦昭王为国君的秦孝文王，即位三天便因病而死去。继任秦国国君的秦庄襄王，也仅仅是在位三年又因病而亡，其子嬴政即位为秦王。

公元前247年，嬴政即秦国国王之位，年仅十三岁（古人出生即一岁），刘邦时年十岁。就是说，刘邦在他十岁之前的童年时代，秦国已历经了昭王、孝文王、庄襄王以及刚刚即位的嬴政，先后四世。而刘邦所出生的楚国，在他出生的那年，正是楚考烈王七年。楚考烈王死去的那年（公元前238年）秦王政亲政，平定嫪毐叛乱，刘邦时年十九岁。

公元前223年，秦灭楚国，刘邦时年三十四岁。公元前221年，秦灭六国，建立秦帝国。

当秦王嬴政建立秦帝国、号称秦始皇帝的时候，刘邦已时年三十六岁。此前，刘邦虽是楚国属下的一名"不事家人生产作业"的农户子弟，但他目睹了秦军灭亡楚国的事实。待到秦帝国建立，刘邦"及壮，试吏，为泗水亭长。"

秦始皇是中国历史上开创了一个时代，即封建专制时代的"千古一帝"。他在先辈为他开创的基业之上，"奋六世之余烈，振长策而御宇内"，完成了统一中国的大业。秦始皇的伟大历史功绩，主要在于他统一六国后为秦帝国所建立的各项制度。他更改国王的名号，号称"皇帝"，并通过一些相关的名号及制度上的规定，确立皇帝在国家权力机关中至尊无上的地位，集国家最高权力于皇帝一人。秦始皇不顾朝廷中多数大臣的反对，毅然地废分封，郡县天下，"分天下以为三十六郡"，确立了中央集权制的君主专制的国家政体。又颁布"使黔首自实田"的法令，在全中国确立土地私有制度。与此同时，他又"一法度衡石丈尺，车同轨，书同文字""徙天下豪富于咸阳"，统一货币，构筑长城，修建驰道、直道，等等，为确立封建专制制度做出了大量的具有划时代意义的伟大创举。由秦始皇所创立的这一制度，被明代学者王夫之称为"垂两千年而弗能改"，清代著名学者恽敬又说"秦也者，古今之界也"。这些评价都是把秦始皇在创立封建专制制度上所做出的贡献，作为他的历史功绩的主要方面。明代学者李贽称秦始皇为"千古一帝"，也是在这个意义上说的。

在中国历史上，秦始皇是一位对中国历史发展做出过巨大贡献的伟大人物。然而，在秦帝国建立后，他所实施的一些政策远远地超出了人民所能承受的程度，这些政策实质上是一种暴政。秦始皇的暴政包含有很多内容，但主要表现在繁重的徭役和繁苛的法律两个方面。

秦始皇所成就的事业，包括统一六国和创立封建专制制度在内，是前无古人的伟大事业。然而，他在秦帝国建立后不惜滥用民力。秦帝国人民所承受的繁重徭役负担，可举出以下几个数字来说明：

修筑阿房宫和骊山陵墓的刑徒和服徭役的民夫常年动用七十余万人，南戍五岭的军民五十余万人，修筑长城的不下四十余万人。如果把为军事行动、修筑长城而"转输"粮草的徭役、修筑无数驰道、直道、新道、五尺道等项徭役以及地方郡县政府所征调的徭役全部都包括在内，每年为国家和地方政府服徭役的人数要远远超出三百万人。当时秦帝国总人口约二千万人，服徭役的人数肯定占全国总人口的百分之十五以上。按照这个数字推算，秦帝国的成年男子，除了免服徭役的那部分人外，每人每年平均大约有三分之一到二分之一的时间为国家服徭役，这重担怎么承受得了？

秦帝国的苛法严刑，亦是帝国人民的一大灾难。在苛法严刑之下，获罪或无辜的百姓，动辄被罚作"刑徒"，致使秦帝国国内的刑徒之多，以至于达到了"赭衣半道"的程度。史书记载修阿房宫和骊山墓动用刑徒七十余万人，至于全国各地刑徒的人数之多，可从秦始皇出巡南郡在湘山祠乘船渡江遇大风后令刑徒三千人伐树一事来说明。这三千名刑徒不是从外地征调的，而是南郡所固有的，而且不一定是南郡所有的全部刑徒。这两个数字可以说明，秦帝国的刑徒人数，在全国人口总数中亦占有相当高的比例。

常年为秦帝国服徭役的人数和刑徒人数占了秦帝国总人口的一半左右，这是秦始皇帝实施暴政的主要内容和标志。其他诸如秦始皇焚书坑儒和动辄杀害无辜百姓的事例，从它给帝国人民所带来的直接灾害来看，无法同繁重徭役和苛法严刑所带来的可怕灾难相比，因而并非是秦始皇所施行的暴政的主要内容。

秦始皇是对中国历史发展做出了重大贡献的伟大人物，同时他在帝国建立后也施行了一些令人民难以承受的暴政，这都是无法否认的历史事实。然而，我们决不能因秦始皇曾施行过暴政而称秦始皇为"暴君"。秦帝国不是没有暴君，这个暴君便是秦二世皇帝胡亥。

胡亥与赵高、李斯合谋，通过篡改秦始皇遗诏而登上了秦帝国二世皇帝的宝座。胡亥即皇帝位后，提拔赵高为郎中令，使这个阴谋家窃夺了国家的重要权力。在赵高的怂恿和策划之下，胡亥非但没有为秦帝国和人民做过一件有益的事，反而倒行逆施，把秦始皇所施行的暴政推至无以复加的程度，致使秦帝国的社会矛盾急剧激化。秦二世胡亥即位一年之后，便爆发了以陈胜、吴广为首的农民大起义。现将暴君秦二世、阴谋家赵高以及晚节不忠的李斯在不到一年的时间里的倒行逆施，简要列举如下。

胡亥、赵高是通过阴谋手段窃夺国家最高权力的。为确保这一权力，他们借助于"更为法律"，首先是杀害宗室和大臣，"公子十二人僇死咸阳市，十公主矺死于杜，财物入于县官，相连坐者不可胜数。"①此外，被逼自杀的还有公子间等三人以及公子高等。被赐死的大臣有蒙恬、蒙毅、冯去疾、冯劫等，造成了"宗室振恐""群臣人人自危"的严重后果。胡亥、赵高的屠杀和"尽去先帝之故臣，更置陛下之所亲信者"②，使得秦帝国统治集团内部的矛盾因此而急剧激化。

二世胡亥自即位之日起，便在帝国人民面前暴露了他的暴君面目。暴虐成性的胡亥，在秦始皇下葬时下令"先帝后宫非有子者""皆令从死"，同时将工匠封闭在墓道中窒息而死。从全国征调更多的民夫继续修造阿房宫以及秦始皇帝陵的未完成工程，同时继续修建直道、驰道，征发民夫戍边，"外抚四夷"，调集各郡县"材士五万人为屯卫咸阳，令教射狗马禽兽"③，致使"赋敛愈重，戍徭无已"④"屯戍一岁"的法律规定被改为居于闾左的贫民一律戍边，把更加沉重的赋税和徭役负担，强加在帝国人民的头上，使人民断绝了生路。二世

---

①②《史记·李斯列传》。
③④《史记·秦始皇本纪》及《李斯列传》。

胡亥为"威服海内",还效法秦始皇"巡行郡县",先到碣石,然后南下会稽,再绕回辽东,从辽东返回咸阳。

胡亥、赵高的"更为法律",不止是为着诛杀宗室及大臣,而且更主要的指向人民大众。更为法律后的"法令诛罚日益刻深"(同上),致使更多的人沦为刑徒或惨遭杀害。例如,湖北云梦出土的秦律《徭律》规定:朝廷征发徭役,如果迟到三天到五天,主管官吏只给予"谇"(训诫)的惩处。然而到了秦二世时,戍卒不能按期到达边地,无论有怎样的客观原因(如大雨道路不通),也要一律处死。秦二世的"法令诛罚日益刻深",于此可见一斑。

总之,二世胡亥在即位后一年中所推行的倒行逆施的暴政,使得天下百姓"欲为乱者,十室而五",达到了"人与之为怨,家与之为仇"的地步,出现了"群盗满山"的局面。《史记·李斯列传》曾有如下的概括:

> 二世然(赵)高之言,乃更为法律。……法令诛罚日益刻深,群臣人人自危,欲畔者众。又作阿房之宫,治直道、驰道,赋敛愈重,戍徭无已。于是楚戍卒陈胜、吴广等乃作乱,起于山东,……

《史记》的上述记载表明,秦始皇所施行的暴政,如法繁役重,已促使社会矛盾日益尖锐;任其发展下去,迟早要激起人民的反抗。在秦始皇死后的第十二个月,戍卒陈胜、吴广便首倡起义,天下群起响应,终于埋葬了秦王朝。这完全是暴君秦二世胡亥及阴谋家赵高之流倒行逆施,把秦始皇的暴政推至无以复加的结果。秦二世胡亥与丞相赵高的倒行逆施,断绝了秦帝国人民的一切生路。人民大众除了造反之外,还能有别的选择吗?

二　陈胜、吴广大泽乡首倡起义

秦帝国暴政的两大主要灾害徭役与苛法如何导致了人民的武装反抗，这在大泽乡陈胜、吴广的首倡起义中有充分的体现。

据《史记·陈涉世家》记载：

秦二世元年（公元前209年）七月，即秦始皇死去一周年之际，朝廷下令征发居于闾左的平民百姓，罚至渔阳（今北京市密云县西南）戍守边境。这时，有一支九百余人的守边队伍在北上途中驻扎在大泽乡（今安徽省宿县东南刘村集），阳城（今河南登封县东南告成镇）人陈胜和阳夏（今河南太康县）人吴广也被编入这支被罚守边的队伍之中，同时被指派为"屯长"（小队长）。

陈胜字涉，青年时因家贫受雇为他人耕种田地。一日，他与同受雇佣的伙伴们耕田。时近中午，人们在田埂上休息。陈胜面带怨恨不平的神色，凝视远方，久而无语。正当伙伴们要向他询问是何缘故时，他却回首激动地说："今后若是有人富贵了，彼此都不要忘了谁。"

"你现在是受雇为别人耕田，有什么富贵可言？"伙伴们笑着回答说。

陈胜见伙伴们嘲笑他，很不服气，愈发激动地说道："燕子、麻雀怎能会知道大雁、天鹅的志向啊！"

就是这位在青年时代便胸怀大志的人，如今也未能逃出被罚戍边的命运。在大泽乡，一伙人又赶上天降大雨，道路不通。望着满天乌云，陈胜估计无论如何也难以在规定日期内到达渔阳。按秦二世更定的法律，戍卒守边在途中误期，无论有任何理由，都要依法一律斩首。在即将降临的死亡面前，陈胜与吴广谋划道：

"大雨不止，道路不通，我们已无法按期到达，都要依法问斩。如今的形势是，到达渔阳后必死无疑。逃亡是死罪，起义，干一番大事业也是死罪,同是一死,那么为国而死好吗?"

陈胜说:"天下百姓苦于秦的暴政,已是很久了。我听说二世是始皇帝的小儿子,不当立为皇帝,应当立为皇帝的是公子扶苏。扶苏因多次劝谏始皇帝,才被派到外地去统兵。现在听人说扶苏无罪,被二世杀害。百姓们都说扶苏贤能,也不知道他已经死去。项燕是楚国的名将,屡立战功,爱惜士卒,楚国人都很爱戴他。有人以为他死了,有人以为他逃亡在外。我们现在如果冒称是公子扶苏、项燕,为天下人带头起义,一定会有很多人响应。"

吴广以为陈胜讲得很对,便按照当时的习俗去向算卦先生占卜吉凶。算卦先生明白他们的意图,开口说道:"你们的事都成,能立大功,可是你们还得应当向鬼神问卜啊!"

陈胜、吴广听算卦先生这么一讲,很高兴,便说:

"这是教我们先借用鬼神在众人中取得威望。"

于是,吴广暗中用朱砂在帛上写了"陈胜王"三字,清晨偷偷地塞入刚刚捕捞的鲜鱼腹中。戍卒早上到市上买鱼,烹食前发现鱼肚中的帛书,上面写有"陈胜王"三字,感到很奇怪。夜晚,陈胜私下派吴广到驻地附近树丛的神祠中,点燃起篝火,装作狐狸的叫声,呼喊道:

"大——楚——兴,陈——胜——王。"

树丛中神祠那边篝火闪闪,狐鸣凄切,士卒们无不感到恐惧;而"大楚兴,陈胜王"六字人们也都听得清清楚楚。

第二天清晨,戍卒们对昨天早晨鱼腹的帛书和夜间的篝火狐鸣,议论纷纷。一些认识与不认识陈胜的人,三三两两地指指点点,把视线投向陈胜。

陈胜、吴广见群情骚动,认为时机已经成熟,便决定立即采取行动。吴广自被指派为屯长以来，一向体贴众人，士卒都乐意听他的使唤。于是，由吴广出面，乘着带领戍卒的将尉喝醉酒的时候，吴广故意多次扬言想要逃亡活命，以此来激怒将尉，使令他当众侮辱自己，借此来激起众人的愤怒。将尉中计，果然鞭打吴广。当将尉拔剑想要加害于吴广时，吴广眼疾手快，跃起夺过将尉手中的剑，随即把将尉杀死。在吴广夺剑时，陈胜向前佐助，合力将带队的两个将尉当场杀死。戍卒们见将尉先是辱打吴广，接着吴广、陈胜夺剑杀死二将尉，无不惊得目瞪口呆。

陈胜、吴广见二将尉已被杀死，戍卒骚动，便当即召集众戍卒，大声号召说：

"诸位因途遇大雨，大家都不能按期到达。按秦律新法，误期的一律杀头。即或是不被杀头，戍卒守边而死的从来就是十有六七。况且，壮士不死便罢，要死也得留下个大名声。那些个帝王将相，难道一个个都是天生的种（zhǒng）吗！"

众戍卒明知不能按期到达难免一死，见陈胜、吴广已把将尉杀死，再联想昨日鱼腹中的帛书和夜间的篝火狐鸣，对秦王朝多年来的一腔怒火，被陈胜慷慨激昂的声讨所激起，都觉得莫如跟着陈、吴二人造反，也许会闯出一条生路；即或造反后战死，死得也值得。所以众戍卒们便异口同声地回答："甘愿恭听命令！"

于是，陈胜、吴广便顺应楚地人民的意愿，诈称是公子扶苏、项燕。戍卒们都裸露右臂宣誓，号称"大楚"。首倡反秦是件大事，为此还筑起了高坛，陈胜、吴广率众人盟誓，替天行道，铲除暴秦，生死与共，以两个将尉的人头祭祀天神。祭祀完毕，陈胜自立为将军，吴广为都尉，"斩木为兵，揭竿为旗"，攻占大泽乡，直指蕲（今安徽宿州市东南）县，沿途招收人马，并攻占蕲县县城。

攻占蕲县后，陈胜令符离（今安徽宿县东北）人葛婴统兵攻占蕲县以东地区。起义军一路攻下铚（今安徽宿县西南）、酂（cuó，今河南永城县西）、苦（今河南鹿邑县东十里）、柘（zhè，今河南柘县东北）、谯（qiáo，今安徽亳县）等诸多县城。陈胜在行进中沿途招收人马，扩大队伍，待到达陈县（今河南淮阳）城下时，起义军已有兵车六七百乘，骑兵千余，步兵数万人。义军攻打陈县（陈郡治所在陈县）县城，郡守、县令都早已逃走，不敢留在城中，只留下郡丞在谯门中抵抗，不胜而死，义军攻占陈县。

陈于春秋时期是陈国的都城宛丘。公元前278年秦将白起攻下楚都鄢郢，楚迁都于陈；公元前241年，楚由陈迁都于寿春（今安徽寿县）。陈胜所率领的义军在陈休整数日，号令在当地有声望的三老（秦代每乡置掌管教化的三老一人）、豪杰全都前来议事，三老、豪杰们说："将军身披坚固的铠甲，手持锐利的兵器，讨伐无道，诛灭暴秦，重立楚国社稷，论功劳应立为王。"于是陈胜自立为王，号称"张楚"，即张大楚国的意思。

陈胜、吴广率戍卒于大泽乡首倡反秦，转眼间攻占很多县城，于陈县自立为王，天下闻风而响应。秦帝国东土上的反秦烈火，由大泽乡的一点火星，顷刻间形成了无法扑灭的燎原之势。

三 反秦烈火势成燎原

自陈胜、吴广在大泽乡首倡反秦，于陈县自立为王，天下各郡县的百姓、豪杰苦于秦国地方官吏的横征暴敛、滥用刑罚，纷纷起来惩罚当地的郡县官吏，杀郡守县令，起兵响应陈胜。由于起义军势力的迅猛发展，为适应形势的需要，陈胜封吴广为"假王"，暂时授予他代行王权的职位,率领众将统兵西向攻击重镇荥阳(今河南荥阳县东北)。与此同时,陈胜又令陈县人武臣、张耳、陈余北上攻占原赵国的领地;令汝阴(今安徽阜阳县)人邓宗攻占九江郡(治所在今安徽寿县,辖今安徽、江苏的长江以北、淮河以南及今江西省大部分地区)。一时间,原楚国故地大江南北的各支起义军,人数在千人以上的队伍已是不可胜数。

且说原魏国都城大梁(今河南开封市西北)人张耳,年少时是魏公子无忌(受封为信陵君)的门客。后逃亡于外黄(今河南民权县西北),当地一富豪把女儿嫁给他,女家用丰厚的资财使张耳得以招引来远方宾客。张耳出任外黄县县令,贤名由此远扬。还有陈余,也是大梁人,喜好儒家学术,多次游学于赵国苦陉(今河北定县东南),当地一富豪把女儿嫁给他,知道他不是个平庸的人。陈余年少,在张耳面前以事奉父辈的礼节对待他,二人结成生死与共的刎颈之交。

秦军灭魏时,张耳居于外黄县,刘邦曾游学于张耳,在那里客居数月。秦灭魏数年之后,闻知张、陈为魏国名士,悬赏千金、五百金捉拿张耳、陈余,二人变更姓名,一同逃往陈县。在陈县,二人充当里门的守门人以糊口。里中小吏因陈余有小过而鞭打他,陈余想起身反抗,张耳暗中踩他的脚,让他忍受鞭打。小吏离去后,张耳把陈余领到大桑树下批评他说:"当初我怎么对你说的,今日为什么因受到一点小小的侮辱便忍受不住,想要与小吏拼死命。"陈余觉得张耳的批评很对。有趣的是,秦悬赏捉拿张耳、陈余的诏书,便是他二人以里门看守的身份向里中居民传达的。

当陈胜率领数万起义军攻下陈县后,张耳、陈余前往陈胜军帐,通报自己的姓名,请求被接见。陈胜及左右的人,早就闻听过张、陈的大名,只是未曾见面,因而非常高兴地接见了他们。

陈县的豪杰父老们都劝说陈胜称王，陈胜就此事询问张耳、陈余，二人回答说：

"秦国无道，灭亡他人的国家，毁坏别人的社稷，断绝他人的后代，耗尽百姓的劳力，掠尽百姓的财产。今将军义愤扬威，不顾一死为天下人除害，刚刚在到达陈县便称王，这只能是向天下人显示自己的私心。望将军不要称王，急速领兵西进，派人复立六国的后代，替自己树立党羽，给秦国多树敌人。树敌多则秦军兵力分散，党羽众则自己兵力强大。这样一来，原野上无有交战，郡县中也会无人替秦守城，如此便可诛灭暴秦，据有咸阳而号令诸侯。六国诸侯被秦灭亡后又复得立为王，以恩德使他们心服，如此则称帝于天下的大业可成。今日只是在陈县称王，恐怕天下诸侯会同您离心离德。"

陈胜没有听从张耳、陈余二人的劝告，在陈县自立为王。

陈余在陈胜称王后又进言说："大王在魏、楚之地举兵向西，在于进入关（指函谷关）中，顾不上派兵收复黄河以北赵国的地区。臣曾游学于赵国，了解那里的英雄豪杰及地理形势，愿请求拨给人马，出奇兵北上攻取赵地，"

于是，陈胜派过去同他要好的武臣为将军，邵骚为"护军"，负责调节各将领之间的关系；任命张耳、陈余为职位仅次于将军的左右校尉，拨给三千多名步兵，北上攻取赵地。

武臣等人率兵从白马（黄河渡口，旧址在今河南渭县东北）渡河，所至各县，首先向各县的百姓声讨秦的暴政，鼓动各地豪杰杀郡守县令响应义军，并向百姓告知陈胜、吴广已率大军西向击秦，是豪杰成就"封侯之业"的大好时机。各地豪杰认为武臣讲得很对，武臣沿途招收人马，拥有数万名徒众，"号武臣为武信君"，接连攻下赵地十余座城池。其余城池的秦军都坚持固守，武臣未能攻下。

武臣领兵向东北攻击范阳（今河北定兴县固城镇），范阳的辩士蒯通向范阳令陈说诸侯叛秦，势不可挡，如果立即派他面见武信君武臣，"可转祸为福"。范阳令果然派蒯通见武臣，蒯通向武臣献"不攻而降城，不战而略地，传檄而千里定"的妙计，指出各县的县令坚守城池，是由于此前有十余个县令皆被诛杀，因而不敢投降义军；如果赐给范阳令侯印，使他乘坐装饰富丽堂皇的车辆驱驰燕、赵故地，各地郡守、县令见首先投降的范阳令受封为侯，定会争相投降。武臣采纳蒯通计谋，赵地有三十余座城池不战而下。

葛婴东向攻城略地，到达东城（今安徽定远县东南五十里）时，立楚人襄强为楚王。后来葛婴闻知陈胜已自立为王，便杀死襄强并返回陈县报告此事。葛婴到达陈县后，陈胜以葛婴立襄强为楚王一事，将他处死。

陈胜令部将魏人周市率兵北上攻占原魏国的故地。

吴广率兵围攻荥阳。荥阳是秦帝国三川郡治所，秦丞相李斯长子李由任三川郡郡守。在李由的固守下，吴广未能攻下荥阳。陈胜征召国内的豪杰商讨对策，任命上蔡（今河南上蔡县西南）人房君为上柱国。上柱国在楚国是地位仅次于令尹（丞相）的官职，是楚国的最高武官。

周文，又名周章，陈县人，是陈国的贤人，曾在楚国名将项燕的军中任"视日"官，掌管占候卜筮、观察天象以占卜吉凶，又称"日官"。他曾事奉过楚国春申君黄歇，是黄歇的门下客。此人自称熟习军事，陈胜授予他"将军"大印，令他率大军西向攻秦。周文一路上招收人马，待到达函谷关时，已拥有兵车千辆、步兵十万人。周文率领的大军抵达戏（即戏水，在今陕西临潼县东），在这里扎寨，准备向秦都咸阳发起总攻。这时，秦二世令少府章邯赦免骊山修墓刑徒和奴婢之子，率大军攻击周文，起义军被打得大败，东向逃出函谷关。

章邯穷追不舍，于渑池（今河南渑池县西）大破义军，周文自杀，起义军不战而溃。

在陈胜派周文率大军西进时，认为天下已经大乱，有轻视秦帝国的意向，不再对秦军有所防备。投奔陈胜的秦博士孔鲋，是孔子的八世孙，他向陈胜进言说："臣听说兵法上讲，不能依赖敌军不向我军发起进攻，而是要依靠我军不可被敌军攻破。今大王依赖敌人的不来进攻而不依靠我军的不可攻破，如果一旦一蹶不振，后悔也来不及了。"

陈胜没有采纳他的意见，对孔鲋说："寡人在军事方面的事，就不必劳先生操心了。"

周文的兵败，除了他本人的指挥无能之外，陈胜的轻敌也是导致失败的重要原因之一。

张耳、陈余率兵到达赵都邯郸（今河北邯郸市），闻听周文于戏水被秦军打败而退却，又闻听为陈胜四出攻城占地的诸将领归还陈县时，多因遭受谗言而被诛杀，因而怨恨陈胜不采纳他广立六国的后代并率大军西进的计策，对不任命他们二人为将军而担任校尉一事也深为不满。于是，张耳、陈余对武臣说："陈王起兵于蕲县，至陈县便称王，看来不一定会立六国的后代。今将军仅以三千人马攻下赵地十余座城池，单独被隔在黄河以北，不称王便无法镇守赵地。况且陈王听信谗言，如果回去汇报请示，恐怕会难免于祸，不如立自己的兄弟为王，要不然就立赵国的后代为王，请将军不要失去这一时机。时间紧迫，不容犹豫不决。"

武臣听从张、陈的计谋，自立为赵王，任命陈余为大将军，张耳为右丞相，邵骚为左丞相。

武臣派人向陈胜报告称王一事，陈胜大怒，想要把武臣留在陈县的家属全部诛杀，发兵攻击赵王。陈胜的相国房君劝谏说：

"秦尚未灭亡而诛杀武臣家属，这等于又树立一个敌人。不如因此而向他祝贺，令他急速率大军西向击秦。"

陈胜听从房君的计谋，把武臣的家属软禁在宫中，封张耳的儿子张敖为成都君。

陈胜派出的使者到达邯郸，代表陈胜祝贺武臣称王，同时令他率大军西入函谷关击秦。张耳、陈余对赵王武臣说："大王称王于赵，并非是出自陈王的本意，不过是出于权宜之计表示祝贺。一旦陈王灭秦，必定加兵于赵。愿大王不要西向出兵，而是北上攻占燕、代，向南攻占黄河以北地区以扩大领土。赵南据有河内，北有燕、代，如此即或是楚兵灭秦，也不敢制服赵国。"

赵王认为二人讲得很对，便不发兵向西，而是派韩广北上攻占燕地，派李良出击常山（秦郡名，治所在元氏，今河北元氏县西北），派张黡攻占上党（秦郡名，治所在壶关，今山西长治市北）。

陈胜、吴广自秦二世元年七月于大泽乡起义，至同年九月，仅仅两个多月的时间，以陈胜为首的这支起义军势力迅速壮大。由陈胜向东、西、北三面派出的各路义军，占领了秦帝国东土上的大片土地，有的还自称为王。除此之外，各地响应陈胜而起义的，还有项梁及项籍、刘邦、田修、魏布、郦商等人所率领的各路义军。

项梁是楚国名将项燕的儿子，项籍是项梁的侄儿，字羽，下相（今江苏宿迁县西南）人。项氏世代为楚国将领，受封于项（今河南沈丘县），故称项氏。项籍少年时学习读书写字，没有成就，便去学习剑术，又半途而废。叔父项梁为此很生气。项籍对叔父说："读书写字，够写个姓名罢了；剑术只能对抗一个人也不值得学习；侄儿愿学对抗万人的本领。"

于是，项梁教他学习兵法，项籍很高兴，但也只是略知大意，不肯把兵法学完。这时，项梁因受他人牵连被栎阳（今陕西临潼东北）官吏追捕，便请蕲县主管监狱的小吏曹咎写信给栎阳主管监狱的小吏司马欣，事情才算了结。后来因项梁杀人，便同项籍一同到吴中（秦会稽郡治所，今江苏苏州市）躲避仇人。吴中当地的贤士大夫，论才能都在项梁之下。因此，吴中每有大的徭役或丧事，项梁常常替他们主办，暗中用兵法部署来管束宾客子弟，借以了解他们的才能。公元前210年，秦始皇巡幸会稽郡，渡过浙江。项梁与项籍叔侄二人有机会一同观看皇帝出游时车驾和仪仗的盛况。在观看的人群中，项籍脱口而出："彼可取而代也。"

项梁听见侄儿口出大逆不道之言，赶快用手捂住项籍的嘴，小声说道："不要乱说，这是要祸灭全族的啊！"项梁因此知道侄儿是个奇才。长大后，项籍身高八尺，力能扛鼎，才气过人，吴中子弟没有不畏惧他的。

陈胜于七月在大泽乡首倡起义，天下响应。九月，会稽郡郡守殷通召项梁到郡府大堂议事。在天下举兵反秦之际受到郡守的突然召见，项梁心中很犯思量，便决定带领侄儿一同前往，以防不测。去郡府的途中，项梁对郡守为何召见自己，不时地做出多种设想。到达府门，项梁令侄儿在门外等候，自己步入府门内的大堂。

在堂上，郡守殷通请项梁就座，对他说道："大江（指长江）以北都反了，这也是上天要亡秦的时候啊。我听说先发动可制服他人，后发动则被他人所制服。我想要兴兵反秦，令您和桓楚为将。"

桓楚是吴中的奇士，当时逃亡在沼泽之中。项梁不愿与殷通共举义旗，也不愿与桓楚一同为殷通部将。思索了片刻，项梁主意已定，便对郡守殷通说："桓楚逃亡在外，没有人知道他的去处，唯有侄儿籍知道此事，他今日与我同来，请允许我到门外看他是否还在那里等候。"

项梁借故来到府门外，近前小声对项籍如此这般地嘱咐一番，令他持剑在门外等候。项梁再次入堂，坐定后对郡守说："籍尚在门外，请召籍登堂，使令他受命桓楚前来议事。"

殷通点头答应，项籍被召入府中。当项籍登堂后，项梁向他使了个眼色，说道："可以了！"项籍应声上前，拔剑砍下了殷通的头颅。于是，项梁手持郡守的人头，佩带着郡守的印绶，郡守左右的人见此情景无不大惊，府中顿时乱作一团。项籍当场击杀数十百人，府中的人都吓得伏在地上，没有人敢于抬起头来。

项梁召集平时所熟悉的豪吏，向他们讲明杀死郡守是为了起义反秦，于是调集吴中兵马，派人攻占郡内所属各县，得精兵八千人。项梁布置郡中豪杰担任校尉、侯、司马等官职。一名豪杰未被任用，向项梁询问何故，项梁回答说："前些时候某家办丧事时，使令您主管某事，未能办成，因此这次没有任用您。"众人听项梁如此回答，无不佩服。于是，项梁自任会稽郡郡守，以项籍为副将，带兵巡行郡内各县。

广陵人召平受陈胜之命进攻广陵（今江苏扬州市），未能攻下。召平闻知陈胜兵败退走，秦军又即将到来，便渡过长江，假托陈王的命令，拜项梁为楚王上柱国，并且说道："江南既已平定，应急速带兵西向击秦。"项梁于是率大军渡江到达江北，加入了秦末农民大起义的洪流之中。

狄县（今山东高青县东南）人田儋（dān），原是齐国国王的宗族，他的弟弟田荣、田横，都是有威望的豪强大族，在当地很得人心。陈胜起兵称王后，派周市北上攻占魏国故地，到达狄县时，县令固城坚守。田儋假装捆住自己的奴仆，让一伙青年人跟着来到县衙门口，说是要拜见县令并依法斩杀奴仆。待见到县令后，便趁机杀死县令，同时召集县中的豪杰、官吏和青年子弟，向众人说道："现今诸侯都已反秦，自立为王。齐是古国，儋是田氏宗族，应该做齐王。"于是，田儋自立为齐王，发兵攻击周市。周市率军退走，田儋趁此率兵东向，攻占齐国故地。

六县（今安徽六安市东北）人黥（qíng）布，姓英氏，是秦帝国的一名平民百姓。进入壮年后，英布犯法应受黥刑，在脸上刺字涂墨。他受刑时高兴地笑道："有人给我看过相，说是当受刑而称王；今天受刑，大概是快要称王了吧？"

在场的人有的听到他这句话，都讥笑他。因遭受黥刑，人们便称他为黥布。定罪后，黥布被押送到骊山为秦始皇帝修墓。他与刑徒中的头目很熟，便率领伙伴们逃到长江一带做了强盗。陈胜于大泽乡起兵后，黥布与同伙往见鄱阳县县令番君吴芮，与吴芮的部众举兵叛秦，聚兵数千人。番君还把女儿嫁给黥布为妻。项梁起兵后，黥布率兵投奔项梁，加入了秦末农民大起义的行列。

高阳（今河南杞县西南）人郦商，在陈胜大泽乡起兵后，于家乡聚集少年，四出扩大徒众，得数千人。后来，他投奔了刘邦的起义队伍。

四　沛县父老拥戴沛公

陈胜、吴广于七月在大泽乡起兵，各郡县纷纷杀郡守、县令响应起义。九月，沛县县令见形势不妙，很是恐惧，想要在沛县举兵响应陈胜起义。为此，沛令与县府中的主吏萧何、曹参商量举兵反秦一事，萧、曹对沛令说："您是秦朝的官吏，今日背叛朝廷，率领沛县子弟起兵，恐怕沛县子弟不会听从您的命令。愿您召集逃亡在外的那些人，可得到数百人。然后再利用这些人来控制民众，民众便不敢不听从您的命令了。"

沛令知道萧、曹所说的"逃亡在外的人",指的是匿身于芒山、砀山的刘邦,这在沛县几乎是无人不晓的事。于是沛令命沛县以屠狗为业的樊哙前往山中召回刘邦。

樊哙到达山中,见到刘邦,向刘邦转达了县令的意图,同时也向刘邦捎去了萧何、曹参的口信。这时刘邦在芒砀山所聚集的徒众已有数十百人。刘邦在山中早已闻知陈胜大泽乡起义,天下响应,心想自己也不会久居山中,正在待机而起。今见樊哙带来沛令和萧曹的旨意,十分高兴,当即率徒众离开山林,与樊哙一同启程。

刘邦尚未到达沛县县城时,沛令有些后悔。他不仅知道刘邦与萧、曹有着特殊密切的关系,也深为各地豪杰杀死郡守、县令而后起义的无数事实所震恐,担心刘邦入城后会发生变故,与萧曹合谋杀死自己,然后再举行起义。于是,当刘邦率徒众来到沛县城下时,沛令紧闭城门防守,不接纳刘邦入城;同时,想诛杀萧何、曹参。萧、曹为此而恐惧,越城投奔刘邦,以求受到保护。刘邦在绸绢上写信,捆绑在箭杆上射入城中,向城中父老说:"天下人遭受暴秦的苦难,已是很久了,今日父老虽为沛令守城,但天下诸侯并起反秦,沛城即将遭到屠杀。如果大家起来共同诛杀沛令,推选出一位首领带头响应诸侯,你们的家室都可以得到保全。不然的话,父子都将遭到屠杀,那就太不值得了。"

于是,城中的父老率领子弟共同杀死沛令,开城门迎接刘邦入城。刘邦入城后,城中父老想要推举他为县令,刘邦辞谢说:

"当今天下大乱,各路诸侯并起反秦,如果选择将领不当,将会一败涂地。我不是爱惜自己的性命,只是担心自己的才能薄弱,不能保全沛县的父老兄弟。这等大事,愿大家推举可以胜任的人。"

当时在场的萧何、曹参都是文官,爱惜自身,顾虑多端,担心大事不成会被秦朝诛灭全家；同时，萧、曹又深知刘邦能成就大事，便都推举刘邦。诸位父老们对刘邦说："我们早就听说过有关您的种种奇闻，日后定当显贵；况且我们已经占卜过了，没有人比您更为吉利的。"

刘邦还是多次推让，但众人谁也不敢带头起义，最终还是推举刘邦做了沛公。

刘邦自第一次入关中，在咸阳纵观秦始皇帝车驾出游之后，便做起了皇帝梦。沛县父老推戴他为沛公，他喜在内心，但表面上却再三推让。刘邦深知在场的人谁也不敢为首领，他的推让再三，是为着表明他带头起义不是出于私心，不是为了封侯称王，而是在父老子弟们的再三推举之下，不得已而为之，目的是救民于水火；同时也是为着起义后有效地管束部下。既然是众人推举，众人就应当服从管束和指挥。

刘邦与各路起义军首领的不同，在于他率众起义不是为着封侯称王，而是把起义的第一天，视为踏上夺取皇帝宝座征程的起点。因而，当他答应沛县父老做沛公时，便胸有成竹地把起义的仪式举办得颇为庄严，与众不同。在沛县县府的大庭之中，刘邦带领父老子弟们祭祀黄帝与蚩尤，这因为黄帝是传说中上古的五帝之首，是中原各族的共同祖先，又善于战略战术；而蚩尤作为南方部族的首领，首创各种兵器，又英勇善战。可见，刘邦起义前祭祀黄帝与蚩尤，为的是求得神灵的保佑，保佑起义后战无不胜，攻无不取，最终即皇帝之位。祭祀后，又用牲畜的血涂在战旗和战鼓之上，祭战旗和战鼓。为取代秦皇帝，刘邦令起义军的军旗一律为红色。于是，萧何、曹参、樊哙在沛县四出招收弟子，共得三千人，进攻胡陵（今山东鱼台县东南）、方与（今山东鱼台县西北），还兵守卫丰邑。沛公所率领的这支起义队伍，从此加入了秦末农民大起义的洪流之中。

五　举步维艰投奔项梁

刘邦于秦二世元年九月于沛县举兵起义，转眼间已是十月。秦以十月为岁首，此时已是秦二世二年。当时天下的形势是：周文所统率的十万义军，在戏水被章邯所统率的秦军打得大败而退还。在黄河以北，继武臣自立为赵王以后，他派往燕地的韩广在燕地自立为燕王，狄人田儋在齐地自立为齐王，宁陵君魏公子魏咎被陈王立为魏王。项梁及项籍起兵于吴后，也渡江加入反秦行列。

陈王陈胜、赵王武臣、燕王韩广、齐王田儋、魏王魏咎以及项梁与项籍，是秦二世二年年初反秦各路诸侯中的几支主要力量，都拥有一定的实力。而起兵于沛县的沛公刘邦，此时人少力单，处于举步维艰的境地。

刘邦退守丰邑后，当时章邯正率秦军东下，秦泗水郡（治所在相县，今安徽淮北市西北）名叫平的郡监率秦兵围攻丰邑。沛公领兵出战，击破秦军，命同乡雍齿守卫丰邑，自己领兵进攻薛（今山东滕县南）。泗水郡郡守名壮，在薛县战败，逃至戚县（今山东滕县）。沛公的左司马曹无伤捉住壮，并将他杀死。沛公领兵回到亢父（今山东济宁市南），到达方与，一路没有与敌军交战。此时，陈王派魏人周市东向攻城略地，周市派人对雍齿说："丰曾是魏国的大梁被秦军攻占后的迁都之地，今魏王已平定数十城，您如果以丰邑投降魏国，魏国封你为侯，令你守卫丰城；如不投降，将屠杀丰城。"雍齿本来不愿归属刘邦，在周市利诱威胁之下，便反而为魏国守卫丰城。

沛公得知雍齿反叛，带兵围攻丰，未能攻下。由于患病，刘邦便回到沛县。雍齿以丰邑背叛沛公，在精神上给沛公的打击很大，他十分怨恨雍齿及丰邑子弟在形势不利情况下的背叛行为。当时，章邯所率领的秦军气势正盛，陈王陈胜被叛徒庄贾杀害。起义军一时群龙无首，宁陵君与凌县（今江苏泗阳县西北）人秦嘉合谋立楚国的王族后裔秦嘉为"假王"，驻扎在留（今江苏沛县东南）。沛公走投无路，前往归附景驹，想要向景驹借兵攻打丰邑。但秦将章邯、偏将司马尼所率领的秦军由西向东追击，平定楚地，在相县（泗水郡治所）屠城之后，到达砀（今安徽砀山县南）。东阳宁君、沛公率军西上，与司马尼交战于萧（今安徽萧县西北）西，不利，退回留县，收编人马，率兵攻砀。围攻三日，砀城被攻下，收编防城人马，得五六千人。又进攻下邑（今安徽砀山县），将下邑攻克，然后回军丰县。这时，沛公闻听项梁在薛县，势力很大，便带领百余名骑兵前往拜见，项梁拨给他步兵五千人，五大夫将十人。沛公带兵回还，攻打丰邑。

沛公投奔项梁一个月之后，项羽（项籍字羽）已攻克襄城（今河南襄城县西）而还。项梁闻知陈胜已死，立楚怀王的孙子熊心为楚王，都于盱台（今江苏盱眙县东北）项梁号武信君。项梁派沛公、项羽攻打城阳（今山东鄄城县东南），攻克后屠城，驻军于濮阳（今河南濮阳县西南）之东，与秦军交战，大破秦军。

秦军于大败之后重新振作，坚守濮阳并引水环城以自卫。楚军离去而进攻定陶（今山东定陶县西北），未能攻下。沛公与项羽向西攻占土地，到达雍丘（今河南杞县）城下，与秦军交战，大破秦军，三川郡郡守、秦丞相长子李由被斩首。沛公与项羽并肩作战，回兵攻打外黄，未能攻下。

项梁由于屡败秦军，面有骄色，不听从上将军宋义的劝谏，在定陶被章邯所带领的秦军打得大败，项梁战死于疆场。正在进攻陈留（今河南开封县东南陈留镇）的沛公、项羽闻知项梁战死，与陈胜的部将吕臣一道率兵回师东进。吕臣驻军在彭城（今江苏徐州市）东面，项羽驻军在彭城西面，沛公驻军于砀山一带。

秦将章邯击破项梁军后，以为楚地已不足为忧虑，便渡过黄河北上攻击河北各路义军。项梁于秦二世二年九月战死，待至十月，已是秦二世三年（公元前207年）。楚怀王因项梁兵败战死而恐惧，由盱台迁都于彭城，把吕臣和项羽所带领的军队合并，由自己统领。任命沛公为砀郡长，封为武安侯，统率砀郡兵马；封项羽为长安侯，号为鲁公；任命吕臣为司徒，以吕臣的父亲吕青为令尹。

六 张良说"沛公殆天授"

刘邦于沛县起兵后，先投靠项梁。项梁兵败后，不得不前往投奔景驹。途中路遇张良聚集百余名少年也想要投奔景驹。当时，沛公的队伍有数千人，张良便归附沛公，沛公任命张良为"厩将"，负责管理军马。后来，张良成了沛公争夺天下的军师，为刘邦"运筹帷幄"，是刘邦手下的三位人杰之一，立有大功。这里，对张良的身世介绍如下：

张良的祖先是韩国的公族，姬姓，他本人因躲避秦王朝的追捕，改姓张。张良的祖父曾接连担任韩昭侯、韩宣惠王、韩襄哀王的宰相。父亲姬平，连任韩釐王、韩悼惠王的宰相。悼惠王二十三年（公元前250年），姬平卒。姬平卒后二十年（公元前230年），秦灭韩国。韩被秦国所灭之时，张良年少，未能在韩国担任官职。韩国破亡时，张良家中尚有奴仆三百人，很是富有。张良一心为韩国报仇，以至于弟死不葬，变卖全部家产来寻求刺客刺杀秦王，就是因为祖父、父亲五世连续担任韩国宰相的缘故。

张良曾经到淮阳（今河南淮阳县）学习典章制度，东游见隐士仓海君。后来寻得一名大力士，造了一个一百二十斤（汉代1斤约248克）

重的大铁锥。公元前218年秦始皇东游，在博浪沙（今河南原阳县东南）遇到张良所派出的力士的狙击，铁锥误中车队的副车。始皇大为恼怒，下令天下大搜捕十日，捉拿刺客。由于追捕紧急，张良便更名改姓，逃亡至下邳（今江苏省徐州市睢宁县）躲藏。

张良后来成名，世人对张良的身世遂有不少传奇的说法。相传张良于下邳匿身期间，一次在闲游漫步时，于桥上遇见一位身穿粗布短衣的老汉，走到张良面前，故意将鞋掉到桥下，回首对张良说："小子，下桥把鞋取上来！"张良目睹老汉故意把鞋掉到桥下，又听见老汉命他到桥下取鞋，感到很惊讶。想要打他吧，又是一位年老的长者，便勉强地忍气吞声，下桥把鞋取了上来。谁知老汉见鞋已被取了上来，却又命令说："替我穿上！"张良有些恼怒，转念间心想：既然已经把鞋取上来，又何妨替他穿上。于是，便忍气跪在地上替老汉穿鞋。老汉伸出脚让张良把鞋穿好，便含笑扬长而去。老汉的举止言行使张良大为惊讶，注视着老汉离去的背影，张良百思不得其解。老汉走出约有一里路的光景，又转身回来对张良说："你这小子还可以教诲，五日后的拂晓，到此与我相会。"张良感到奇怪，跪下回答道："是。"

五日后的拂晓，张良按时赴约前往，到达时见老汉早已站立在桥上，面带怒容地说："与老年人约会，而后期到达，是何道理？"老汉转身离去，回首对张良说："五日后的早上再会。"五日后鸡叫时，天尚未亮，张良来到桥头，老汉又已立在桥上。再次生气地说："又是后期到达，是何道理？"老汉离去时又说："五日后早晨再来。"张良两次按时或提前赴约，总是被老汉抢先到达，这事很令张良费些思索。察觉到老汉是在有意考验自己，于是第三次便不敢怠慢，在半夜时便来到桥上。不一会儿，老汉也到来，高兴地对张良说："这样做才对。"说着，老汉随即取出一卷书来，告诫张良："读这部书日后可以做帝王的老师，十年后可以发迹。十三年后你小子见到济北（济水的北面）谷城山（亦名黄山，在今山东省东阿县东北）下的那块黄石，那就是我。"老汉说完便走了，没有留下别的话，张良从此再也没有见到过这位老汉。天明后，张良看老汉授给他的这卷书，正是《太公兵法》。张良感到这件事很是奇怪，经常诵读体会这部兵法，有得于心。

张良在下邳匿身期间，行侠仗义。项羽的小叔父项伯曾经杀人，跟随张良避难。

十年过后，陈胜等人举兵反秦，张良也聚结了百余名少年。当时，景驹被立为楚假王，假王即暂时代理为王的意思。在留县，张良想投奔景驹，路遇沛公。当时沛公带领数千人到下邳西攻占土地，张良便归附沛公，沛公任命他为厩将。张良曾多次用《太公兵法》的理论向沛公献策，沛公都认为讲得很好，经常采纳他的策略。而张良向其他人说《太公兵法》上的理论，却都是不能领悟。张良因此而感慨地说："沛公大概是天赋的奇才！"因此他便跟随沛公，不再去投奔景驹。

张良随从沛公来到薛县，拜见项梁。夏六月，项梁立楚怀王孙子熊心为楚王。张良向项梁进言说："您已立楚王的后代为王，而韩国的诸公子横阳君韩成有贤能，可立为王，增建与国，以为党援。"项梁赞成张良的这一建议，便派他找到韩成，立韩成为韩王，同时以张良为韩王司徒，其职位相当于丞相。这样一来，张良便不得不暂时离开沛公，与韩王韩成率千余人向西攻占原韩国所辖故地。待到张良于河南再次引兵随从沛公，并辅佐沛公兵攻宛城（今河南南阳市），准备引兵入关之时，已是秦二世三年六月，时隔整整一年。

七　怀王封项羽为鲁公

项梁与侄儿项羽率八千人渡过长江到达江北,加入反秦大军的洪流之中,准备西向击秦。这时,项梁闻知陈婴已攻下东阳[今江苏盱眙(Xūyí)县东南],派使者想要同陈婴联合向西进攻。陈婴原是秦东阳县县令手下的令史,在县中素以诚实谨慎著称,被人称为忠厚长者。东阳县少年杀县令,聚众数千人,想要立一名首领,但没有合适的人选,于是请陈婴出任。陈婴以不能胜任相推辞,众人还是勉强他做了首领,县中随从者有两万人。少年们想要立陈婴为王,用青巾裹头,标明他们是新起义的军队。陈婴的母亲对他说:"自从我作你们家的媳妇,就没有听说你家的祖先有过显贵的。今日突然得到大名,不吉祥。不如归属别人,事情成功了还能够得到封侯,事情失败了也容易逃亡,因为不是世上所知名的人物。"

于是,陈婴不敢称王,对自己的军吏说:"项氏世代为将门之家,在楚国很有名望。今日将要举行大事,不由这样的人来担任将领,是不行的。我们如能依仗名家大族,灭亡秦朝是必定无疑的了。"

众人听从陈婴的言论,让部队归项梁指挥。项梁渡过淮河后,黥布、蒲将军也率兵归属项梁。项梁总共有六七万人,驻扎在下邳。

此时,秦嘉已立景驹为楚王,驻扎在彭城东面,想要抵拒项梁。项梁对部下军官说:"陈王首先起义,作战不利,不知去往何处。如今秦嘉背叛陈王而立景驹为王,大逆不道。"

于是,出兵攻击秦嘉,秦嘉败走。项梁追击至胡陵,秦嘉回军交战一日,战死,部下投降项梁。景驹逃走后死于魏国境内。项梁兼并了秦嘉的军队,驻扎在胡陵,将要率兵向西出击。这时,章邯率秦军到达栗(今河南夏邑县),项梁另派将领朱鸡石、馀樊君与秦军交战。馀樊君战死,朱鸡石兵败逃往胡陵。项梁率军入薛,诛杀朱鸡石。

项梁在此之前另派项羽进攻襄城，秦军坚守，攻克后活埋全部秦军，回来后向项梁汇报。项梁得知陈王已死的确切消息后，召诸将到薛县议事。这时沛公早已在沛县起兵，赶来参加会议。

居鄛（cháo，今安徽巢县西南）人范增，年已古稀，平素居于家中，好出奇计。这时，他前往游说项梁："陈胜失败是必然的。秦灭六国，楚国最无过错。楚怀王受欺骗入秦，被秦王扣留，客死于秦国，楚人至今仍在怀念他。所以楚国的南公说：'楚虽三户，亡秦必楚。'今陈胜首倡起义，不立楚王的后代而自立为王，其势力不可能久长。如今您起兵于江东（即江南），楚地蜂拥而起的将领都争相归附于您，就是因为您家世代都是楚国的将领，认为您能立楚王的后代为王。"

项梁认为范增言之有理，在民间找到楚怀王的孙子熊心，其人当时正在牧羊，被立为楚怀王，为的是顺从民众的愿望。陈婴任楚国上柱国，赐封五县。项梁与楚怀王都于盱台（今江苏盱台县东北）。项梁自号为武信君。

项梁在盱台停留数月，领兵进攻亢父，与齐国的田荣、司马龙且的军队救援东阿（ē，今山东省东阿县西南的阿城镇），于东阿大破秦军。田荣当即引兵而归，驱逐齐王田假，田假逃往楚国。田假的丞相田角逃往赵国。田角的弟弟田间原为齐国的将军，居于赵国而不敢回去。田荣立田儋的儿子田市（fú）为齐王。项梁既已击破东阿一带的秦军，乘胜追击，并多次派出使者催促齐国出兵，共同向西进军。田荣回答说："楚国杀死田假，赵国杀死田角、田间，我才能出兵。"项梁说："田假是楚国盟国的国王，穷困时投奔于我，不忍心杀害他。"赵国也不肯以拿杀田角、田间来同齐国做交易。齐王田荣终于不肯发兵助楚攻秦。项梁派沛公及项羽从另一路攻打城阳，夺取后屠杀全城。再向西进，在濮阳东破秦军，秦军撤入濮阳。项羽、沛公攻定陶，未能攻下，向西攻占城池，到达雍丘，大破秦军，斩秦三川郡郡守李由。回军进攻外黄，未能攻下。

项梁自东阿起兵西进，待到达定陶时再度大破秦军，项羽又斩杀李由，愈发轻视秦军，面有骄色。原楚国令尹宋义向项梁劝谏说："作战获胜而将领骄傲、士卒怠惰者，必定失败。如今士兵已有些怠惰了，而秦兵却日益增加，我很为您担心啊。"项梁不听，派宋义出使齐国。途中，宋义路遇齐国使者高陵君，对他说："您想要见武信君？""是的。"高陵君回答说。宋义说："我认定武信君必败，您慢去可免于一死；快去将遭受祸殃。"秦果然向章邯增兵，章邯率大军攻击楚军，大破楚军于定陶，项梁战死。项羽、沛公率兵到外黄攻陈留，未能攻下，二人相互谋划说："今项梁军被击破，士卒恐惧。"便与吕臣的军队一道向东撤退。吕臣驻军于彭城东，项羽驻军于彭城西，沛公驻军于砀。

章邯于定陶大破楚军，随即率秦军渡过黄河，攻击河北的各路义军。

楚怀王因楚军大败于定陶、项梁战死而恐惧，从旺台迁都于彭城，将吕臣、项羽所统率的部队划归自己亲自统领，任命吕臣为司徒，以吕臣的父亲吕青为令尹。任命沛公为砀君长，封为武安侯，统率砀郡士兵。

在楚怀王剥夺项羽对所部兵马的指挥权之前，宋义在途中所遇到的齐国使者来到楚国，对楚怀王说："宋义事先断定武信君的军队必败，几天后，项梁的军队果然大败。两军尚未交战而能事先预见失败的征兆，这可以算得上是懂得兵法了。"楚怀王召见宋义并同他商议军事大计，对宋义十分欣赏，于是任命宋义为上将军；以项羽为鲁公，任次将；以范增为末将。

八　章邯镇压东方义军

自陈胜、吴广在大泽乡起义后，各地纷纷响应。当时，有一位在朝廷中为国君掌管上传下达的谒者，从东方回到咸阳，如实地汇报了各地民众反叛的消息。昏庸的秦二世听后却大发雷霆，将谒者押入狱中，没有把各地农民起义当回事，照旧日夜享乐。后来有人报告起义军已占领了陈郡，秦二世这才召集博士诸生询问对策，而不是召集文武大臣前来议事。二世对博士诸生们说："楚地戍卒攻下蕲县，进入陈郡，诸位以为应采取何种对策？"

二世话音刚落，只见应召的博士诸生三十余人一齐向前说道："人臣只许听命于天子，不许怀有异心；臣下怀有异心，即等于反叛，罪死无赦。愿陛下急速发兵捕灭盗贼。"

秦二世闻听后立即改变了脸色。此刻，善于察言观色的诸生叔孙通却独自站出来答对说："诸生所言皆不对。现今天下合为一家，毁坏原有郡县的城墙工事，销毁兵器，向天下宣示不再用兵。况且明主在上，法令已颁布于下，使令人人依法奉职行事，四方辐辏于中央，怎会有敢于反叛的人？诸生所言的群盗，不过是一些鼠盗狗窃的小小蟊贼而已，何足挂齿。下令郡县守尉捉拿定罪就是了，有什么值得忧虑的！"

秦二世听了叔孙通的议论，顿时喜笑颜开地说："讲得好。"在场的一些博士诸生，还有一些人未发表言论。二世令他们一一表态，有人说是造反，有人说是盗贼。于是，秦二世令御史查清每个诸生的言论，凡认为是造反的，一一交有关官员审理，以"非所宜言"罪论处；凡认为是盗贼的，一律不予过问。唯有发表令二世高兴言论的叔孙通，被赐给帛二十四，衣服一套，并任命他为博士。

只知贪图享乐的秦二世，竟昏庸到闭眼不愿正视帝国大厦将倾的事实,结果是讲实话的获罪,说谎话者受奖。在这种情况下,有谁敢再向秦二世报告起义军步步西进的消息?

陈胜、吴广在秦二世元年七月于大泽乡起义,势力发展很快。八月末,由周文所率领的十万义军、千辆战车已抵达戏水,逼近秦都咸阳。此刻,秦二世才大为惊恐,乱了手脚。他立即召集群臣谋划,无可奈何地向群臣说:"形势既已如此,该怎么办是好?"群臣们各各恐慌得无言以对。这时,为秦帝国掌管山林、池泽之赋的少府章邯站了出来,振振有词地说道:"盗贼已至戏水,兵多势强,现在征发附近各县的兵力抵抗盗贼,已是来不及了。如今在骊山修墓的刑徒众多,请将他们一律赦免,发给他们兵器,令他们出击盗贼。"

在一片惊慌之中,有章邯出来为二世出谋划策,秦二世这才发布了大赦天下的命令,同时任命章邯统率被赦免的骊山刑徒和奴婢之子,全部开赴前线,向起义军发起攻击。

周文本不懂得军事,在西进途中并未遇到秦军的抵抗,滋长了他的轻敌思想,而所部人马又多是沿途招收的,未经受过军事训练和作战锻炼,缺乏各级指挥人员,其战斗力之低是可以想见的。因此,当章邯率领装备精良的秦军恶狠狠地扑来时,一触即溃。周文率余部退出函谷关。出关后,周文在曹阳(今河南灵宝县东)驻守二三个月。章邯率秦军追来,周文率军退至渑池,停留十余日。章邯率秦军出击,大破起义军,周文战败自刎而死,军队已失去战斗能力。

吴广围攻三川郡治所荥阳,郡守李由坚守城池,吴广久攻而不下。将军田臧等人谋划说:"周文的军队已经溃散,秦军早晚要抵达这里。我们围攻荥阳,久攻未下。秦大军到来后,我军必定大败。不如留下少量部队,足够围困荥阳,然后以全部精兵西迎秦军。如今假王吴广骄傲,不懂得兵家权谋,不可同他共事,不诛杀他,大事恐怕要败坏。"

于是，他们一同假传陈王的命令，杀死假王吴广，把吴广的头献给陈王。陈王见事情既已如此，不得不派使者赐田臧楚国令尹大印，任命他为上将。田臧派诸将李归等驻守在荥阳城外，自己率领精兵西迎秦军，交战于敖仓（今河南荥阳东北敖山上），田臧战死，军队溃散。章邯进军荥阳城下，攻击李归，李归战死，军队溃散。

阳城人邓说率军驻守于郯（今山东郯城县北），章邯另派将领击溃邓说守军，溃军逃回陈县。铚（zhì）人伍徐率军驻守于许（今河南许昌市东），被章邯率秦军击溃。溃军也逃回陈县，陈王诛杀邓说。

章邯在击溃伍徐所率义军后，挥兵东进，向"张楚"政权所在地陈县直扑而来，上柱国房君战死。章邯进兵攻击陈县西面张贺所率领的义军，陈胜亲自上阵督战，义军被击溃，张贺战死。

十二月，陈胜率部退至汝阴，又退至下城父（今安徽涡阳县东南的下城父集），陈胜的驾车人庄贾杀陈王而投降秦军。陈胜葬于砀。原陈王涓人将军吕臣率头裹青布的"苍头军"起兵于新阳（今安徽太和县西北），攻克陈县，杀死叛徒庄贾，又以陈县为楚都。

章邯自率领秦军于戏水大败周文、出关东向以来，陈胜所统领的各支起义军节节溃败而退，章邯屡屡得胜。陈县的陷落与陈胜之死，标志着首倡起义的陈胜及由他所直接统领的各支义军，基本上已被秦军消灭，章邯出关后的第一个战略目标已经实现。

陈胜这路义军是失败了，但响应陈胜起义的其他各路义军却方兴未艾。于是，章邯便把秦军的打击矛头，逐一地指向各路起义大军。

章邯在击溃陈胜统领的义军后，进兵出击魏王魏咎于临济（今河南封丘县东），魏王派周市求救于齐、楚，齐、楚派项它、田巴率军随同周市救魏。章邯夜出奇兵大败齐楚军于临济下，杀齐王及周市，魏王魏咎自杀。

秦二世二年七月，秋，连降大雨，武信君项梁率兵进攻亢父，闻知齐田荣被章邯围困于东阿，便率兵救齐，于东阿大破章邯所率秦军，这是章邯出关以来的第一次惨败。项梁乘胜追击秦军，并多次催促齐兵与楚军一同西进作战，田荣不肯发兵助楚。项梁派沛公及项羽进攻城阳，攻克后屠城。沛公及项羽又西进在濮阳东击破秦军，秦军退守濮阳。沛公及项羽进攻定陶而未下，西进略地至雍丘，大破秦军，斩秦三川郡郡守李由。项梁发兵于东阿西进，抵达定陶，再次击破秦军。

项梁、沛公、项羽在同秦将章邯所率秦军作战中，取得了一连串的胜利。这些胜利，滋长了项梁的骄傲和轻敌思想。他不听从宋义的劝谏，在秦以倾国之兵补充章邯兵员的情况下，项梁仍是不设防备。章邯率大军攻击楚军，于定陶大破楚军，项梁战死。项羽、沛公、吕臣也率军撤至彭城一带驻守。

陈胜失败后，事实上由项梁所统率的楚军，兵员不下十万，有猛将数员，具有很强的战斗力，曾多次击破章邯所统率的秦军。然而，由于项梁的骄傲轻敌，导致了定陶惨败和项梁本人的阵亡。这对于楚军来说，是一个十分严重的挫折，章邯所率秦军的凶狠气焰再度嚣张起来。

章邯于定陶大败楚军，项梁战死，以为楚地的义军已不足忧虑，便渡过黄河，北上攻击赵地的义军。赵国的军队抵挡不住来势凶猛的秦军，被秦军打得大败。章邯率秦军抵达赵都邯郸，把那里的百姓都迁移到河内地区，平毁了那里的城墙和建筑物。这时，赵王赵歇、丞相张耳，都退入巨鹿城（今河北平乡县西南）内。章邯命令部将王离、涉间率大军将巨鹿层层包围。章邯率秦军驻扎在巨鹿南面的棘原（今河北平乡县南），筑起甬道（道路两旁设有防御工事），为秦军运送粮食。赵国将领陈余到北面收集了几万人的兵力，驻扎在巨鹿的北面，这就是所谓河北军。赵国在危机之中多次向楚、燕、齐等国求救，各国也陆续派出援兵。于是，在秦二世三年的前前后后，终于形成了自陈胜起义以来的第一次以秦军主力为一方、以赵国及各路义军主力（主要是赵军与楚军）为一方的对峙局面。巨鹿城下南北二军的对峙，分别集中了秦军与各路义军的主力，因而这种对峙所引发的一场战略决战，其胜负势必在极大的程度决定着双方生死存亡的命运。

九　巨鹿之战威震中原

秦二世二年（公元前208年）闰九月，章邯率秦军北渡黄河，大破赵军，赵王赵歇与丞相张耳入保巨鹿城。秦将王离、涉间以大军包围巨鹿，赵将陈余北收常山兵，得数万人，驻扎在巨鹿城北面。章邯率秦军驻扎在巨鹿城南面的棘原，筑甬道通达黄河，以源源不断的粮食供应巨鹿城下包围赵军的王离将士。两军对峙之下，秦军以势在必得的姿态威逼赵军，赵军面临着极为严峻的形势。

秦将王离依仗着兵多粮足，攻城凶猛甚急，而巨鹿城中的赵军"食尽兵少"，危在旦夕。城中的丞相张耳曾多次派使者催促陈余率军出击城下的秦军，陈余估计自己兵少，敌不过秦军，不敢贸然出击。一两个月过后，张耳大怒，派张黡、陈泽前往责问陈余说："当初我与你结为生死之交，今日赵王与我早晚将死，而您拥兵数万，却不肯相救，哪里谈得上同生共死！如果是言必有信，为什么不冲向秦军与我们一道牺牲，也许会有十之一二的人可以得到保全。"

陈余回答说："我估计到出击最终也不能救赵，将会白白地全军覆没。况且我陈余所以不想同归于尽，是想要为赵王、张君报秦军之仇。今日一定要同死，犹如把肉投向饿虎，有何益处？"

张黡、陈泽说："事情紧急，已答应同死，要信守誓言，哪里管得以后的事！"

陈余说："我死不要紧，既使考虑到那样做无有益处，我也一定照您俩的话办。"

于是陈余派五千人让张黡、陈泽率领着先同秦军试试，结果一出营垒便全军覆没了。

在敌我力量对比悬殊的形势下，陈余的坚壁不出策略是正确的，至少可以起到牵制秦军的作用。否则，一旦出击，势必全军覆没。陈余的数万军队既不能解巨鹿之围，巨鹿城中又兵少粮尽，只是依靠自己的力量是难免城破人亡的。危机之中，赵王多次派使臣向燕、齐、楚求救，各路诸侯纷纷派援军前来。张敖北收代兵万余人前来，在陈余的壁垒旁筑起工事，也不敢出击秦军。在各路援军中，只有楚军的到来才使双方力量对比发生了根本变化。

章邯大军包围巨鹿，赵王危在旦夕，多次派使者向楚求救。楚怀王及其部将深知章邯攻下巨鹿后，必定率大军南渡围攻楚军，到那时孤军与秦军作战，形势将更为不利，不如与各路义军联合起来在巨鹿同秦军决一死战。因此，楚怀王以宋义为上将军，封项羽为鲁公、次将，范增为末将，发大军救赵。各路将领都隶属于宋义，号为卿子冠军。救赵的楚军大队人马，北上行至安阳（今山东曹县东南），停留四十六日而不向前行进。

项羽急于与秦军交战，为叔父项梁报仇，对秦军章邯的嚣张气焰极为蔑视。他见宋义在安阳按兵不动，拒不救赵，便对宋义说："我听说秦兵围赵军于巨鹿，如急速领兵渡过漳河，楚军从外围进攻，赵军从城内响应，必定能击溃秦军。"

宋义回答说："不对。叮咬牛的牛虻不可以用来消灭虱子，今日秦军攻赵，即或是战胜也会使秦军疲惫，我们可以乘秦军疲惫来消灭他们；如果战败，我们可以率军大张旗鼓地西进，必定能一举灭亡秦朝。因此，不如首先使令秦、赵相互争夺。身披坚甲，手持利兵，我不如您；坐于帷帐之中运筹决策，您不如我。"

与此同时，宋义向全军下达命令："猛如虎、狠如羊、贪如狼、倔强而不听从命令者，一律斩首。"

宋义还把儿子宋襄派往齐国去辅佐齐王，并亲自送至无盐（今山东省东平县东南），大摆酒席宴会。此时，正值天寒大雨，士卒们正在挨饿受冻。面对宋义的种种言行，项羽很是气愤。他说："现在正是并力攻击秦军的时候，楚军却久留于安阳，不向前进发。如今年岁饥荒，百姓贫困，士卒们以芋头、豆子为食，军中又无有存粮，还在那里大摆酒席宴会，不带兵渡河吃用赵地的粮食，与赵军合力攻秦，却说什么利用他们的疲惫！以秦军的强大，进攻新建立的赵国，势必一战而胜。赵国被灭而秦军则会更加强大，哪里会有什么疲惫可以利用的！况且楚国军队新近被秦军战败，国王坐不安席，把全国军队集中起来交给将军指挥，国家的安危存亡，在此一举。如今不体恤士兵，而去为儿子谋求私利，并非是国家的栋梁之臣。"

清晨，项羽步入上将军宋义军帐，在军帐中斩下宋义人头，然后手提宋义头颅走出军帐，号令军中将士说："宋义与齐王密谋反叛楚国，楚王密令我将他诛杀。"

众将领见上将军宋义已被斩首，无不畏惧而服从，没有人敢于抵拒，都说："最早拥立楚王的，是将军一家；现在又是将军诛杀了乱臣贼子。"于是，众将领拥立项羽为代理上将军。与此同时，项羽派人追赶宋义的儿子宋襄，一直追到齐国，将宋襄杀死。又派桓楚向楚王汇报此事，楚怀王见宋义已被杀死，便正式任命项羽为上将军，当阳君黥布、蒲将军所统率的军队，都归项羽指挥。

项羽在关键时刻杀卿子冠军宋义，威名震动楚国，名声传遍诸侯，在与秦军交战之前已有先声夺人之势，楚军士气大为振作。于是，项羽派黥布、蒲将军首先率两万士卒渡过漳河，救援巨鹿赵军。楚军与秦军交战后，战事稍有胜利，陈余又向项羽请求援兵。于是，项羽下令楚军全部渡过漳河，开赴前线。渡河后，项羽又下令沉掉全部船只，砸毁锅甑，焚烧营垒，只携带三日的干粮，以此向士兵们表示同秦军决一死战，无有退还的生路，只有向前，在同秦军的殊死战斗中求得生路和胜利。楚军将士人人斗志昂扬，到达巨鹿后便把秦将王离的攻城部队层层包围，多次与秦军激战，断绝了秦军送粮的甬道，大破秦军，杀死秦将苏角，俘虏秦将王离。秦将涉间拒不降楚，自己投火而死。巨鹿之围因围城秦军的溃败和楚军的大获全胜而宣告解除。

在项羽所统率的楚军同王离所统率的秦军在巨鹿城下激战的前夕，援救赵军的各路诸侯在城下设有十余处营寨，他们都不敢出寨与秦兵交战。当项羽统率的大军向秦军发起攻击时，各路诸侯的将领们都在壁垒上观看楚秦两军这一场空前激烈的厮杀。他们所看到的是：楚军战士"无不以一当十，楚兵呼声动天"。而"从壁上观"的各路诸侯将士，简直是被这一场面惊呆了。他们屏住呼吸地观看两军厮杀，"无不人人惴恐"。

巨鹿城下的秦军被击溃后，项羽召见各路诸侯的将领。这些被召见的将领进入项羽军营的辕门后，"无不膝行而前，莫敢仰视"。从此，项羽成了各路起义军的上将军，各路诸侯的军队都归属项羽统一指挥。

项羽所率楚军在巨鹿城下与王离所率秦军激战时,由秦将章邯所率领的秦军另一支主力部队,仍驻扎在巨鹿南面的棘原,没有出垒与楚军交战。项羽在巨鹿城下获胜、俘虏秦将王离之后,率大军驻守在漳水南面,秦、楚两军"相持未战"。

在章邯与项羽二军相持的前前后后,秦帝国宫廷内部正在为争权夺势而相互倾轧。这时,晚节不保的帝国丞相李斯,已被阴谋家赵高陷害致死,赵高已攫取了帝国大权,昏庸的秦二世成了赵高手中的傀儡。秦军在巨鹿城下失利,秦二世派人责问章邯。章邯恐惧,派长史司马欣回咸阳请示。司马欣到达咸阳后,在司马门(即皇宫外门)逗留三日,赵高也不予接见,对章邯表示不信任。司马欣见势不妙,恐惧而逃,奔回前线。为防备万一,司马欣不敢从原路东行。赵高果然派人追赶,但没有追到。司马欣回到巨鹿,向章邯报告说:"赵高在朝中当权,下面的人不可能有所作为。如今能作战获胜,赵高必定嫉妒我们的功劳;如不能获胜,难免一死。"这时,赵将陈余也写给章邯一封书信,信中说:"白起身为秦将,南征鄢郢,北坑赵国马服君赵括的四十万降卒,攻城略地,不可胜数,而终于被赐死。蒙恬身为秦将,北逐匈奴,在榆中开地数千里,归终竟被斩于阳周(今陕西子长县北)。这究竟是何缘故?是因为他们功多,朝廷无法完全封赏,所以找借口依法诛杀。今将军为秦将已历时三年,所损失的士卒有十余万人,而各路诸侯并起,日益增多。那个赵高素来阿谀奉承,为时已久。今日事情紧急,他恐惧二世会诛杀自己,所以想依法诛杀将军来搪塞责任,派人替代将军来解脱自己的祸殃。将军长期领兵在外,朝廷内部矛盾重重,有功是死,无功也是一死。况且上天要灭亡秦朝,无论是智者与愚者,人所共知。今日将军对内不能直谏于上,在外是亡国之将,孤自一身而又想要常存于世,岂不令人悲哀!将军为何不倒戈，联合诸侯共同伐秦。瓜分秦地而南面称王，这同身伏刀斧、妻儿被杀相比，会是怎样？"

章邯在听过司马欣的汇报后，已心存疑虑；陈余书信的一番指点，使得章邯开始派出使者谋求与项羽订立和约。和约尚未订成，项羽派蒲将军日夜率兵渡过三户津（河北临漳县漳河上的一个渡口），驻扎在漳河南面，与秦军交战，再度击溃秦军。项羽率领全部大军在汙水（在临漳县西的一条河流）攻击秦军，秦军被打得大败。

在军事上的接连溃败之下，章邯派使者见项羽，想要订立和约。项羽召见军官们谋划说："现在军中已缺少粮食，可以听从他们的求和。"军官们都说："这样很好。"于是项羽与章邯约期在洹水南的殷墟（今河南安阳市西北小屯村）会谈。订立盟约后，章邯满面流涕地见项羽，诉说赵高的种种行为。项羽于是立章邯为雍王，安置在楚军之中；使令司马欣担任降军的上将军，带领着投降的秦军作为先锋部队，向西挺进。项羽统率着各路诸侯的军队紧随其后，一路浩浩荡荡，直向秦王朝的所在地关中进发。

十　沛公率先攻入关中

秦二世二年闰九月，楚怀王在派上将军宋义、次将项羽、末将范增率大军北上救赵的同时，又令沛公另率一路兵马向西攻城略地，并向各路将领们约定：谁先攻入关中（关中地区指函谷关以西、散关以东、萧关以南、武关以北的渭水流域的"八百里秦川"），谁就做关中王。

当时，秦兵势力强大，经常乘胜追逐并打败义军，楚将中没有人认为先入关中是件有利的事。唯有项羽怨恨秦军击溃项梁的军队，杀死叔父项梁，因而自告奋勇，愿与沛公一道西进攻入关中。然而，楚怀王的诸位老将们都说："项羽为人勇猛凶残，在攻克襄城后屠城，把城中的人都活埋了；他所经过的地方，无不遭到残杀毁灭。况且楚军曾多次轻率地主动进军出击，此前的陈胜、项梁都因此而失败。不如另派一位宽厚的长者，用正义来号召百姓，率兵西进，向秦地父老讲明伐秦的道理。秦地的父老兄弟们苦于秦帝的暴政，已是很久的了。今日如能选得宽厚的长者，不侵暴百姓，关中是可以攻下的。项羽为人凶残，不可派遣。唯独沛公向来是位宽厚大度的长者，可派遣他率兵西进入关。"

就这样，楚怀王终于没有答应项羽西进入关的请求，而是派沛公向西攻城略地，收纳原陈王、项梁部下被击溃的失散兵卒。

秦二世二年闰九月，沛公率师从砀县出发，到达成阳（今山东鄄城县东南），在杠里（在成阳南面）与秦军对垒布阵，击溃两支秦军部队。楚军又出兵攻击秦将王离，也大获全胜。

秦二世三年二月，沛公领兵西进，在昌邑遇到彭越。彭越帮助沛公攻打昌邑，未能攻下。沛公领兵继续西进，彭越没有跟从，留在当地与秦军作战。后来彭越在楚汉战争中归属刘邦，战功卓著，这里对彭越的身世介绍如下：

彭越是昌邑（今山东金乡县西北）人，表字仲，曾在巨野泽（亦名大野泽，在今山东巨野县）中聚集一伙人做强盗。陈胜、吴广起义后，同伙中的少年对彭越说："如今众多豪杰群起叛秦，你可以立起旗号，我们也效法他们举事。"

"两龙刚刚相斗，还是暂且观看等待一下吧。"彭越答。

一年过后，大泽中相聚的少年已有一百余人。他们一同来到彭越面前对他说:"请您做我们的首领。"

"我不想与诸位做这种事。"彭越答。

少年们一再勉强彭越,彭越这才答应。同时,与少年们约定:明日早晨日出时到指定地点集合,不按期到达者斩首。

第二天清晨,有十余人未能按时到达。最后一名来到时,已是中午。这时,彭越抱歉地对众人说:"我年纪已大,诸位勉强我做了首领。今日迟到的很多,不可以全都诛杀,只诛杀最后到达的一位。"说完便下令军校将那人拉出斩首。这些做惯了强盗的少年,平日松散惯了,哪里见过这种场面,便不以为然地笑着求情说:"何至于这样,以后不敢就是了。"

彭越没有理会众少年的求请,当即将最后到达的那个人拉出来斩首。然后设立土坛,用那个人头祭祀,向部下众人宣读了军令。众人哪里见过这种场面,无不大为惊讶,因而畏惧彭越,都不敢抬头看他。于是,彭越带领这伙人攻城略地,收纳各路被击溃的义军士卒。当他这次在昌邑遇到沛公时,手下已聚集千余人。

沛公率大军西征,在昌邑与秦军交战不利,后退至栗县,遇到魏将刚吾侯,将他的军队夺了过来,约有四千余人。两军合在一处,与魏国将领皇欣及魏国的申徒武蒲的军队联合攻打昌邑,仍然未能攻下。沛公率军西进,路过高阳。高阳看守城门的吏卒郦食其(yī jī)求见沛公。

郦食其是陈留高阳人,好读书,但穷困失意,家贫如洗。为穿衣糊口度日,做了里正手下看门的小吏。然而,县中的豪杰都不敢役使他,县里的人都称他为放荡不羁的狂生。

陈胜、项梁等人起义后,义军诸将领为攻城略地而路过高阳的有数十人,郦生听说这些将领大都气量狭小,喜好繁文缛节,自以为是,听不进大度之言，便深深地躲藏起来。后来闻听沛公到陈留近郊攻城略地，而沛公部下的一名骑兵恰好是郦生同里中的青年，当时沛公正时时打听邑中有哪些贤士豪杰。骑兵回家探亲，郦生问青年："我听说人沛公傲慢而看不起人，但多有深谋大略，这正是我愿意结交的人，可是无人替我介绍。你如果见到沛公，就说'同里中有一名叫郦生的，年纪六十余岁，身长八尺，人家都称他为狂生，他自己却说自己并非是狂生'。"

青年人说："沛公不喜欢儒学，宾客有戴儒生帽子前来的，他总是取下'儒冠'往帽子里撒尿。与客人谈话，常常破口大骂。您不可以用儒生的身份前往游说。"

郦生说："您只管照我说的去讲。"

青年骑士回到部队后，果然把郦生所嘱托的话一五一十地向沛公作了汇报。

沛公到达高阳，派人召见郦生。郦生到达后，入舍拜见。这时沛公正坐在床上，叉开双腿让两名女子为他洗脚。郦生见沛公如此接待自己，傲慢无礼，也就只深深地作个揖，没有下拜，开口说道："足下是想要帮助秦朝攻打诸侯呢，还是想率领诸侯灭亡秦朝呢？"

"混帐儒生，天下人共苦于暴秦已是很久的了，所以各路诸侯才相继攻打秦朝，怎说帮助秦攻打诸侯？"沛公见郦生问得荒唐，便如此破口大骂。

"如果是一定要聚集徒众，兴义兵诛伐无道暴秦，就不应以无礼的态度接见长者。"

郦生所回敬的这句话，使沛公感到来者出言不凡，深感方才是自己失礼，便马上停止洗脚，起身提衣请郦生坐在上首，向郦生赔礼道歉。郦生于是向沛公谈论起六国纵横的形势。沛公闻言很高兴，招待郦生吃饭。饭后，沛公问郦生："当今形势，应制定怎样的计策？"

"足下起兵时是未经训练的乌合之众，又收纳各地散乱的士卒，至今不满万人。以这一点点的力量想直接攻入强大的秦朝，这岂不是人们所常说的去触摸虎口吗？陈留这个地方，是天下要冲，为四通八达的战略要地。现在城中又有很多积存的粮食，县令同我的关系很好，请允许我奉您的命令前往游说，使令他归属足下；即或是不听从，足下也可以发兵攻城，我在城中作为内应。"

于是，沛公派郦生前往，自己率大军紧随其后，终于降服陈留。沛公封郦食其为广野君。

郦食其又劝说他弟弟郦商，带领几千人跟随沛公向西南攻城略地，而郦生则作为沛公的说客，经常乘车马出使于各诸侯之间。

秦二世三年三月，沛公得到陈留城中秦朝的存粮，又得到郦商的几千人马，以郦商为将，统率陈留士兵，一道进攻开封城，但未能攻下。沛公率兵西进，与秦将杨熊交战于白马，又交战于曲遇（今河南中牟县东）东，大破秦军。杨熊逃至荥阳，秦二世派使者将杨熊斩首示众。

同年四月，沛公乘胜南下攻打颍阳（今河南许昌市西南），攻克后屠城。此时，沛公与张良暂别后再度相遇。由于得到张良的协助，占领了韩国的轘辕（Huányuán）。轘辕是山名，在今河南偃师县东南，山路盘旋，形势险峻，是一处有名的要隘。

当时，赵国的偏将司马卬正想要渡过黄河，进攻关中。沛公便北上进攻平阴（今河南孟津县东北），横渡河津（指黄河渡口）。南下，在洛阳（今河南洛阳市东北）东与秦军交战，不利，又退回阳城。这时，张良带兵随从沛公，沛公令韩王韩成守卫阳翟，与张良一道南下。从此，张良便一路跟随沛公，为沛公出谋划策，直到兵入咸阳。

同年六月，沛公与秦南阳郡守吕齮（yǐ）交战于犨（今河南鲁山县东南）东，击破秦军，攻占南阳郡的土地，南阳郡守吕齮败逃，退守宛城。沛公见宛城不易攻下，便带兵绕过宛城向西进发，张良劝谏说：

"沛公虽想急速入关，然而秦兵尚强，拒险抵御。今日如不攻下宛城，宛城的秦军从后面攻击，强秦又在前面阻击，这是很危险的。"

于是，沛公夜间率军从小路返回，更换旗帜，天亮时将宛城重重包围起来。南阳郡守吕齮见大势已去，想要自刎，他的亲信门客陈恢说："要寻死还早着呢！"陈恢出城求见沛公，说道："我听说足下受楚怀王的约定，先入咸阳者为关中王。今足下停留在这里攻城，要知道宛是大郡的都城，连城数十，人民众，积蓄多，守城的官吏都以为投降后也必定难逃一死，所以都坚守城池。如今足下整日攻城不已，士卒死伤必定很多；若领兵离开宛城，宛城守军必定随后追击。如此，足下前面会失去先入咸阳的机会，后面又有宛军的忧患。为足下着想，莫如明约投降，封南阳郡守为侯，仍让他留守南阳，您可以带领宛城的士兵一道西进。那些尚未降服的城池，听到这一消息后，一定会争相打开城门恭候足下。这样的话，足下一路便可以畅行无阻了。"

"讲得好。"沛公在称道后，以南阳郡守吕齮为殷侯，封陈恢为千户。沛公引兵西进，所过城邑没有不降服的。到达丹水（县名，在今河南淅川县西南，丹水北岸），高武侯戚鳃、襄侯王陵也在西陵（今湖北宜昌市西）归降。回攻胡阳（今河南唐河县西南），遇到番君吴芮的偏将梅铜，同他们一起降服了析（今河南西峡县）、郦（今河南南阳市西北）。沛公派魏人宁昌到关中活动，宁昌一时尚未回来。这时，章邯已率秦军投降项羽了。

此刻，咸阳城中的中丞相赵高为专断秦国大权，恐群臣不服，"指鹿为马"。章邯军败，赵高恐秦二世发怒，诛杀自己，便设计将秦二世杀死，立子婴为秦王。

同年八月，赵高杀死秦二世后，派人前来沛公处联系，想要同沛公约定分关中为王。沛公以为这是个阴谋，便采用张良的计策，派郦生、陆贾前去说服秦军将领，用厚利引诱秦将，麻痹秦军，趁此机会袭击武关（今陕西丹凤县东南丹江上），大破秦军，沛公得以率大军进入武关。

同年九月，秦王子婴杀赵高。沛公想要以两万士兵攻击驻扎在峣（yáo）关（旧址在今陕西商县西北）的秦军。张良对沛公说："秦兵还有较强的实力，不可轻敌。我听说峣关的秦军守将是个屠户的儿子，市侩容易用金钱收买。愿沛公暂且留在壁垒中，派人先行，准备五万人用的粮食，在各个山头上多张设旗帜，作为疑兵，同时派郦食其携带贵重宝物来收买秦军将领。"

秦军守将接受宝物后，果然表示叛秦，并且说要与沛公联合一道西进袭击咸阳。沛公想要听从秦将的动议，张良说："这只是秦将想要叛秦，恐怕秦军士卒不听从。如果士卒不听从，那就必定很危险，不如乘秦将懈怠的时机袭击秦军。"

沛公采纳张良的计谋，领兵绕过峣关，翻越蒉（kuì）山，在蓝田（今陕西蓝田）与秦军再战。同时，又多设疑兵旗帜，下令所过之处不得掠夺百姓，秦民无不欢喜，秦军懈怠，因而大败秦军于蓝田。

公元前206年10月，沛公率大军进驻霸上。霸上在今陕西西安市东，是古代咸阳、长安即今西安市附近的军事要地，因地处霸水西面的高原上而得名。此时，秦都咸阳已成为起义军的囊中之物。沛公派人敦促秦王子婴投降，秦王子婴见兵临城下，秦王朝大势已去，便乘白车素马，脖子上套着绳索，封存皇帝的玉玺和符节，在轵道旁下车向以沛公为首的农民起义军投降。

秦王子婴向沛公投降，标志着秦王朝在秦末农民起义军的打击下，已经正式灭亡。

沛公在接受秦王子婴的投降之后，便率领着这支由东方而来的十万大军，向西进发，兵不血刃地首先开入了秦都咸阳城。

第三章

受封汉王　还定三秦

  刘邦及其部将们在秦军主力于河北巨鹿与项羽统率的各路义军决战之时，趁关中空虚，率大军从陕南入武关，绕过峣关，在蓝田大败秦军，兵入咸阳。在胜利面前，刘邦面临着一场新的考验。是张良、樊哙、萧何等人的一番苦谏，为刘邦在夺取全国政权的航程中拨正了航向；而项羽则以他的凶残暴虐、拒不纳谏和分封诸侯，在自取灭亡的道路上迈出了关键的一步。

一　沛公还军霸上

沛公在接受秦王子婴的投降后，以胜利者的姿态，带着满怀的喜悦，率义军兵不血刃地开入咸阳城。

这些来自东土的贫苦农家子弟，在经年累月的浴血奋战之后，于秦都咸阳看到的是另外一个世界：数不清的壮丽宫殿，雄伟的咸阳城墙，宫中的无数珍宝、美人……令起义军的将士们目不暇接，眼花缭乱。且莫说义军的将士们意想不到人世间竟会有这等美妙的天堂，就连沛公本人，虽然曾多次带领服役的民夫和刑徒来过咸阳，但除了见到过咸阳城墙、正在建设中的阿房宫工地，有幸纵观秦始皇的车驾出游之外，无数的宫殿内部又是何等景致，这怎是他一个小小的亭长可以涉足和参观的去处？

不难设想，当沛公的将士们沉浸在欢庆胜利的海洋之中的时刻，他们是何等的兴高采烈，会是怎样的一种气氛。面对昔日供秦皇帝一人享用的宫室、财宝、美女，今朝一旦归属于自己所有，这些出身于社会底层的义军将士们，头脑中会想些什么？又将如何地对待？此刻，内心中最为激动的，莫过于沛公刘邦。他自第一次带领服徭役的民夫来到关中时便做起了皇帝梦，在观看秦始皇的车驾出游时发出过"大丈夫当如此"的感叹。而如今，秦皇帝所享用的一切都归他所有了。做了多年的皇帝梦，今朝岂不已成为现实了么？刘邦是那样急不可待地想享受一下皇帝所过的生活，似乎这个世上只有他沛公刘邦和咸阳宫殿以及部下将士们的存在。项羽率领几十万大军直扑咸阳而来的这一事实，刘邦竟然没有去想。因此，这位原本"好酒及色"的刘邦，想要留居于秦皇帝的宫室之中。这就是《史记·留侯世家》中所记载的"沛公入秦宫,宫室、帷帐、狗马、重宝、妇女以千数,意欲留居之"。

然而,在刘邦的部下中,至少有三人仍保持着清醒的头脑,这便是樊哙、张良和萧何。

樊哙本在沛县以屠狗为生,为避祸曾与刘邦一同匿身于芒山和砀山。沛县起兵后,樊哙跟随刘邦南征北战,屡立战功,"赐爵封号贤成君",仅"攻武关,至霸上"的路上,便"斩都尉一人,首十级,捕虏百四十六人,降卒二千九百人"。此刻,性格直爽急躁的樊哙,见刘邦不顾天下未定的事实,想要留居在秦皇帝的宫中享乐,感到很不理解,进而十分气愤,首先站出来据理直谏道:"沛公是想要夺得天下,还是想要做富家翁呢?眼前这些奢侈华丽的东西,都是造成秦王朝所以灭亡的祸根。这些东西,对于您沛公有何用途!愿急速回军霸上,不要留在宫中!"

屠狗出身的樊哙,在包括刘邦在内的众将士们都头脑发昏的情况下,会有这般见识,实属难能可贵。他所阐述的道理,已如此清晰明白。可是,刘邦并没有采纳。

张良见刘邦不听从樊哙的劝谏,不得不就这一事关全局的重大问题向刘邦说道:"秦朝暴虐无道,施暴政于民,所以沛公才能达到这一地步。为天下铲除凶残乱逆,应以崇尚朴素为本。如今刚刚进入秦都,便想在这里享受安乐,这正是人们所说的'助桀为虐'啊!况且'忠言逆耳利于行,良药苦口利于病',愿沛公听从樊哙的苦口忠言。"

以豁达大度、从谏如流而著称的刘邦,经樊哙、张良的一番苦谏,终于清醒过来,立即下达了"还军霸上"的命令。

刘邦的众多部将进入咸阳之后,都是争先恐后地奔向秦王朝的府库,夺取府库中的金银财物,分归个人享有。在众将领纷纷夺取金银财物的时候,唯独萧何率人首先入宫收缴秦丞相府、御史府的律令文书、地理图册、户籍簿等文书档案，妥善收藏起来，以备日后争夺天下和治理国家时使用。兵入咸阳后萧何首先想到的是日后争夺天下，并为此收缴秦王朝的档案文书。这一见识，与樊哙、张良的劝谏有异曲同工之妙，亦堪称难能可贵。

后来的事实证明，项羽兵入咸阳后，放火将秦宫室烧得荡然无存。若不是萧何的事先收缴，这批宝贵的档案文书岂不一同化为灰烬。再说，刘邦被封为汉王后，在同项羽争夺天下的斗争中，正是凭借着这批档案资料才得以"具知天下阨塞，户口多少，强弱之处，民所疾苦者"，在夺取和治理天下中发挥了重要的作用。

刘邦率大军首先入关并开入咸阳后在樊哙、张良以及萧何的劝谏与辅佐之下，刘邦从秦宫室、帷帐、狗马、重宝、美女的诱惑中清醒过来，作出了"还军霸上"的正确决策。否则，项羽统率几十万大军来到后，沛公将会遭受怎样的命运？

二　制定约法三章

刘邦不愧为具有做帝王的天资和素质。他一时迷惑之际，需要有樊哙、张良向他劝谏；一旦省悟后，其谋虑之深远与见识之高明，又非樊、张所能比及。在"还军霸上"的途中，刘邦一路思索。他终于从樊哙、张良的劝谏中得到启发，认识到当务之急是得人心，并以此作为争夺天下的资本。

汉王刘邦元年（公元前206年）十一月，沛公还军霸上后，立即召集关中各县的父老豪杰，向他们宣布说："各位父老们，你们受秦朝苛法严刑的苦害，已是很久了。按秦法规定，诽谤朝政的要诛灭全族，相聚议论的要杀头，这怎么叫人承受得了。我和诸侯同受怀王的约定：先攻入关中者称王于关中。我先入关中，当然是关中王。今天，我与父老们约法三章：杀人者处以死刑，伤人及盗窃财物的，依法治罪。除此三条之外，秦朝所有的苛法一律废除。各县的所有官吏，一律照常履行公务，不必惊扰。我这次到关中来，为的是替父老们除害，不是有所侵犯残害，大家都不必惊慌恐惧。我所以还军霸上，为的是等待各路诸侯到达后，共同制定规约而已。

沛公向关中父老所宣布的约法三章，废除秦王朝的苛法，为关中百姓除去了害中之害，百姓们怎能不拥护？同时又宣布"诸吏人皆安堵如故"，各级官吏又怎能不去掉仇视心理和戒心？沛公把取得百姓的拥护作为争夺天下的资本，又令原秦朝各级官吏照常履行公务，化敌对势力为积极因素，使社会秩序立即得以安定下来。在秦末乱世之中，有谁能做出像刘邦这样高瞻远瞩的英明决策！

沛公在向关中父老发布约法三章的宣言之后，派人与原秦政府的官吏巡行关中各县城镇乡村，向关中百姓们广泛宣传以约法三章为中心内容的安民告示。关中人民闻知后，无不皆大欢喜。关中地区的百姓们争相向沛公的军队奉献牛羊酒食，款待、慰劳起义军将士。面对这种感人的盛大场面，沛公止不住内心的喜悦。然而，这次他在喜悦之中，以清醒的头脑作出了颇为高明的决定。沛公对百姓奉献牛羊酒食的行为表示深深的感谢，但他百般推辞，不肯接受，并且向献牛羊酒食的百姓们解释说："仓库中的存粮很多，军粮并不缺乏，不想让大家因此而破费。"

沛公的这番讲话和决定，使得关中百姓更是喜上加喜，心悦诚服，都怀着无比爱戴的心情，唯恐沛公不在关中为王。在进入关中后的短短时间内，沛公出色地实践了得人心者得天下的这一真理。

沛公在霸上制定并奉行得民心的这一英明决策之时，还有一段小小的插曲，这便是当时有人向沛公献了一个不大高明的计策。这位献策人向沛公进言："关中地区的富足，十倍于天下，地理形势险要。如今闻听章邯已投降项羽，项羽立他为雍王，称王于关中。今日如果到来，沛公恐怕不得据有此地。可以急速派兵一面把守函谷关，不让诸侯的军队开进关中，一面在关中征兵，增强自己的实力，准备抵抗诸侯的军队。"

这个计策触及沛公所日夜悬念的大事，感觉讲得很对，便采纳并付诸施行。谁知，不久项羽率大军赶到，几乎因此而迎来一场大祸。

三　刘邦鸿门赴宴

项羽在河北屡屡大败秦军，秦将章邯在项羽及陈余的威胁利诱之下，惧怕秦二世、赵高向他问罪斩首，担心被楚军一举全歼，不得不率秦军向项羽投降。降后，项羽立章邯为雍王，置章邯于楚军中，任命章邯的长史为降军的上将军，统率投降的秦军为先锋部队，向西方进军关中，项羽率各路诸侯军队紧随在后面。

各路诸侯军队中的不少军官和士兵，过去曾因服兵役、徭役或屯戍等原因路过关中，关中秦地的军官和士兵对待来自山东六国的吏卒和民夫很不友好，常常刁难和侮辱他们。待到章邯率秦军投降项羽后，这些曾受过秦军吏卒侮辱的诸侯军吏卒，便乘胜予以报复，在很多场合下像对待奴仆、俘虏那样役使他们，动辄侮辱这些已经投降了的吏卒。原秦军的军官和士兵不堪忍受这种折磨侮辱，对诸侯军吏卒怨恨万分，私下纷纷议论说："章将军欺诈我们，投降并归属诸侯。今日如果能入关击败秦军，那当然太好不过了；如不能攻入关中，诸侯像对待俘虏那样强迫我们折回东方，秦朝又全部诛杀我们在家乡的父母妻子，那该怎么办才好？"

诸侯军的将领们对秦军吏卒的这种议论，多少有些耳闻，便向项羽汇报。项羽召集黥布、蒲将军等人谋划说："秦军投降过来的军官和士兵，为数还算不少，他们心中不服。如果到达函谷关时不听从调遣，甚至哗变反叛，那就危险了。不如现在将这些投降过来的吏卒全部击杀，只带着章邯、长史司马欣、都尉董翳三人入秦。"

黥布、蒲将军赞成项羽的提议，奉项羽之命于新安（今河南渑池县东）城南，乘着黑夜将秦军降卒二十余万人全部击杀或活埋。

汉王刘邦元年十一月，项羽率大军抵达函谷关，探马回报说关门紧闭，已有士兵把守，不得进入；又闻听沛公在关中约法三章，关中已被平定。项羽闻听后顿时勃然大怒，下令黥布等人率兵攻关。黥布是项羽部下最为得力的一员猛将，所向攻无不克。守关的士卒哪里经受得住黥布的猛攻，函谷关霎时被攻破。攻陷函谷关后，项羽大军长驱直入，一路并没有遇到什么抵抗。

同年十二月，项羽大军抵达戏水以西。戏水源出骊山，流经陕西临潼县东，入于渭水。沛公驻军于霸上，即灞水西面的白鹿原（今陕西西安市东南），未能与项羽相见。这时，沛公部下的左司马曹无伤私下派人向项羽说："沛公想要称王于关中。"他还无中生有地说什么沛公令秦王子婴为相，秦宫中的珍宝尽被沛公掠为己有。其实，子婴投降后已被监视，并未为相。曹无伤所言，纯系挑拨离间之词。项羽闻听曹无伤的报告，勃然大怒，立即下令军中说："明日早晨以酒肉犒赏士卒，饱餐后出兵替我打垮沛公的部队！"

当时，项羽有兵四十万，号称百万，驻扎在新丰（今陕西临潼县东北）的鸿门（鸿门为山坡名，在新丰东，今名项王营）；沛公有兵十万，号称二十万，驻扎在霸上。

项羽的军师范增见项羽下令明日清晨发兵出击沛公，很是满意，对项羽说："沛公在山东时贪于财宝，喜好美女。今日入关后，于财宝一无所取，也不接近美女，可见他志向不小。我派望气者观察他那边的云气，回报都说显现出龙虎形状，五彩缤纷，这可是天子气哩。应急速发兵进攻，切勿坐失良机。"范增的一番言语，目的是为着坚定项羽及早消灭刘邦的决心。

项羽、范增决定次日袭击沛公，消息传至项羽的小叔父项伯的耳中，他不禁为之一惊。此人原在楚国任左尹（令尹的副职）职务，平素与张良很要好。他知道张良跟随在沛公的帐下，便连夜急驰沛公军营，私下与张良相见，把项羽决定次日出兵袭击一事，原原本本地向张良概述一遍，要张良同自己一道立即离去，并说道："不要同沛公一同俱死。"

"我替韩王伴送沛公，今沛公事有急难，我私自逃走不合于道义，不可不告诉他一声。"

张良回答项伯后，请他在帐中暂且稍事休息，自己急忙进入沛公大帐，把项羽决定发兵袭击一事全部向沛公禀告，沛公闻言大惊，说："这可怎么办才好？"

"是谁给大王出的派兵守关的主意？"张良问。

"有个小子对我说：'派兵守关，不接纳诸侯，可尽有秦地，称王关中'，我听从了他的话。"沛公向张良解释。

"大王估计一下，您的兵力足以抵挡项王吗？"

对于张良所提出的这个问题，沛公默然无对。过了一会儿，沛公说道："我们的兵力确实比不上项王，那可怎么办才好？"

"请让我去告诉项伯，就说沛公是不敢背叛项王的。"

"那您与项伯是有旧交？"沛公问。

"秦朝的时候，项伯与我交游。他曾杀过人，我救过他的命。所以，今日有急难的事情，他亲自来告知我。"张良答。

"您同他比谁年长些？"沛公问。

"他年龄比我大。"张良答。

"请您把项伯召唤进来，我将把他当兄长对待。"

张良奉沛公之命，走出沛公军帐，邀请项伯去会见沛公。项伯入见沛公，沛公举酒为项伯祝寿，二人越谈越投机，刘邦便于席间与项伯约为儿女亲家，并且向项伯说："自入关后，我秋毫无犯，登记官民，封存府库，等待上将军的到来。至于派人把守函谷关，那是为着防备其他强盗和出现意外的情况。我日夜盼望上将军的到来，怎敢谋反？愿你详细向项王说明，我是不敢忘恩负义的。"

项伯答应沛公，并对他说道："明日清晨请您不可不早些亲自前来鸿门，向项王赔礼道歉。"

沛公点头答应，项伯也连夜赶回军营，把沛公说过的话向项王汇报，同时趁机向项羽说道："如不是沛公首先攻下关中，您怎能如此顺利地长驱直入？如今人家有举兵反秦的大功劳，您却又要攻击他，这样做不合乎道义，不如因此好好地款待他。"

项王表示同意。

第二天清晨，沛公带百余名骑兵前来会见项羽。到达鸿门，随从的骑兵被留在项羽军门之外，沛公由张良陪同步入项王大帐之内。面见项羽，沛公向前施礼道歉，说道："我与上将军协力攻秦，上将军在河北作战，我在河南作战，然而没有料到能够首先入关破秦，得以于此地同上将军再度相见。今日有人散布流言，使将军与我产生隔阂。"

"这都是因为您的左司马曹无伤。不然的话，我项籍何至于这样。"

项王当日留沛公饮酒，入席后，项羽、项伯面东而坐，军师亚父范增面南而坐，沛公面北而坐，张良面西而坐。宾主各自落座后，范增多次向项羽使眼色，再三地举起所佩带的玉玦向项王暗示。这是范增预先同项羽约定的动手的暗号。但项羽却总是装作没有看见，不予回应。

项羽是位乐于公开在战场上通过交战来决定胜负的英雄，亚父范增教他在酒宴上暗中下手杀死沛公，这使项羽心中颇有几分厌恶，这样的举动同他素来的禀性格格不入。然而，项羽也觉得军师是为自己着想，不得不表示答应。但是，在项羽的心中，自前一夜项伯从沛公那里回来后的一番劝谏，对如何处置沛公已是犹豫不决。善于言辞并且练达人情世故的沛公，见面后以赔礼道歉的形式与项王重温当年并肩同秦军作战的友谊和分手后的离别之情，使项王不由得颇有缅怀往事的感慨。沛公在道歉时首先点出了有小人挑拨离间，这反而使对朋友向来坦诚的项王觉得似乎有几分对不住刘邦，赶忙向沛公做出解释。在这种心情支配之下，项王怎能对范增的暗示做出反应并动手杀害沛公？

范增见项王对暗示拒不做出反应，便起身走出帐外，召唤项羽的堂弟项庄并对项庄说："君王为人心不狠，你进去向前祝寿，祝寿后请求舞剑助兴，趁势将沛公刺杀在座席上。否则，你我都将成为他的俘虏。"

项庄受命后，入大帐向宾主敬酒祝寿，敬酒后说道："君王与沛公饮酒，军营中无有什么可取乐的，请允许我舞剑来助兴。"项王说"可以。"项庄随即拔剑起舞。项伯见范增离席出帐后返座，项庄随即入帐祝酒舞剑，为预防不测，也随即拔剑起身与项庄同舞，舞时常常用身体遮护沛公，使项庄难以向沛公行刺。

张良目睹项庄舞剑，意在沛公，感到情况紧急，便起身到达军门去见樊哙。樊哙见张良出来，便急切地问："今日的事情怎样？"

"很危急,现时项庄正在席间舞剑,他的意图常常是在沛公身上。"

"这可太紧迫了,让我进去,同他拼命。"说完,樊哙便带剑提盾闯入军门,两旁持戟交叉的卫士想要阻止,不让他进去,只见樊哙侧盾一撞,持戟的卫士都仆倒在地上。樊哙进入营门,直奔大帐走来。

入门后,樊哙掀开帷帐,向西站立,瞪着眼睛看项羽,头发竖立,两边眼角都裂开了。项羽见撞进来这么一个持剑提盾的不速之客,两眼瞪着自己,便下意识地手按宝剑起身,说道:"来客是干什么的?"

"他是沛公的参乘卫士樊哙。"张良代刘邦向项羽报告说。

"好一位壮士,赐给他一杯酒。"项羽吩咐说。

左右的人赐给一杯酒,樊哙拜谢,起身站立着一饮而尽。

"赐给他猪腿。"项羽又吩咐。

左右的人赐给他一条生猪腿,樊哙把盾牌扣在地上,放上猪腿,拔剑切肉而食。

"好样的壮士,还能再喝酒吗?"项羽问樊哙。

樊哙回答说:"臣连死都不躲避,一杯酒有什么值得推辞的!那秦王怀有虎狼的心肠,杀人唯恐不尽,用刑唯恐不够,所以天下人都群起而叛秦。怀王与诸将领本有约定:'先破秦攻入咸阳者称王关中。'今沛公先破秦攻入咸阳,秋毫不敢有所侵犯,封闭宫室,还军霸上,以此等待大王的到来。至于派将守关,是为着防备盗贼的出入和出现意外情况。沛公如此劳苦功高,未有封侯的赏赐,而大王却听信谗言,想要诛杀有功的人,这不过是步已亡秦朝的后尘而已,在下以为大王不会采取这种做法。"

樊哙本是狗屠出身的一介武夫,竟能如此慷慨陈词地讲出这样一番大道理来。也正因此言是出于壮士之口,更使得自感理亏的项王一时无言答对,只是连声说道:"请坐,请坐。"于是,樊哙在张良的身边坐下。樊哙坐下不久,沛公在席上可谓是如坐针毡。为逃出虎口,刘邦便借口说是上厕所,趁机召唤樊哙一同出来。

沛公出来后准备逃走,向樊哙说道:"刚才出来时,没有告辞,这可如何是好?"

"干大事不拘小节,行大礼不避细小的责备。如今人家是屠刀和砧板,我们是砧板上的刀下鱼肉,有什么好告辞的!"

樊哙说完,拥着沛公便走。沛公回身令张良留下来答谢主人。张良问:"大王来时带有什么礼物?"

"我带来白璧一双,准备献给项王;那一双玉斗,是准备献给亚父的。"

"遵命照办。"张良回答。

当时,项羽的军队驻扎在鸿门下,沛公的军队驻扎在霸上,相距四十里。因情况紧急,沛公为隐蔽目标,置车骑于军门而不用,独自单骑脱身,随同他的只有樊哙、夏侯婴、靳强、纪信,四人都是持剑提盾,步行护卫沛公,从骊山直下,抄芷阳走小路。分手前,沛公嘱托张良:"从这条小道前行,到达我们的军营,不过二十里路而已。估计我已回到军营的时候,您再入帐答谢。"

沛公离去后,抄小路回到军营。张良这才进去向主人致谢说:"沛公不胜酒量,不能当面告辞,特派良奉上白璧一双,敬献给大王足下;玉斗一双,奉献给大将军足下。"

"沛公现在何处?"项羽问。

"闻知大王有责怪他过错的意思,独自脱身离去,现已回到军营了。"张良回答。

项羽接受玉璧,放置在座上。亚父范增接受玉斗,放在地上,拔剑将玉斗击碎,指桑骂槐地说道:"唉!这小子不足以与他共谋大事。

夺项王天下的，必定是沛公，我们这些人眼下都将要成为他的俘虏了。"

沛公回到军营后，立即将曹无伤诛杀。

四　项羽分封诸侯

一场惊心动魄的鸿门宴，以沛公等人的机智和胆略终于化险为夷，项羽同刘邦的矛盾，也因此而暂时得以缓解。

项羽率四十万大军一路西来，他怎能无所作为？他对暴秦怀有满腔的仇恨，其中包括有叔父项梁被秦军杀害的怒火，因而在咸阳大肆发泄：

项羽在鸿门只停留数日，便率大军西进，屠杀咸阳城中的官吏和百姓，将已经向义军投降的秦王子婴杀死，放火焚烧秦王朝的宫殿群。这片宫殿群包括渭水南岸的阿房宫宫殿群、渭水北岸以咸阳为中心的宫殿群以及北接咸阳宫殿群的北阪区宫殿群。绵延数十里的宫殿群，在大火中熊熊燃烧，"火三月不灭"。同时，项羽夺取秦朝的财宝和美女，率兵东归。

当时有人劝说项羽："关中有山河险阻，四面都是要塞，土地肥沃，可以定都于此，建立霸业。"项王见秦宫室都已被大火烧得残破不全，一片瓦砾，又心中怀念着东归，说道："富贵不回故乡，犹如衣锦绣而行走于夜间，有谁能看到！"建议项王定都关中的说客闻听此言，感慨地说道："人们常说楚国人是猴子戴人帽，办不成人事，果真如此。"这句话传至项羽耳中，那个说客惨遭被烹死的命运。

项羽派人向楚怀王请示，怀王回答说："按原来的约定办。"这显然是使令沛公称王关中。对于楚怀王的指示，项羽大怒道："怀王这个人，不过是我们项家所立而已，没有讨伐暴秦的战功，凭什么得以主管约规！那不过是天下刚刚发难的时候，借着立诸侯的后代为旗号来讨伐秦朝。然而，身披坚甲而手执利兵发难、暴露身体于野外三年、最终灭暴秦而平定天下的，都是各位将相与我项籍的力量啊！怀王虽然无战功，当然也应当分地称王。"

项羽说这番话的意图，是想要自己首先称王，然后再由他来分封诸将为王。诸将明白项羽的这一意图，都一致称赞他讲得好。

汉王刘邦元年正月，项羽尊奉楚怀王为义帝，说道："古时的帝王，地方千里，必须居于江河的上游。"于是以此为理由，将义帝由彭城迁徙到长江以南，都于郴（今湖南郴县）。

同年二月，项羽分封天下诸侯。首先，项羽自立为西楚霸王，称王于原魏、楚故地九郡，都于彭城。

汉王刘邦。项羽立沛公为汉王，称王于巴、蜀、汉中三郡，都于南郑（今陕西汉中市西南郑县）。

项羽三分关中土地，以三名秦军降将为王，来抵拒堵塞汉王北上的通道：

雍王章邯。项羽立章邯为雍王，称王于咸阳以西，都于废丘（今陕西兴平县东南）；

塞王司马欣。长史司马欣原为秦栎阳县狱吏，曾有恩德于项梁，所以立司马欣为塞王，称王于咸阳以东，抵达黄河，都于栎阳；

翟王董翳。都尉董翳劝章邯投降有功，所以立董翳为翟王，称王于上郡，都于高奴（今陕西延安市东北）。

西魏王魏豹。项羽为自己取得魏国的故地，徙魏王魏豹为西魏王，称王于河东郡，都于平阳（今山西临汾市西南）。

河南王申阳。项羽立申阳为河南王。申阳是瑕丘（今山东兖州东北）人，原是张耳的近臣。他首先从秦军手中攻下河南郡，在黄河边迎接楚军，所以被立为河南王，称王于河南（原秦朝三川郡），都于洛阳。

韩王韩成。韩王韩成仍称王于韩国故地，都于故都阳翟（今河南禹县）。

殷王司马卬。赵将司马卬（卬同昂）平定河内，数次立有战功，所以立司马卬为殷王，称王于河内郡（治所在今河南武陟县西南，河内泛指今黄河以北地区），都于朝歌（今河南淇县东北）。

代王赵歇。项羽改封赵王赵歇为代王，称王于代郡，都于代（今蔚县）。

常山王张耳。张耳是赵王歇的丞相，向来有贤能的名声，又随从项羽入关，所以项羽立他为常山王，称王于赵国故地，都于襄国（今河北邢台市西南）。

九江王黥布。当阳君黥布身为楚将，勇冠全军，战功卓著，所以项羽立他为九江王，称王于九江郡，都于六。

衡山王吴芮。番君吴芮曾率领百越族的部队佐助诸侯伐秦，又随从项羽入关，所以项羽立他为衡山王，称王于湖南省及湖北省东部和安徽省西部，都于邾（今湖北黄冈县西北）。

临江王共敖。共敖是义帝的柱国，因率兵攻击秦南郡，立功颇多，所以项羽立他为临江王，称王于南郡，都于江陵（今湖北江陵县）。

辽东王韩广。韩广原为燕王，项羽徙封他为辽东王，称王于辽东郡，都于无终（今天津蓟县）。

燕王臧荼。臧荼原为燕将，随从楚军救赵，又随从项羽入关，被立为燕王，称王于燕国故地，都于蓟（今天津市蓟县）。

胶东王田巿。原齐王田巿被项羽徙为胶东王，都于即墨（今山东平度县东南）。

齐王田都。齐将田都随从楚军救赵，并随从项羽入关，所以项羽立他为齐王，都于临淄（今山东淄博市东北）。

济北王田安。当初项羽渡河救赵时，田安攻下济北数城，率部队投降项羽，所以项羽立他为济北王，都于博阳（今山东茌平县西北的博平镇）。

其他将领如田荣，因多次背弃项羽，又不肯率兵随从项羽击秦，所以未得受封。成安君陈余因受到张耳责备，一怒之下，将将印交给张耳，领数百人走往河上泽中渔猎。又不肯随从项羽入关，然而向来有贤能之名，有功于赵国，项羽闻知他在南皮（今河北南皮县东北），所以把南皮附近三个县封给他。番君吴芮的将领梅鋗，因功多封十万户侯。

同年四月，项羽于分封诸侯后，下令从关中撤军，受封诸王各自率兵前往自己的封国就任。

项羽分封诸侯的根据，是诸将领在反秦战争中的功劳和作用，同时也与这些将领同他个人关系的亲疏有关。因此，分封诸侯之后，随即便发生了一些不大不小的变动和战乱。

张良本是韩王丞相却要随从汉王刘邦，而韩王韩成又无军功，所以项王没有派遣韩王到封国就任，而是令他与自己一同回到彭城，废除韩王封号，以为穰侯。不久，又将韩成杀死。

田荣闻知项王将齐王田巿徙为胶东王，以田都为齐王，自己没有受到封赏，因而大怒。同年五月，田荣不让齐王赴胶东，在齐地造反，发兵抵拒并攻击田都，田都逃亡至楚。齐王田巿畏惧项王，私下偷偷地到胶东就国，田荣大怒。同年六月，田荣追杀田巿于即墨，自立为齐王。当时，彭越在巨野泽，有部众万余人，无所归属。田荣授予彭越将军大印，使令他出击济北王。同年七月，彭越击杀济北王田安。于是，田荣重新兼有项羽所分割的"三齐"（中为齐，东为胶东，西北为济北）之地，又派彭越击楚。项王命萧公角率兵攻彭越，彭越大败楚军。

张耳受封为常山王，到襄国就国。陈余越发大怒，说道：

"张耳与我陈余，功劳相等；今张耳受封为王，唯独我陈余为侯，这是项王主事不公平。"

与此同时，陈余派张同、夏说向齐王田荣游说道：

"项王主宰天下，太不公平。如今把原有的诸王都封在坏地方，把他的群臣诸将都封在好地方，把原来的赵王赶走，令他北居代地，我陈余以为不可这样。闻知大王已经起兵，并且不听从项王的不合于道义的命令，愿大王资助我一些兵力，请以此攻击常山王，恢复赵王原有的领地，请以赵国作为齐国的屏障。"

齐王田荣答应陈余的请求，派兵前往赵国。陈余征调他所受封的三县全部兵员，与齐军合力攻击常山王，大破常山王的军队，张耳逃往汉王那里去了。陈余把赵王赵歇从代地迎接回来，返归赵国故地。赵王赵歇因此立陈余为代王。

秦始皇的主要历史功绩，在于他统一六国之后，废分封，设立郡县，创立了中央集权的封建专制制度。项羽在灭亡秦帝国之后，以他手中握有的权力，分封诸侯，这无疑是逆历史潮流而动的一种倒退，必然在中国大地上再次引起连年的诸侯战争。而项羽本人，最终也以他的暴虐关中和分封诸侯为起点，一步步地走向自取灭亡的深渊。

五　汉王刘邦苦衷

按照楚怀王与众将领的约定，先入关中者称王于关中。刘邦率先入关，理应为关中王。然而他的十万部下，与项羽的四十万大军相比，实力悬殊。他不得不封存秦王朝的府库,还军霸上,等待项羽大军的到来。项羽驻军于鸿门,刘邦得知项羽要发兵攻击他,便不得不冒着生命危险去鸿门赴宴,缓解同项羽的矛盾。为着保存实力,待日后与项羽争夺天下,刘邦接连吞下这一个个苦果,这也是他在谋士与将领劝谏之下,多少是有些勉为其难。

出乎刘邦意料的是,项羽分封诸侯时竟封他为汉王。

项羽虽然在鸿门宴席之上没有刺杀刘邦,但他与范增怀疑刘邦有夺取天下之心,则是没有异议的。只是,刘邦与项羽既已和解,在秦朝已亡、分封诸侯之际,项羽为显示他这位霸主是出于公心,对违背与刘邦和解的约定有所顾忌,不愿在分封诸侯之前引起诸侯的动乱,便没有对刘邦动手,而是在暗中策划道:"巴、蜀二郡地处偏僻,道路又很艰险,秦朝被流放的人都是迁往蜀地。"于是项羽等人便扬言:"巴、蜀也是关中的土地。"因而立刘邦为汉王,统领巴、蜀、汉中三郡,都于南郑。巴、蜀地处偏远,汉中盆地又甚狭小,三郡都是在崇山峻岭的环抱之中,对外交通受山险阻隔,道路艰险,极不便利。

最令刘邦不能容忍的是,项羽在封他为汉王的同时,把本应封给他的关中这块宝地一分为三,封给秦朝的三位降将章邯、司马欣、董翳,分别称王于关中。项羽把关中封给秦朝的三位降将,其用意是显而易见的。他是使令三位降将监视汉王,使汉王的势力不得越过秦岭这道天然屏障,进入关中,把汉王刘邦的势力遏止在汉中一隅。很显然,如果汉王不能越过秦岭,据有关中,以汉中这块小小的盆地,是不会有力量东向同项羽争夺天下的。这样一来,项羽自以为便可以放心地在东方稳坐"西楚霸王"的交椅,从此号令天下了。

项羽和范增封刘邦为汉王、以三位秦将称王于关中的设想和决策,其目的是把汉王困于汉中。这对于项羽来说,当然是一步高棋;而对于刘邦来说，则是一种困境。为此，刘邦大怒，忍无可忍，想要率兵攻击项羽。此刻刘邦的心情和想法是可以理解的。然而率兵攻击项羽，其后果将会是什么？

刘邦的部将们由于所处的地位不同，他们比刘邦要冷静得多。当刘邦一时激怒想要率兵攻击项羽时，周勃、灌婴、樊哙都进前劝解，认为万万不可如此。其中，萧何的劝谏起到了重要的作用。萧何劝谏说："虽说称王于汉中是一种困境，总还是比一死要强些吧？"

"何至于一死？"汉王反问道。

"如今我们的兵力远不如项王，如果交战必将是百战百败，怎能会不死！那种能屈于一人之下而伸于万乘大国之上的，正是汤王、武王这样的人。愿大王称王于关中，长养人民，招纳贤士，收用巴、蜀地区的物力和人力，还兵平定三秦，如此便可以图谋天下了。"

萧何的劝谏，言简意赅，精辟地分析了天下形势，指出在敌我力量对比悬殊的情况下，攻击项羽只能是死路一条。为此，萧何举出历史上汤武二位圣王如何在困境中暂时"屈于一人之下"而后来又"伸于万乘之上"的事例，来宽慰和提醒汉王，使汉王的一时激愤顿时化为乌有。在此基础上，又为汉王提出了一条"养其民以致贤人，收用巴、蜀，还定三秦，天下可图"的十九字正确路线。这十九字箴言，拨亮了汉王心中的明灯，汉王终于高兴地说道："讲得太好了！"

刘邦决定接受项王的封号，并赐给张良黄金百镒，珠二斗。张良把汉王的赏赐全部转献给项伯，汉王也因此令张良向项伯多赠送厚重的礼物，使得项伯在项王面前美言，把汉中全郡都封给汉王。项王答应了项伯为汉王所提出的请求。

当项王下令各受封诸王前往自己的封国时，拨给汉王三万兵卒（汉王原有十万兵卒，现在只给他三万），随同他前往汉中。在秦末起义军的众将领中，汉王刘邦毕竟是一位声望甚高、宽厚仁慈、有长者之风的人。当他前往汉中就国时，楚与各路诸侯中因仰慕而甘愿随从他前往汉中的，竟有数万人之多。这对于汉王来说，无疑是精神上的一种补偿。

汉王率所部人马前往汉中就国，所经由的路线是从杜县（今陕西西安市东南）南，进入蚀（谷道名，在今陕西西安市西南）中。一是可走直南通往汉中的重要谷道即子午谷，南端的谷口是汉中的南康县；一是可以向西到达眉县西南、走斜谷，再入褒谷（斜谷与褒谷为关中通往汉中的同一条谷道的北、南二段）。从《史记·留侯世家》"良送至褒中"的记载来看，汉王是从杜南，经蚀中，然后西行到达眉县，由眉县西入斜谷，经斜谷由关中到达汉中。

在进入斜谷之前，汉王所率领的将士们一路西行。途中，这些来自东土的士卒，仰望南面那横亘（gèn）东西的秦岭，还有远方那层峦叠翠、耸入云端的高山，听说山峦的那边便是汉中郡，心中顿生迷茫之感，真不知自己所要奔往的去处，究竟是天下的何方，离家乡又有多远，会是怎样的一个世界。不消说，在这一段西行的路上，将士们的心情是低沉的，人人少言寡语。

到达眉县西南，大军开始进入斜谷。斜谷道路狭窄，几万大军一字穿行于峡谷之中，蜿蜒有数十里之长。自进入斜谷，穿越秦岭，又是一番景象。脚踏谷底的碎石，两侧是令人望而生畏的悬崖峭壁，飞鸟哀鸣，猿猴啼叫，更是一片凄凉的气氛。唯有头顶上的那一线天空，它既给士卒们以希望，又有几分令人恐惧，但归终还是觉得自己的生路，只能系在这一线天空的前方。途中，有时要行进在峭岩陡壁的栈道（又称阁道）之上。这种栈道是在峭岩陡壁上的险绝之处，傍山岩凿出洞孔，施架横木，铺上木板，用来通行人马。栈道下面，则是深不可测的万丈深渊。第一次走上这种栈道的士兵,他们不敢把目光投向栈道的下面。即或如此,也难免人人胆战心寒,默然无语。他们屏住呼吸,小心前行。栈道之上,只能听得见士卒们脚踏木板的音响,伴随着马蹄声碎。

当将士们将要走出斜谷时,他们回首顾盼,都深深地出了一口长气,经受了他们跟随刘邦转战南北以来所未经受过的洗礼与考验。

至于汉王刘邦,一路上也是思绪万千。他总是用萧何的劝谏,来驱散时时袭来的无名烦恼;又幸亏有张良等人一路陪同,时而指指点点,谈笑风生;或倾听张良讲述兵法,谈论古今。在部下将士们冷眼看来,他们的汉王竟如此神态自若,正是他们的安危和希望所系。

张良一路陪伴汉王,到达褒中(今陕西勉县东北)时,人马已将要走出褒谷。此时张良以沉重的心情向汉王告辞,因为张良原是韩王的丞相,自从离开韩王辅佐刘邦入关,至此已整整一年。汉王让张良返回韩国,张良对汉王说:"大王为何不将所经过的栈道烧毁断绝,向天下表示无返还关中、东向山东的意图,用来稳定项王的心。"

张良辞别后,汉王便一边前行,一边派人将经过的栈道烧断。

从褒中南行数日,汉王终于从秦岭中间的谷道中走出,呈现在他们眼前的汉中盆地,褒水、汉水是那样的碧绿清澈,绿树和小溪所环绕着的农家田舍,一块块的水田之上,早已插种上了水稻的秧苗。这时,只有这时汉王和他的将士们才个个笑逐颜开。他们好奇地观看汉中的景物,与家乡确实是有些不大相同;但同从关中到汉中的一路行军比较起来,将士对汉中却是备感亲切,感到自己确实是又回到了可爱的人间。

六　以萧何为丞相

据《史记·萧相国世家》记载："及高祖起为沛公，何常为丞督事。"按楚国制度，县宰称"公"，故刘邦起兵占据沛县，称"沛公"，而"丞"则是各级官吏的主要助手，如郡丞、县丞等。萧何自跟随刘邦起兵后，"常为丞督事"，是说在沛公南征北战直至兵入关中这段时间内，萧何一直是作为沛公的主要助手，负责掌管沛公这支起义军的一切政务，其工作是相当繁杂而艰巨的。由于当时主要是行军作战，萧何所掌管的政务当然是为战事服务，因而他在这一期间的活动和功绩，史书没留下具体的记载。

当沛公率十万大军首先进入关中，接受秦王子婴投降并将军队开入咸阳后，在秦王朝业已灭亡的历史条件下，夺取全国政权的战略目标，事实上已提到以沛公为首的这一政治军事领导集团的议事日程之上。此刻，萧何以其远大的政治眼光，"独先入收秦丞相御史律令图书藏之"；又劝谏沛公不要感情用事，暂且接受封号，同时又提出了"养其民以致贤人，收用巴、蜀，还定三秦，天下可图"的正确路线，从而显示出萧何作为一位政治家的非凡才华。因而，当沛公接受项羽赐给他的汉王封号并率领大军来到汉中就国时，所做的第一件大事便是任命萧何为丞相。

在南郑的汉王府，汉王刘邦步出府门，环顾四周远方的高山，这时他才对汉中这块盆地有所体会。几万大军进入汉中，这狭小的汉中盆地怎可能成为将士们的用武之地？此时，他钦佩萧何在关中为他所制定的"养其民以致贤人，收用巴蜀"路线，是何等的英明而适时。这时，汉王认识到目前的首要任务是安定秩序，发展生产，招纳贤才，制定各项制度，征收赋税。总之，是积蓄力量，养精蓄锐，准备"还定三秦"。组织实施这一任务，主要落在萧何的肩上。

萧何在秦时任沛县主吏，早已显示出非凡的才华，政绩十分突出，当时泗水郡的郡监因此想要把他推荐到朝廷做官，但却被萧何所推辞。经过几年的战争风雨，特别是在咸阳收缴了秦王朝的档案文书之后，对于如何治理好汉中，"养其民以致贤人，收用巴蜀"，萧何早已是有所考虑，成竹在胸。至于萧何到汉中后在丞相职务上都制定了哪些制度，做了哪些具体工作，史书上没有留下具体的记载，但不外乎他在关中时所谈到的三个方面：

一是"养其民"，在关中及巴蜀地区安定秩序，发展生产，积蓄力量；

二是"收用巴蜀"，派官员到巴、蜀二郡安定秩序，发展生产，征收巴、蜀二郡的赋税作为军资，从巴蜀征召士卒以补充兵员；

三是"致贤人"，为汉王发现和推荐人才。在这方面，萧何所做出的巨大贡献是向汉王推荐韩信，建议拜韩信为统兵大将。

七　拜韩信为大将

韩信是汉王刘邦夺取天下时所依靠的三位"人杰"之一，在楚汉战争中起到了举足轻重的作用。因而有关韩信的身世以及萧何荐举韩信为统兵大将的许多生动故事，一直广泛地长期流传于民间。

据《史记·淮阴侯列传》及《汉书·韩信传》的记载：韩信是淮阴（今江苏淮阴市西南）人，出身平民家庭，品行也不怎么好，未能被推选到官府去充当官吏，又不肯务农或经商，因而经常是投靠他人吃闲饭。母亲病死时，他没有钱安葬，便找一块四周广阔的高地起坟，使令坟地的周围可以安置万家。韩信的这一举动，表明他青年穷困时期便胸怀大志，自信将来定能显贵，受封为王侯，因而预先为死去的母亲选择了这样一处四周可供万家守冢人居住的高大坟地。

韩信这种吃他人闲饭的日子,并不好过,很多人都讨厌他。他寄食时间较长的是淮阴下乡的南昌亭长家。南昌亭长见韩信尽管没有个正当职业谋生,但举止又不与一般青年人相同,整日里少言寡语,若有所思,也就听任韩信寄食。几个月过后,亭长的妻子开始讨厌韩信,便在清晨提前用饭,待韩信按往常开饭时间到达时,主人家已经吃完,不再为韩信另备饭食。韩信明白了女主人的用意,恼怒之下,他再也不到这位亭长家去寄食了。

韩信失去吃闲饭的去处,来到城下河边钓鱼。河边有很多老大娘在那里冲洗丝棉,其中一位老大娘见韩信饿成那个样子,怪可怜的,便把带去的饭食分给他吃。就这样,韩信一连"数十日"都是吃老大娘分给他的饭食,便感激地说道:

"日后我必定重重报答您老人家。"

"男子汉不能自食其力,还不知羞愧。我是可怜你这位公子,才把饭分给你吃。难道我图的是让你日后报答吗?"老大娘怒气冲冲地训斥韩信。

韩信平时常佩剑行走在街上,屠户中有个少年无赖见韩信经常大模大样地佩剑在街上走来走去,瞧着很不顺眼,便存心想侮辱韩信。一日,少年见韩信迎面走来,便故意拦住去路,油腔滑调地对韩信说:"你看看你,虽然长个大高个子,又好佩带着刀剑走来走去,可实际却是个胆小鬼。"

少年无赖在闹市上向韩信无理取闹,顿时有很多行人围上来观看。少年见围观的人多了,更是增添了几分精神,便当众扯开衣襟,露出胸膛,用手比划着对韩信说:"来!你若是不怕死,刺我;若是怕死,就从我的胯下爬过去。"

韩信用鄙视的眼光直盯着这个无理取闹的无赖，觉得可笑可怒。他本可以飞脚把这个无赖踢出几丈之外，转念间想起《孟子》书上说过的"匹夫之勇敌一人""武王一怒而安天下""视不胜犹胜也"。韩信觉得这正是修身养性的机会，便再度用目光打量一下眼前这个少年，便弯下身子，趴在地上，从少年的胯下爬了过去。市街上围观的人见此情景，无不嘲笑韩信，以为他是胆小怕事的人。

　　待到项梁在吴中起兵反秦，率军渡过淮河，韩信认为施展抱负的时机已经到来，便持剑投奔于项梁的部下，没有显露出什么名声。项梁战死，韩信隶属于项羽，项羽让他做"郎中"，负责警卫工作。由于职务上的方便，韩信曾多次就军务大事向项羽献策，高傲自大的项羽根本没瞧起这位小小的郎中，怎能听得进他的献策？

　　韩信随从项羽的大军到达关中，在项羽分封诸侯、各诸侯王分别就国时，韩信因不得项羽重用，便在汉王率兵入汉中时偷偷离开楚军大营，投奔在汉王刘邦的部将夏侯婴的部下。夏侯婴曾做过滕县县令，因而人们称他为滕公。在滕公部下，韩信一时也未能显露名声，只是担任"连敖"职务，不过是个负责接待官吏的小官而已。一次，因触犯军法韩信被判处斩刑，同案的十三人均已行刑问斩。依次轮到韩信，韩信抬头仰视，正好与滕公四目相视，便大声说道："汉王不想成就夺取天下的大业吗？为什么斩杀壮士！"

　　滕公闻听韩信出言不凡，又见他相貌威武，便释放韩信，免他一死。滕公与韩信交谈，十分高兴，并把这一情况向汉王汇报，汉王任命韩信为治粟都尉，负责管理全军的粮饷。当时，汉王并没有看重他。

　　韩信任治粟都尉职务后，有机会多次同萧何促膝长谈，被萧何认为是位难得的军事天才。自汉王到达南郑以来，跟随或投奔汉王的将领，由于种种原因，相继于途中逃亡的已有十数人之多。韩信暗自思量：萧丞相已多次向汉王推荐，自己仍未能得到汉王的赏识和重用；而治粟都尉一职，又不是施展自己军事才能的岗位。想来想去，韩信便在一天的夜晚不辞而别，寻找他得以安身立命的新去处。

萧何得知韩信逃亡的消息，感到事情重大而紧急，便来不及向汉王汇报，立即乘马按照人们所指示的方向连夜追去。丞相府的人找不到自己的长官，不得不向汉王禀报说，丞相逃亡，不知去向。汉王听说丞相萧何逃亡，如同失去了左右手，又急又怒。直到第二天的傍晚，马不停蹄地追赶韩信的萧何，终于在路旁的小酒店门前发现了韩信的坐骑。正在小店内饮酒的韩信，发现丞相闯了进来，身边没带一名随从。看丞相风尘仆仆的样子，眼睛布满了血丝，心里便明白了大半。韩信急忙起身施礼，并机警地步出店门向四周瞭望，发现丞相的坐骑已是汗如水洗，四蹄颤抖，周围空无一人，一片寂静。此刻，韩信一切都明白了。他为丞相不顾疲劳地连夜追赶自己而深受感动。二人并没有说什么。韩信请丞相坐下休息，二人用餐过后，携手步出酒店。二骑并行，一路回奔南郑。路上，二人也没有更多的话语；也许是在一天一夜的紧张和劳累过后，他们都已是很疲倦了。

第三天，萧何在回到南郑后，立即到汉王府拜见汉王。汉王见萧何不待寻找而自行回来，又喜又怒，骂道："你深夜逃亡，是何缘故？"

"臣不敢逃亡，臣是去追赶逃亡的人。"

"去追赶何人？"

"韩信啊。"

汉王听丞相说所追赶的是韩信，大感不解，以为丞相在骗他，又开口骂道："诸将领逃亡的有十多人，您都不去追赶；说什么追赶韩信，明明是扯谎。"

"大王，那些逃亡的诸将，都是容易得到的人；至于像韩信这样的杰出将才，普天下找不出第二个来。大王如果是想长久地称王汉中，韩信确实是派不上什么用场；如果是想争夺天下，非韩信找不出第二个可以共商大事的人。这就看大王是怎么决策了。"

汉王这时才想起丞相曾多次谈到韩信的才能，自己总是没有当回事。这次见丞相不待禀报连夜把韩信追赶回来，感到韩信如不是真的有些本事，丞相怎会如此器重他。想到这里，汉王便心平气和地回答丞相的发问："我当然是想要向东发展，怎能闷闷不乐地总是呆在这里。"

"大王如果是决计东征，能重用韩信，韩信会留下来；如不能重用韩信，他迟早还是要逃亡的。"

"我要任命他为将。"汉王说。

"虽任命为将，也不一定能留得住韩信。"萧何答。

"那我就任命他为大将。"

"这可太好不过了！"

于是，汉王便要派人召见韩信，拜他为大将。这时，萧何赶忙阻拦说："大王向来对部下傲慢无礼，今日任命大将像召唤小孩子一般，这正是韩信所以离去的原因啊。大王如果决心任命韩信为大将，要选择个良辰吉日，事先斋戒，在广场设立拜将的高坛，拜将的礼仪要隆重而完备，如此方才可以。"

汉王答应了萧何的要求，向全军宣布了举行任命大将典礼的日期。

此项命令一经宣布，全军上下一片欢腾。且不说那些士卒们想要知道究竟谁会被拜为大将，观看从未见过的拜将典礼会是个怎样的场面，开开眼界。对拜将典礼最感兴趣的，是那些跟随汉王转战南北、屡建战功的将领们，他们抑制不住内心的喜悦，有不少将领都认为自己的战功最高，盼望着届时被汉王任命为大将。

直到举行拜将典礼的前夕，究竟谁会被任命为大将，这对全军将士们来说，还是个谜。

六月的一天上午，南郑城中的练兵场上，四周无数面赤色军旗迎风招展，手持长戟的卫士们笔直地站在校场的四周。校场的北面，是新建筑的拜将高坛，坛下有持戟卫士把守。清晨，参加典礼的兵卒列队入场；不久，众将领也都陆续来到坛场，依次立于高坛之下，面坛而立。

时辰一到，鼓乐齐鸣。此刻，汉王已坐于高坛的正席之上，面南而坐；丞相萧何于西侧面东而坐。鼓乐过后，传令官在坛上高声宣读汉王命令。

"汉王有令：

拜韩信为全军统兵大将。

召韩信登坛受拜为大将军。"

校场上的众将领听说拜韩信为大将，无不感到惊讶万分。他们都怀疑自己的耳朵是不是听错了，有的将领甚至根本不知道或者从来没有见过这位毫无军功且未曾统兵作战的治粟都尉。

韩信听得清楚，应声从行列中走出，威风凛凛地迈步登坛。这时坛场内顿时又鼓乐齐鸣，校场上的士卒们也都呼声如潮。至于韩信在坛上如何受拜为大将，坛下的众将领大多是没有兴趣。确切地说，是不屑抬头观看。韩信是什么人？有什么本事？居然被汉王拜为大将，哪位将领会服气？无可奈何之下，众将领们也只好摇头退场，准备着看看这位大将，日后怎样地指挥全军。

八　汉王还定三秦

拜将典礼完毕，众将士列队退出坛场。汉王落座，大将韩信在东侧面西而坐，与西侧的丞相面面相对。韩信就座后，汉王向韩信说道："丞相曾多次谈到将军，将军想以什么计策见教于寡人？"

韩信谦让一番，趁势向汉王问道："如今向东争夺天下，难道对手不是项王吗？"

"是。"

"大王自己估计一下，在勇猛、强悍和兵力方面，同项王相比谁强？"

"不如项王。"汉王沉默了半天，回答说。

韩信起身再拜，赞同地说：

"我韩信也以为大王不如项王。然而，臣曾事奉过项王，请允许臣谈一下项王的为人吧。项王厉声怒喝，成百上千的人都会被吓得不敢动弹，然而他却不能任用有才能的将领，只不过是匹夫之勇而已。项王为人表面上谦恭慈爱，说话时显得很温和的样子。将士们有病，他泣涕着把自己的饮食分给患者，但他派出的将领一旦立功应当封爵时，他却把已经刻好的印信握在手中，直到印玺在手中被玩弄得磨去了棱角，仍然舍不得赐给有功的人，这就是所说的'妇人之仁'啊。项王虽称霸于天下，以诸侯为臣，却不居于关中而以彭城为都。又违背义帝先入关者称王于关中的约定，封那些与自己亲近、被自己所喜爱的人称王关中，被诸侯认为是不公平，诸侯见项王把义帝从彭城赶出来，迁往江南，自己以彭城为都，便都效法项王，回去后驱逐自己的国君，占据好的地方自立称王。项王大军的所过之处，无不遭到摧残毁灭，天下人都很怨恨他，百姓不愿意归附，只是在威势的逼迫之下，不得不服从而已。项王名为霸主，实际上已失去天下人心。所以说，项王的强大很容易就会转化为衰弱。"

"如今大王果真能一反项王之道而行，任用天下的英武勇敢人才，有什么不可诛灭的！用天下的城邑来封赏给有功之臣，有谁会不心悦诚服！顺从士兵们思乡东归的愿望，指挥义军东征，有什么敌人不可击溃！况且关中的雍、塞、翟三王都是秦军的降将，他们统率关中秦地的子弟在山东作战数年，死伤者不计其数。他们又欺骗士卒，向诸侯投降；但西进抵达新安时，二十万秦军将士都被项王坑杀，唯独邯、欣、翳三人得以保全。秦地的父老兄弟怨恨这三人，可以说是痛入骨髓，不共戴天。如今项羽依仗威势，强行封这三人为王，秦地人民并不爱戴他们。"

"大王自武关进入关中，对秦地人民秋毫无犯，废除秦朝苛法，与秦地人民立约，颁布了三条法令，秦民无不希望大王称王关中。按照义帝与诸侯的约定，大王应当立为关中王，关中的人民无不知晓。大王失去关中王而入汉中为王，秦民没有不怨恨的。如今大王发兵东征，只要向关中地区发出一道声讨三王的公文，三秦便可以平定。"

韩信向汉王的长篇谈话，对当时的局势作出了精辟的分析：既承认项羽的一时强大，又揭示了项羽的致命弱点，结论是"其强易弱"。对于关中的形势，韩信指出项羽以威势强令分封的三王，三秦人民对他们"痛入骨髓"；而汉王的秋毫无犯，除秦苛法，约法三章，又深得民心，因而平定三秦将会是"传檄而定"，易如反掌。只要能够一反项羽之道而行，是可以夺取天下的。

汉王听了韩信对局势的分析，十分高兴，深感得到韩信是太迟了。于是，汉王听从韩信的计谋，着手向诸将布置各自的出击目标和任务。

还定三秦的作战方案，是由韩信制定的。这一作战方案的要点，是对敌军实行出其不意的袭击，因而进军路线的选择和确定，便成了关键所在。

汉王刘邦元年八月，一切布置就绪，汉王命丞相萧何留守汉中，收巴蜀田租，安抚巴、蜀、汉中三郡百姓，为大军提供粮饷。《华阳国志·蜀志》记载："汉祖自汉中出三秦伐楚，萧何发蜀、汉米万船而给助军粮，收其精锐以补伤疾。"于是，汉王与韩信率大军北上出击。韩信为汉军所选定的进军路线是从故道县（今陕西凤县东北，西接甘肃省的两当县）出兵袭击雍王章邯。章邯意想不到汉军会从这条谷道北上，急忙率军迎击。双方交战于陈仓（今陕西宝鸡市东），章邯兵败退还。章邯的军队在好畤（zhì，今陕西乾县东）停下来，与汉军再战，又被汉军打败，逃往都城废丘，汉王于是平定雍王的领地。汉王率军东至咸阳，领兵把雍王章邯围困在废丘城中；同时派诸将四出攻城略地，塞王司马欣、翟王董翳向汉军投降。汉王以其领地设置渭南郡、河上郡、上郡。除废丘城之外，关中地区大部分已被汉军所占有，"还定三秦"的战略目标迅速地得以实现。

与此同时，汉王还派将军薛欧、王吸出兵武关，并借助王陵的部队去迎接父亲、妻子来关中。项王得知这一消息后，发兵于阳夏抵拒汉军，汉军不得向东挺进。项王立郑昌为韩王，用来抵拒汉王东进。

王陵也是沛县人，后来继萧何、曹参为汉帝国的第三任丞相。此时，他聚众数千人，居于南阳（今河南南阳市）。至此，王陵率众归属汉王。

项羽分封诸侯东归，田荣击走齐王田都，击杀胶东王田市，派彭越击杀济北王田安，并有三齐之地，自立为齐王。田荣又派彭越击楚，大败楚军。张耳又借齐兵击走常山王张耳，恢复赵王赵歇故地。这一切，使得项羽不得不忙于派兵击齐，无暇西顾。还有，张良离开汉王回到韩国，韩王成不被项羽派遣就国，与张良一道东归彭城。张良在彭城对项王说："汉王烧绝栈道，看来是无东还的心愿了。"张良逃离彭城后，又把齐王造反的消息写信告诉项羽，使项羽不再担心西方的汉王因而发兵击齐。因此，汉王在还定三秦的时候，没有受到来自东方项羽的威胁。直到汉王已平定三秦，张良还是写信给项羽说："汉王失去在关中应得的王位，因此想要得到关中；他只是想按照规约称王于关中，是不敢东进的。"齐、魏造反后，张良写信给汉王说，齐与赵想要合力灭楚。因此，项羽不再留意于西方，而是专心北击田荣。

同年九月，项王催促义帝从彭城启程，前往江南就国。

第四章

三杰辅佐　汉楚相争

　　楚汉战争的初始阶段,项羽有明显的优势。然而,刘邦麾下有一批文臣武将为他卖力,终于转弱为强。其中,萧何、张良、韩信三人的贡献尤为突出。项羽呢,"有一范增而不能用",结果形势愈发不妙。

一　汉王东渡黄河

汉王刘邦还定三秦，不过是实现他东向争夺天下的序幕。三秦平定后，汉王抓紧时间安定关中，把关中作为他同项羽争夺天下的可靠后方，将关中建设成为击败项羽的巩固根据地。为此，汉王刘邦、丞相萧何曾做了大量的工作。

汉王二年（公元前205年）十月（汉王也是以十月为岁首），项王秘密派九江王黥布、衡山王吴芮、临江王共敖击杀义帝，将义帝杀死于大江之中。

陈余征发所属三县兵力，借齐兵合力袭击常山王，常山王张耳败走，在废丘城下拜见汉王，汉王给他以优厚的待遇。陈余将赵王从代地迎回，复立为赵王；赵王为感谢陈余的恩德，立陈余为代王。陈余没有前往代地，留下来任赵王丞相。

张良逃离彭城后回到韩地，又从韩地抄小路回到汉王那里。汉王再次见到张良，十分高兴，封他为成信侯。张良此时体弱多病，未曾单独领兵作战。作为谋士，他时时随从汉王，为汉王运筹于帷幄之中，事实上是汉王的军师。

汉王二年年初的形势是，由于还定三秦和四出略地在军事上所取得的一系列胜利，塞王司马欣、翟王董翳、河南王申阳皆已降汉；韩王郑昌不听从汉王，汉王派韩信率兵击溃他的部队。于是，在攻占的土地上重新设置了隶属于汉王的陇西郡、北地郡、上郡、渭南郡、河上郡、中地郡以及在函谷关外设置的河南郡。更立韩太尉韩信为韩王，是为韩王信。为迅速扩大实力，汉王发布命令：各诸侯王的部将凡率众一万人或献地一郡前来投降的，封为万户侯。与此同时，又下令修筑河上郡的要塞。原秦王朝的苑囿园池，听任无地或少地的百姓耕种，恢复生产，长养人民。

同年正月，俘虏雍王章邯的弟弟章平。发布大赦罪人的大赦令。

汉王刘邦出函谷关到达陕县（今河南三门峡市西），慰问关外的父老，安定秩序，争取民心。

同年二月，下令废除代表秦王朝国家的秦社稷。社与稷，分别是古代君主祭祀土神和谷神的场所，常用来作为国家的代称。刘邦入关中以及还定三秦后的一段时间内，不仅秦帝国的社稷被暂时保存下来，而且秦王朝的地方政权及其官员也被留用，照常履行公务，隶属于汉王。这种权宜之计，对于安定秩序无疑是必要的。当关中及邻近各郡已被汉军平定、汉王在这一地区站稳脚跟后，汉王便不失时机地下令"除秦社稷，更立汉社稷"，都于栎阳。

"除秦社稷，更立汉社稷"，它标志着汉王的中央政权及地方政权，在陇西、北地、上郡、渭南、河上、中地以及河南等七郡已经正式建立起来。汉王刘邦正是凭借着汉政权的力量，东向同项羽展开了争夺全国政权的军事斗争。

在汉政权的建设中，丞相萧何做出了巨大的贡献。

同年三月，汉王刘邦率大军从临晋东渡黄河。临晋是关隘名，在今陕西大荔县东的黄河西岸，因关下有蒲津渡，又称蒲津关，是古代秦晋间的重要通道。汉王这次率大军东渡黄河，并非执行一般的作战任务，而是他在安定关中、正式建立汉政权的基础上，为实现东向与项羽争夺天下这一重大战略目标，所采取的第一步战略行动。

汉王决定从临晋渡过黄河，是因为齐、赵、魏的反楚势力，此刻正在与项羽进行军事上的较量。显然，汉王是想在临晋东渡黄河之后，通过上党进入河北及河南地区，联合河北及河南各路反楚军事力量，向项羽发起总攻击。汉王这一进军路线的选择和战略决策的制定，无疑是十分正确的。汉军在临晋东渡黄河之后，旗开得胜，势如破竹，各路诸侯的联合反楚力量得到了迅速的发展，一举而攻下楚都彭城。

汉王二年三月刘邦率大军于临晋东渡黄河之日，标志着历时四年的楚汉战争已正式拉开帷幕。

在历时四年的楚汉战争中，汉王刘邦依赖部下的文臣武将和士卒们的浴血奋战，终于由弱转强。其中，萧何、张良、韩信三人的辅佐起了至关重要的作用，因而被刘邦称为"三杰"。

诚然，刘邦称萧何、张良、韩信三人为"人杰"，是在消灭项羽之后，表彰他们在楚汉战争中的突出表现。这是楚汉战争获得胜利的后话，现提前介绍如下：

汉高帝五年（公元前202年，汉高帝元年以汉王元年计，自汉王五年二月刘邦称帝起改汉高帝×年）五月，高帝在洛阳南宫设盛大酒会，招待文臣武将，庆祝楚汉战争的最后胜利。会上，刘邦踌躇满志，向群臣说道："各位列侯、将军，请诸位不必有所隐讳，都说一说心里的话。我所以能得到天下，是什么缘故？项羽所以失去天下，又是什么缘故？"

只见王陵起身答对说："陛下性情傲慢，喜欢侮辱他人；项羽性情仁慈宽厚，注意爱护他人。然而陛下派人攻城略地，攻下的城邑便分封给他们，与大家同享利益；项羽妒贤嫉能，有功劳的人予以伤害，有贤能的人加以怀疑，作战获胜而不论功行赏，夺得土地而不与大家共享利益，这就是项羽所以失去天下的缘故。"

王陵"少文任气，好直言"，他所说的是人所共知的事实，未能尽合刘邦的心意。于是，刘邦乘着酒兴，在王陵进言后，发表了一通高论。为便于读者欣赏这段奇文，现将《史记·高祖本纪》所载原句，照录如下：

> 公知其一，未知其二。夫运筹帷帐之中，决胜于千里之外，吾不如子房；镇国家，抚百姓，给馈饷，不绝粮道，吾不如萧何；连百万之军，战必胜，攻必取，吾不如韩信。此三者，皆人杰也，吾能用之，此吾所以取天下也。项羽有一范增而不能用，此所以为我擒也。

张良、萧何、韩信在楚汉战争关键时刻的突出贡献表明，汉高帝的这段高论确实不失为千古名言。

二　汉军旗开得胜

汉王率大军于临晋东渡黄河之后，魏王魏豹率部下向汉王投降。魏豹是魏国王族的后裔，其兄魏咎被陈胜立为魏王，因兵败于秦将章邯而自杀。魏豹再起为魏王。项羽分封诸侯时想占有魏国土地，将魏豹迁为西魏王。魏豹对此不满，故汉王东征大军至此，他背叛项羽，率部队投降汉王，随同汉王一道东征。接着，东征大军又攻下河内郡，俘虏殷王司马卬，设置汉政权属下的河内郡。

此时，项王属下的都尉陈平因惧怕项王诛杀而投奔汉王刘邦。陈平后来继萧相国、曹相国之后，与王陵同为汉帝国的左、右丞相，这里对他的身世简介如下。

陈平是阳武（今河南原阳县东南）户牖乡（今河南兰考县东北）人，少年时家贫，好读书。长大后身材魁梧，仪表堂堂，但不肯从事产业。闾里祭祀社神时，请陈平主持分配祭肉，他把祭肉分得很均匀。父老们称赞他说："太好了，陈家这小子分得真均匀！"陈平感叹地说："唉，如果让我陈平管理天下，我也一定能像分祭肉这样公平。"

陈胜起义后，立魏咎为魏王。此前，陈平曾事奉过魏咎，这时被魏咎任命为太仆。陈平向魏咎献计，魏咎不听，又有人诽谤他，陈平因此而逃离魏王。

项羽略地到达黄河岸边，陈平投奔项羽，并随从项羽入关，被赐予卿一级的爵位。项羽东归彭城称王，汉王还定三秦而后东进，殷王反对楚国，项羽封陈平为武信君，率魏咎留在楚国的部下，击败投降汉王的殷王而回。项羽派项悍任命陈平为都尉，赐黄金二十镒（yì）。不久，汉王攻占殷地，项羽大怒，想要杀掉前次平定殷地的将领。陈平因害怕被杀而派人将官印送还项羽，单身抄小路逃走。渡过黄河时，船夫怀疑他身上藏有金玉宝器，不时地注视他，想把他杀死在江上。陈平机智地解开衣服，袒露上身，协助船夫撑船。船夫见陈平一无所有，便没有向他动手。

陈平到达修武（今河南获嘉县）投降汉王，汉王召见他，赐予酒食。饭后，汉王对客人说："饭已用过，到馆舍休息去吧。""我为要事而来，所谈的事不可挨过今日。"陈平说。

于是，汉王将陈平留下，同他交谈，谈后很喜欢陈平，因而向陈平问道："您在楚担任什么官职？"

"担任都尉。"

当日，汉王任命陈平为都尉，为汉王参乘，成了汉王的卫士长，又主管监督和协调各将领，众将领为此而哗然，说道："大王当天得到一个楚国的逃亡士卒，不知他的本事高下，便让他陪乘大王，还使令他监督我们这些老将！"

汉王闻知有些老将对重用陈平不服，反而对陈平更加亲近，带他一同东进讨伐项王。

汉王南下从平阴津（古渡口名，在今河南孟津东北）渡过黄河，到达洛阳。行军途中，新城（今河南伊川县西南）某乡的一位姓董的"三老"，人称董公，他在路旁拦住汉王的马头，向汉王诉说项王杀害义帝的经过，并说道：

"我听说'顺德者昌，逆德者亡''兵出无名，事故不成'，所以说'明其为贼，敌乃可服'。如今项羽行为无道，放逐并杀害他的君主，是天下的乱臣贼子。己有仁，则天下归之，可不用勇而天下自然归服；己有义，则天下奉之，可不用力而天下自定。大王应下令三军将士为义帝身穿孝服，遍告天下诸侯，举兵共同伐楚。如此，则四海之内没有不仰望你的大恩大德的，这就是汤、文、武三王当年所奉行的夺取天下之道。"

汉王认为董公讲得很对，于是袒臂大哭，下令全军为义帝发丧，为义帝举哀三日，分派使者到各地通告各路诸侯，声讨项羽的罪行。

"天下共同拥立义帝，都甘愿向他北面称臣。如今项羽放逐义帝，指使九江王黥布、衡山王吴芮、临江王共敖把义帝杀死于江南，这是大逆不道。寡人亲自为义帝发丧，诸侯也应身穿孝服。我将调动关中全部兵马，征集河南、河东、河内三郡的士兵，沿长江、汉水南下，愿随同诸侯去江南讨伐楚国杀害义帝的那些人。"

汉王派出的使者到达赵国，赵相陈余对使者说："汉杀死张耳，方能发兵随从伐楚。"于是，汉王寻找一个相貌同张耳类似的人，斩首后将人头送给陈余，陈余派兵助汉伐楚。

此时，项王正在河北攻击齐国，与田荣交战于城阳。田荣兵败，逃至平原（今山东平原县南），被平原的百姓杀死。三齐全部向楚军投降。项羽乘胜焚烧齐地的城郭，虏走齐地的子女。齐人因楚军的暴行而群起叛楚，田荣的弟弟田横立田荣的儿子田广为齐王，齐王田广于城阳起兵反楚。

项羽因田广起兵反楚，率兵进攻城阳，未能攻下。此时，项羽已得知汉王率兵东进，既然已与齐兵交战，想要击溃齐兵之后再攻击汉军，而这时汉王已率领常山王张耳、河南王申阳、韩王郑昌、魏王魏豹、殷王司马卬等五路诸侯共五十六万大军，向楚都彭城进发。到达外黄，彭越又率三万余士兵归属汉王。汉王对彭越说："彭将军收复魏地十余座城池，急于立魏国的后代为王。今西魏王魏豹，确实是魏国王室的后代。"于是任命彭越为魏王的相国，率领其部下的士兵攻占魏国的故地。

同年四月，在彭城空虚的情况下，汉王所统率的五路诸侯共六十万大军攻入彭城。汉王从未统率过这么众多的军队，也从未取得过这么令他高兴的重大胜利。在彭城，汉王没收了项王的货宝、美人，与五路诸侯整日里大摆宴会，饮酒作乐，沉浸在胜利后的狂喜之中。

三 刘邦彭城惨败

项王闻知彭城危在旦夕，便命令部下诸将率兵继续攻击齐军，自己则亲自率三万精兵回师南下。楚军从曲阜（今山东曲阜市）出发，经胡陵向南进发。此时，汉王已攻入彭城，正在城中"日置酒高会"。项王便从彭城西面的萧发起攻击，于清晨向东进击，攻至彭城城下。中午，项羽大破汉军。汉军全线溃败，相继被挤入谷水、泗水之中，汉军被杀死者多达十余万人。汉军在溃退时都是向南逃走，楚军追击至灵壁（今安徽淮北市西南）的睢水之上。汉军退却，被楚军挤逼，伤亡惨重，又有十多万汉军被挤入睢水中，睢水因此而阻塞。

楚军将汉王重重包围，汉王已无法冲出重围。这时，西北方突然刮起狂风，飞沙走石，天昏地暗，迎面向楚军扑来，楚军顿时大乱，包围圈也随之溃散。汉王趁着狂风所赐给他的一线生机，带领十余名骑兵逃脱。汉王想路过沛县，带领家眷向西逃走，而楚军这时也派人到沛县捕拿汉王家眷。汉王家眷已经逃走，未能与汉王相见。

在逃亡途中，汉王遇见了女儿（后来封为鲁元公主）和儿子（后来立为孝惠帝），便同车载行。楚骑兵从后面追赶汉王不舍，汉王急于逃脱，便把女儿和儿子推下车去，以便减轻车的载重而加速前行，但同行的滕公夏侯婴却下车把两个孩子抱到车上。汉王多次把儿子、女儿推下车去，滕公便多次下车收载，并向汉王说道："情况虽然紧急，但马又不可跑得再快些，为什么把孩子抛弃不管？"就这样，汉王一行最终逃脱了楚军的追击。

汉王派人寻找父亲和妻子吕雉，但没有找到。当时，审食其护送汉王的父亲和妻子抄小路逃走，反而遇到了楚军，成了楚军的俘虏。事情上报项王，项王便把他们安置在军营中，留作人质。

汉王的六十万大军在项王的三万精兵面前一触即溃，溃不成军，死伤三十余万人，余者也都四面逃散。诸侯联军在兵力上以二十比一的优势惨遭失败，其原因是六十万大军是临时拼凑的，而项王三万精兵却是跟随他作战多年，训练有素，战斗力极强。楚军统帅项羽又勇猛无比，独具超人的军事天才和胆略。如此的统帅率领着如此的精兵，与汉王统帅的诸侯联军交战，岂止是一以当十。再说，汉王与诸侯攻入彭城后，整日饮酒盛会，没有料到楚军会如此迅速地从天而降。汉军既无防备，又缺乏统一的指挥，怎能不惨败于楚军的猛攻之下。

回顾汉王东征的旗开得胜，那是在没有同项王所统帅的楚军交战的情况下取得的，因而这种旗开得胜不能说是对楚军作战的真正胜利。而汉军在彭城的失败，却是名副其实的惨败，军队损失殆尽，汉王本人只带着十余名骑兵逃脱危险。汉军彭城惨败的事实表明，在楚汉战争的初始阶段，从军事实力上看，楚军占有明显的优势；对于汉王来说，确实是处于敌强我弱的阶段。

四　萧何转漕给军

汉王一行逃脱危险后，闻知吕雉的哥哥吕泽（后封周吕侯）率汉军居于下邑，便抄小路前往，并沿途收集失散的汉军士卒，于同年五月抵达荥阳。荥阳在今河南荥阳县东北，是古代的军事要地。与此同时，韩信也收集失散的士卒，与汉王相会于荥阳。此时，陆续有失散的士卒回到汉王的麾下。然而，被楚军击溃的失散士卒，重新集结起来的人数毕竟有限，难以同项王进行军事对抗。危难时刻，是萧何将关中地区青壮年男子以外的老（超过五十六岁）弱（未满二十岁），都一律征发调往荥阳前线，补充兵员，同时向荥阳调运粮草，汉军因此重新得以振作。楚军从彭城出发乘胜追击，与汉军交战于京（邑名，今荥阳县东南）、索（索亭，今荥阳县城）之间。

汉王于彭城惨败，各路诸侯又叛汉归楚，塞王司马欣、翟王董翳乘机逃亡降楚。

楚军派骑兵攻击汉军，汉王从步兵中挑选善于骑马的士卒组建骑兵，军中都推荐原秦军骑士李必、骆甲。汉王想任命二人为骑兵将领，李、骆说："臣原为秦地人，恐汉军士卒不能信任，愿能得到大王左右善于骑射的近臣随从。"于是，汉王任命灌婴为中大夫令，以李必、骆甲为左右校尉，统率新组建的骑兵与楚骑兵交战于荥阳东，大破楚军，楚军因此而不能过荥阳向西进军。当时，汉军驻守于荥阳，修筑通往黄河的甬道，从敖仓运送军粮，汉楚两军形成暂时的对峙的局面。

同年六月，汉王刘邦从荥阳前线回到都城栎阳。壬午日，汉王立儿子刘盈为太子，大赦罪人。

汉军引河水灌废丘城，被围困在城中接近一整年的雍王章邯自杀身死，城中守军向汉军投降。至此，雍地已全部被汉军平定。

这一年的夏季，关中发生大饥荒，每斛米的米价高达万钱，甚至出现了人食人的现象。为渡过难关，汉王行权宜之计，令关中百姓到蜀郡、汉中郡逃荒，以免饿死。

同年八月，因前线形势紧急，汉王不得不离开都城栎阳，前往荥阳。行前，汉王命萧何以丞相的身份作为关中留守，代表汉王主持汉政权的一切政务，令他扶侍太子，为汉政权制定各项法律制度，即"为法令约束，立宗庙、社稷、宫室、县邑"，建立国家和地方各级政权。对于那些来不及上奏的大事，汉王赋予萧何可以"便宜实施"的大权；待汉王回到栎阳后，再向汉王作出报告即可。在汉军与楚军在荥阳对峙期间，萧何在关中建立了新的户籍制度，向前线调运军队所需的粮食，及时补充兵员，从未有过缺乏或断绝现象的发生，使得汉军在敌强我弱的形势下，有一个巩固的根据地。萧何及时将粮草和补充兵员源源不绝地送往前线，使汉军得以多次渡过危机和难关，为汉军的转弱为强提供了后勤上的充足保证。

萧何于留守关中期间为建设和巩固汉政权、保证前线军粮和兵员补给方面所做出的贡献是巨大的。因此，在天下平定后的论功行赏时，萧何名列第一。

五　韩信汉赵易帜

汉王于彭城惨败后向西退走，塞王司马欣、董翳从汉军中逃走，投降楚军，齐国、赵国也叛汉与楚国讲和。

同年六月，魏王豹以回家探母为名请假离开汉军，回到封国便切断黄河西岸临晋关的通道，反叛汉王，与楚订约讲和。汉王派郦食其去游说魏豹，未能取得成功。

汉王二年的夏季，汉王于彭城惨败后，诸侯相继叛汉降楚，关中又发生大饥荒，汉政权面临着极为严峻的不利形势。

同年八月，汉王任命韩信为左丞相（领兵的虚衔），率兵攻打魏国。魏王豹在浦坂（今山西永济县西黄河东岸，隔黄河与莆津关相对）驻扎有重兵，封锁临晋关。韩信为迷惑敌人，增设疑兵，摆开船只，假装将要在临晋渡黄河，实际上被隐蔽起来的部队却在夏阳（今陕西韩城县西南）利用木制盆瓮浮水渡河，偷袭安邑（今山西夏县西北）。魏王豹得知汉军已经在夏阳渡过黄河，惊慌失措，急忙领兵北上迎击韩信，仓促交战，成了韩信的俘虏，魏地平定后，设置了隶属于汉政权的河东郡。

汉王于彭城惨败后西退，陈余这时才发觉张耳并没有死，当初汉王为向赵国借兵，是用替代的张耳人头来欺骗自己，因而十分恼怒，当即反叛汉王。

韩信既已平定魏地，派人向汉王请求拨给三万兵卒，北上进攻燕赵二国，东击齐军，南绝楚军粮道。汉王答应韩信的请求，派张耳与韩信一道东进，北上攻击赵王赵歇、代王陈余。

同年闰九月，韩信击溃代王的军队，在阏与（今山西和顺县）活捉了夏说。韩信在占领魏国、打败赵国后，汉王常常派人征调韩信所统率的精兵，开赴荥阳前线抵抗楚军。

汉王三年（公元前204年）十月，韩信与张耳只是率领数万士兵，想要东进占领井陉（即井陉口，在今井陉县西北），攻击赵国。赵王赵歇、成安君陈余得知汉军将要袭击自己，便把军队集结在井陉口，号称二十万。陈余的谋士广武君李左车劝说成安君陈余：

"闻知韩信渡过黄河后，俘虏魏王，生擒夏说，近日又血洗阏与。韩信今有张耳辅助，商议着想要占领赵国，他们这是乘着胜利而离开本土远征，其锋芒是不可抵挡的。我听说'从千里外运送军粮，士兵就会挨饿而面有饥色；临时砍柴做饭，军队就不能经常吃饱'。如今井陉口这条道路，两辆车不能同时并行，骑兵不能排列成行地前进，行军队伍被拉开数百里之长，运粮车势必落在大部队的后面。希望您能拨给我三万士卒作为奇兵，抄小路截断敌军的粮道。您深掘战壕，高筑壁垒，坚守营寨，不与敌兵交战。使令敌兵向前不得交战，后退不得回还，我再用奇兵断绝敌人的后路，使他们在野外掠夺不到给养。如此不到十日，韩信与张耳两将的人头可以送至麾下，希望您能考虑我的这一计策。不然的话，必然会被韩信、张耳所俘虏。"

成安君陈余是个信奉儒家学说的人，平时常常称道"义兵"而不乐意用诈谋奇计。他说道：

"我听兵书上说，'兵力十倍于敌人，可以包围他们；超过一倍，则可以交战。'如今韩信的兵力号称数万，其实不超过数千。他们不远千里而来，袭击我们，已经是精疲力竭了。在这种情况下，回避敌人，不予出击，以后有更强大的敌人，我们又怎能战胜他们！那样的话，诸侯会说我们怯懦，从而会轻视并攻打我们。"

陈余没有采纳李左车的计策。

韩信派出的间谍暗中窥视，得知陈余没有采纳李左车的计策，回来向韩信汇报，韩信十分高兴，这才敢率兵径直进军，在距井陉口三十里的地方停下来宿营。半夜,韩信传令发兵:选轻骑兵两千人,每人手持一面红旗,抄小路上山,隐蔽在山上察看敌军的动静,并告诫他们说:

"赵军见我军退走,必定倾巢走出壁垒追击我们,你们趁机急速进入赵军壁垒,拔掉赵军的旗帜,插上汉军的红旗。"韩信命副将下令开顿小餐,并宣布说:"今日击溃赵军后正式会餐!"众将领不相信一日可破赵军,假装着答应道:"是的。"韩信又对军官说:"赵已抢先占据有利地形构筑营垒,况且他们没有见到我们的大将旗鼓,不肯出营攻击我们的先头部队,恐怕我们到了险要的地方会撤退回来。"

于是,韩信令一万士卒先行出战,背水布阵。赵军望见汉军背水布阵,便大笑起来。太阳刚刚升出地平线的时候,韩信打出大将的旗鼓,击鼓走出井陉口,赵军打开营门出击,双方激战很久。这时,韩信、张耳装作失败,丢弃旗鼓,逃回河边的阵地。河边的部队打开营门接纳逃回的汉军,双方又展开激战。此时,赵军果然从壁垒中倾巢出动,争夺汉军丢弃的旗鼓,追逐韩信、张耳的逃亡部队。韩、张的部队全部进入河边汉军的阵地,汉军便与赵军展开殊死搏斗,赵军已无法击败汉军。这时,韩信所派出的两千名轻骑兵,待赵军倾巢出动争夺战利品的时机,急速进入赵军营垒,将壁垒上的赵军军旗全部拔去,插上两千面汉军红旗。赵军见不能取胜于汉军,不能生擒韩信等人,想要退回自己的壁垒。当赵军退至自己的壁垒下面时,见上面插遍了汉军的旗帜,十分惊恐,以为汉军已将赵王的将领收服了,部队顿时乱作一团,争相逃走。赵将斩杀逃走的士兵,但已无法阻止溃退的形势。于是,汉军出兵夹击赵军,大败赵军,俘虏很多赵军兵卒。在泜水上斩杀成安君陈余,生擒赵王赵歇。这就是中国战争史上井陉口汉赵易帜的著名战例。

当赵军发起反击时,韩信下令军中,不得斩杀广武君李左车,有能活捉李左车的,赏赐千金。于是,有人捆绑着李左车送至韩信军营。韩信见到李左车,立即上前为李左车解去绳索,请他面东而坐,自己面西而坐,以事奉老师的礼仪对待李左车。

汉军诸将领向韩信献敌军首级和俘虏,都向韩信表示祝贺,并趁机请问韩信:"兵书说,'行军布阵,右边和背后要靠山,前面和左边要靠水',这次将军却教我们背水布阵,还说等待击溃赵军后再会餐,我们都不服,然而竟然因此而取胜,这是什么战术呢?"

"这在兵书上是有的,只是诸位没有留心罢了。兵法不是说过'陷之死地而后生,置之亡地而后存'吗?况且我所率领的不是平素受过训练而善于听从我指挥的将士,这就是所说的'驱赶着市民去打仗',在这种形势下,非把他们置于死地而使令他们人人主动作战不可;如果把他们布置在有活路的地方,双方交战后他们会首先想到逃生,怎能会使令他们对敌人拼死作战呢?"

众将领听了韩信的一番解说,都口服心服地称赞道:"好极了。将军的谋略不是我们所能比及的。"

韩信回答完部将的请问,便向对面的广武君李左车说:"我想向北攻击燕国,向东讨伐齐国,怎样才能取得成功?"

"我听说败军的将领,没有资格谈论勇敢;丧失国家的大夫,没有资格谋划国家的存亡。如今我是兵败国亡的俘虏,哪里配得上议论军国大事呢!"李左车答。

"我也听说百里奚居于虞国而虞国灭亡,但是在秦国却使秦国称霸,这不是他在虞国时愚蠢,到秦国后便聪明了。而是在于国君用不用他,是否听取他的计谋。假如成安君陈余听取您的计谋,我韩信也不早就成了赵军的俘虏了吗。正因为成安君没有采纳您的计谋，这才帮助我韩信有幸侍奉于您啊。"韩信一再地向广武君请教，并说道："我诚心听取您的计谋，望您不要推辞。"广武君见韩信如此诚恳地向自己请教，便说道："我听说，'智者千虑，必有一失；愚者千虑，必有一得。'所以说'即使是狂人所说的话语，圣人也会有所采纳和选择的'。不过，我的计策不一定值得采纳，但愿意奉献我的愚忠。成安君本来有百战百胜的计策，可是一旦失策，兵败于鄗（今河北高邑县东），身死于泜水之上。今将军渡过西边的黄河，一路上俘虏魏王，生擒夏说于阏与，一举而攻下井陉，不到一个上午便击破赵国的二十万大军，诛杀成安君。将军名声闻于海内，威势震动天下，农夫没有不放下手中的农具，想要跟着您穿好的、吃好的，侧耳倾听您下达的进军命令。这一切，都是将军的长处啊！

然而，百姓劳苦，汉军士卒疲惫，实在是难以继续作战。如今将军想要率领疲惫的士卒，停顿在燕国坚固的城池下面，想要占领又担心所用时间太长而不能攻克，必将实情露暴而声势削弱。日子一久，军粮耗尽，而弱小的燕国又不肯降服，齐国必然拒守边境，使自己强大起来。燕、齐不肯降汉，因而刘项两家的轻重就分不出来。这一切，都是将军的短处。我见识短浅，但私下以为攻伐燕、齐是不妥的。善于用兵的人，不以自己的短处去攻击敌人的长处，而是以自己的长处去攻击敌人的短处。"

"那该采取什么办法呢？"韩信问。

"当今替将军着想，莫如休兵不动，安定赵国，抚恤阵亡将士的遗孤，使方圆百里之内，每天有人送来牛肉酒食，用来犒赏军官与士兵，摆出北向进攻燕国的姿态。然后再派遣说客带着书信向燕国显露自己的长处；如此燕国便不敢不听从降服。燕国既已服从，再派说客向东劝降齐国，齐国必定听到消息后就会降服。到了这个时候，即使有聪明的人，也不知该怎样替齐国谋划了。"

韩信认为广武君讲得很对，听从了他的计策，向燕国派出使者，燕国得到消息后便立即降汉。韩信派人向汉王汇报，并请求立张耳为赵王，用来镇抚赵国。汉王答应韩信的请求，立张耳为赵王。

楚国多次派奇兵渡过黄河袭击赵国，赵王张耳与韩信往来救赵，同时平定赵国的城邑，韩信又调派军队去支援汉王。

韩信东渡黄河后，俘虏魏王，平定魏地，又在井陉口击破赵国二十万大军，生擒赵王，平定赵地，又北使燕国降服，使汉军在同楚军的斗争中，免去了来自北方的后顾之忧，汉军的处境因此而有所改善，为改变汉军所处的敌强我弱的形势做出了重大贡献。

六　黥布归属汉王

黥布原是项王部下勇冠全军的一员猛将，在反秦斗争中曾为项王屡建战功，受封为九江王。汉王二年，齐王田荣叛楚，项王率兵北击齐国，向九江王黥布征调军队，黥布借口有病不肯出征，只是派将领率几千人前往。汉军在彭城打败楚军，黥布又借口有病不去帮助楚国，项王因此而怨恨黥布，多次派使者责备他，并征召黥布。黥布愈发恐惧，不敢前往。当时，项王北方忧虑齐、赵两国，西方担心汉国，亲附项王的只有九江王黥布一人。项羽看重黥布的才能，想要亲近并任用他，所以没有攻击黥布。

汉王于彭城惨败后，于下邑曾向张良问道："我愿舍弃函谷关以东的土地作为封赏，谁可以与我共同建功立业？"

"九江王黥布，是楚国的一员猛将，与项王有矛盾；彭越与齐王田荣共同于魏地反楚,这二人可以立即使用。而汉王部下的众将领,唯独韩信可以嘱托大事,独当一面。"张良回答说。

汉王从下邑经魏地来到虞(今河南虞城县),对左右的人说:"像你们这班人,不足以与我一道商议天下大事。"汉王手下掌管传达的谒者随何进前说道:"不明白大王所说的是什么意思。"汉王说:"谁能为我出使九江,使令九江王发兵叛楚,把项王拖在齐地几个月,我夺取天下的事就可以周全了。"随何说:"我请求出使九江。"

汉王三年十一月,随何一行二十人来到九江王的都城六,通过九江王的太宰(掌管国王膳食)的介绍,但是过了三天还没有见到九江王,便对太宰说:"大王不接见我随何,必定是以为楚国强大,汉国弱小,这正是我所以出使的原因。假使我能见到大王,说得对,那是大王所要闻知的;说得不对,可以在广场上将我们二十人斩首,用来表明大王背汉而与楚国友好。"

太宰把随何的这段话向黥布汇报,黥布接见随何。随何向黥布说:"汉王派我恭敬地上书大王的驾车人,我私下感到奇怪的是,大王与楚王为什么这样亲近?"

"我是以臣的身份服事他。"黥布回答说。

"大王与项王一同被列为诸侯,却北面向他称臣,必定是以为楚国强大,可以把国家托付给他。项王攻伐齐国,亲自扛着筑墙的器具,身先士卒,大王理应率领九江的全部军队亲自率部下前往,充任楚军的先锋。可是您却只是派四千人去援助楚国。作为北面服事人家的臣子,本来应当这样的吗?汉王攻占彭城的时候,项王还正在齐国作战,大王理应率全部兵力渡过淮河,到彭城下与汉军作战。大王率领万人以上的人马,却无有一人渡过淮河去参加会战,而是袖手观望两家的谁胜谁败。把国家托付给人家的人,应当是这样的吗?大王用空名来依靠楚国，却又想完全依赖自己，我私下认为大王这样做是不可取的。

　　大王所以不背叛楚国，是以为汉国弱小。实际上，楚兵虽强，在天下人面前却背负着不义的名声，因为他违背盟约又杀害了义帝。然而，项王依仗着作战获胜，自以为强大。可是汉王联合诸侯，回军驻守于成皋（又称虎牢，在今河南荥阳县西汜水镇）、荥阳，运来了蜀郡、汉中郡的粮食，深挖战壕，修筑壁垒，派士卒分守要塞。楚国调回部队后，中间隔着魏国，深入敌国有八九百里。楚军想要攻战而不能得胜，想要攻城又不能得手，不得不用老弱残兵从千里以外运送军粮。楚军到达荥阳、成皋后，汉军坚守而不出战，楚军前进不能攻取，后退又不能脱身，所以说楚军是不足以依靠的。如果楚军战胜汉军，各国诸侯会各自感到危惧而相互救助。可见，楚国的强大，正是招来了天下的兵力同他相对抗。所以说，楚国的形势不如汉国，这是显而易见的。

　　如今大王不同万无一失的汉国结交友好，却托身于行将灭亡的楚国，我私下对大王感到迷惑不解。我不是认为大王的兵力足以灭亡楚国，我是说大王如果发兵叛楚，项王必定会停留在原地作战。如果项王在原地停留几个月，汉王夺取天下就会是万无一失了。到那个时候，我与大王提着宝剑归属汉王，汉王必定会割地封赐大王。至于原有的九江国，也当然还是归大王所有。所以汉王特派我向大王献上这条计策，希望大王能有所考虑。"

　　随何的这通长篇大论，说服了九江王黥布。黥布向随何说："遵命。"暗中答应叛楚归汉，但未敢向外泄露。

　　当时，楚国的使者正住在九江王都城的客馆里，急着要求黥布发兵。随何为促成黥布立即宣布叛楚，便直接闯入王府，楚使当时正在同黥布谈发兵的事。随何进入后，坐在楚使的上位，说道："九江王已经归属汉王,楚国凭什么让九江王发兵救楚?"黥布被随何的这一举动弄得大吃一惊,楚使闻言后起身走出。随何趁机向黥布说:"事情既然已经决定下来,可以立即杀掉楚国使者,不能让他回去。我们急速归向汉国,合力与楚军作战。"黥布对随何说:"那我按照你所指教的,起兵击楚就是了。"于是,黥布杀死楚国使者,起兵攻楚。楚国派项声、龙且率兵攻击九江王,项王则留在原地进攻下邑。数月后,龙且击败黥布的军队。黥布想要率领部队逃往汉国,又恐怕项王截杀他,便抄小路与随何一同逃归汉国。

同年十二月,随何与黥布经历千难万险,一同来到汉王军营。当时,汉王正叉着腿坐在床上洗脚,随即召黥布入见。黥布见汉王接见自己时如此傲慢无礼,十分愤怒,后悔自己不该前来归汉。然而既已叛楚,退却无路,想要自杀而死。待黥布走出汉王大帐,来到为自己准备的馆舍,舍内的帷帐以及所用物品、饮食和随从官员的标准同汉王一样,黥布"又大喜过望"。汉王有意这样做,是因为黥布久已为王,恐其日后自尊自大,便对他慢待无礼,折服他的傲气;又以优厚的物质待遇取悦黥布之心,使令他日后忠心为汉国效力。于是,黥布派人去九江,这时项王已派项伯收编了黥布的部队,杀死黥布的妻子儿女。黥布的使者找到黥布的一些老朋友和亲属,率领数千人归属汉王,汉王增拨给黥布一些士兵,同他一道北上,一路上征兵到达成皋。从此黥布便逐渐成为汉王属下反楚大军中一支重要的主力部队。

七 张良运筹帷幄

汉王三年三月,楚汉在荥阳对峙已长达十个月之久。在此期间,楚军曾多次侵夺汉军从敖仓往荥阳运送粮食的甬道,汉军军中粮食缺乏。楚军围攻荥阳甚急，汉王忧愁恐惧，与郦食其一道谋划削弱楚国的力量。郦食其说："当年汤伐夏桀，封夏朝后代子孙于杞（今河南杞县，其实是周武王时所封）；武王伐纣，封商纣王庶兄微子启于宋（宋国都城睢阳，今河南商丘市南）。如今秦朝摈弃德政，施暴政于民，不讲道义，侵伐各诸侯国的社稷，灭掉六国的后代，使他们无有立足的土地。陛下果真能重新立六国的后代为王，授予他们印信，他们的君臣必定感激陛下的恩德，无不仰慕陛下的德义，甘愿做陛下的臣民。德义施行于天下，陛下便可以南面称霸，楚王也必将整肃衣冠前来拜见。"

"讲得好。赶快刻制印信，先生可以带着它前往各诸侯国了。"汉王高兴地说。

在郦食其启程前，张良从外地回来拜见汉王。汉王当时正在用餐，见张良到来很是高兴，便对他说："子房（张良表字子房），请前面来坐。最近有位客人为我出了个削弱楚国力量的计谋。"说着，便把郦食其讲过的话对张良复述一遍，并且对张良说：

"子房，您看这个计谋怎样？"

"是谁为陛下筹划的这个计谋，陛下的大事完了。"张良大为惊讶地说。

"为什么会是这样？"汉王问。

"请允许借用您面前的筷子为大王筹划。当年，汤伐桀而封其后代于杞，是估计到已能置桀于死地；今陛下能置项王于死地吗？"

"不能够。"汉王答。

"这是不可以封六国后代的第一条理由。再说，武王伐纣而封其后代于宋，是估计能得到纣的头颅，如今陛下能得到项籍的人头吗？"

"不能够。"汉王答。

"这是不可以封六国后代的第二条理由。当年,武王攻入殷都,在殷朝贤人商容的闾门表彰他的德行,把被囚禁的箕子释放出来,增修王子比干的坟墓。如今陛下能增修圣人之墓、表彰贤人的闾门、过智者之门时向他们表示敬意吗?"

"不能够。"汉王答。

"这是不可以封六国后代的第三条理由。再说,武王散发巨桥仓的粮食以救济饥民,散发鹿台府库的金钱赐给贫苦的百姓。如今陛下能散发府库的资财,赐给贫苦百姓吗?"

"不能够。"汉王答。

"这是不可以封六国后代的第四条理由。当年,武王在灭殷以后,废弃战车,制作乘车,把兵器倒置,上面蒙以虎皮,向天下人表示不再使用兵器。如今陛下能做到偃息武事而实行文治、不再使用兵器吗?"

"不能够。"汉王答。

"这是不可以封六国后代的第五条理由。再说,武王把战马放牧在华山的南坡,向天下人表示不再使用战马。如今陛下能做到使战马休息而不再使用它们吗?"

"不能够。"汉王答。

"这是不可以封六国后代的第六条理由。当年,武王把拉车用的牛放牧在桃林塞(指今河南灵宝以西、陕西临潼以东地区)的北面,向天下人表示不再用它们运输粮草。如今陛下能把牛放牧、不再用它们运输粮草吗?"

"不能够。"汉王答。

"这是不可以封六国后代的第七条理由。况且,天下的游士离开自己的父母妻子,弃去他们的祖坟,抛开他们的老友,随从陛下奔走四方，南征北战，出生入死，不外是日夜盼望着能得到一点封地。如今重新恢复六国，立韩、魏、燕、赵、齐、楚的后代为王，天下的游士各自返回故乡，服事他们的君主，陛下依靠谁去夺取天下？这是不可以封六国后代的第八条理由。如今只有使楚国无从加强力量，已经复立的六国后代如果追随楚国，您怎能使他们臣服呢？真的采用这位客人的计谋，陛下就大势已去了。"

张良慷慨陈词，论证不可以封六国后代的理由，一连在汉王面前摆了八根筷子。听完张良的这通高论，汉王饭也不吃了，把一直含在口中的食物吐了出来，骂道："这个可恨的书呆子，几乎败坏了老子的大事！"汉王下令立即将刻制好的印信销毁。

郦食其所提出的"复立六国后世"的动议，对于楚汉相争时的汉政权，无疑是一支自取灭亡的毒剂。是张良在汉王面前的一番"运筹"，使得汉王得以免去了这场即将引发的灭顶之灾。在关键时刻，张良再次为汉王在楚汉相争的惊涛骇浪之中，拨正了航船。

在此后楚汉相争的艰难岁月中，每当汉王面临关键时刻，如韩信称王于齐、鸿沟中分天下时的汉王欲西归、垓下（今安徽灵璧县东南）之围前的黥布与彭越按兵不动，等等，都是张良的运筹帷幄使汉王得以渡过难关，为汉王迎来了新的有利局面。有关这方面的内容，本书在后面还将逐一地介绍。

八　陈平献离间计

汉王二年三月，陈平投奔汉王，汉王任命陈平为都尉，令他"典护军"。汉王部下的老将们都不服，对汉王颇有怨言。然而，汉王却任命陈平为"亚将"，地位仅次于主将，隶属于韩王韩信的部下，驻军于广武（今河南荥阳东北广武山上）。这时，汉王部下的老将周勃（后来任汉帝国太尉、右丞相）、灌婴（后来任汉帝国太尉、丞相）等人在汉王面前说陈平的坏话：

"陈平虽然是个美男子，不过像是个装饰帽子的美玉罢了，腹中未必有什么良策。臣等听说陈平在家时，与嫂子私通；事奉魏王却弄得无法容身，逃亡归属楚国；归属楚国后不合于楚王心意，又逃亡归汉。如今大王赐给他高官，令他监督并协调众将领，无寸尺之功而身居众将之上。臣等听说陈平接受将领们贿赂的黄金，多给金钱的便可得到好的待遇；给金钱少的便会得到差的待遇。陈平是个反复无常的乱臣，愿大王对他有所审查。"

周勃、灌婴跟随汉王已时间很长，汉王又深知周勃等为人"厚重"，不会胡乱讲话，因而对陈平有所怀疑，于是召见魏无知。魏无知是刘邦的近臣，当初是他把陈平推荐给汉王的，因而汉王对魏无知推荐陈平一事提出责问。魏无知回答说："臣当初向大王所说的，是陈平的才能；大王现在向我所责问的，是陈平的品行。这是两回事。如今有像尾生、孝已那样的品行，却对决定胜负起不到有益作用的人，大王哪里会有闲工夫去使用他们呢？楚汉相持不下，臣推荐具有奇谋的人才，为的是确实有利于国家而已。至于与嫂子私通和接受部将的金钱，这有什么值得怀疑的呢？"

魏无知把用人不能求全责备而要视其是否具有才能的理论，阐述得是那样的精辟，汉王当然能听得进去。尽管如此，汉王在情绪上仍是没有转过弯来，认为周勃等人所言不无道理，还是把陈平召来，当面责问他说："先生事奉魏王，不合于魏王心意，归属于楚国；在楚国又因不合于楚王心意，如今又跟随我活动。讲信用的人都是如此这般地三心二意吗？"

"臣事奉魏王，魏王不能采用臣的主张，所以去事奉项王。项王不能信任人，他所信任和宠幸的，不是项氏家族便是妻子的兄弟，虽有奇士而不能信任，我陈平因此而离开楚国。臣听说大王能够任用人才，所以归属大王。臣两手空空而来，不接受将领的黄金便没有活动经费。臣为大王所献计谋如有可以采用者，愿大王能采用施行；如果是没有可以采用的，将领们送上来的金钱还在，可封存起来送到官府的府库，请允许臣辞去现任职务。"

陈平的自白终于解开了汉王心中的疑团，汉王连忙向陈平道歉，给他以丰厚的赏赐，任命他为护军中尉，负责监督和协调诸将领的行动。从此，诸将领不敢再在汉王前面对陈平说三道四了。

时间整整地过了一年，汉王三年三月，楚军于荥阳围困汉王，从敖仓至荥阳运粮的甬道多次被楚军截夺，汉军军中缺粮严重，形势十分紧急。楚汉两军相持日久，汉王深为忧患，便向项王请求把荥阳以西的土地割给自己，与项王订立和约，项王不听。一日，汉王对陈平说："天下扰乱纷纷，什么时候才能安定下来？"

陈平回答说："项王为人，恭敬而爱护部下，廉节好礼的士人大多愿意归附于他。至于论功行赏，赐予爵位和封地，他却看得很重，吝啬地不愿给予，士人因此而不愿长久地归附他。大王傲慢而不讲求礼仪，廉节好礼的士人不大愿意前来投奔，然而大王能慷慨地赐人以爵位和封地，那些不顾廉节而好利无耻的士人，大多愿意归附汉国。如果各方中有谁能去掉自己的短处、吸取对方的长处，那么天下可挥手而定。然而，大王任意侮辱人，不能够得到廉节的士人。

不过，楚国也有可以扰乱之处。项王部下的刚直大臣如亚父范增、钟离昧、龙且、周殷等，不过是只有数人而已。大王果真能拿出几万斤黄金，施行反间之计，离间楚国的君臣，使他们相互产生怀疑之心。

项王为人又猜忌多疑，好听信谗言，必定在内部诛残大臣。汉国趁此发兵攻楚，楚国是一定会被攻破的了。"

汉王认为陈平讲得很对，便拿出四万斤黄金，交付陈平，由陈平任意支配，汉王不过问黄金的使用情况。

陈平既已得到很多黄金供他施行反间计，便派人在楚军中散布流言蜚语，说什么钟离眜等众多将领为楚王率兵作战，功劳是很多的了，然而始终未能分土而称王。因此，想要同汉军结为联盟来消灭项氏，从而分割楚国的土地称王。项羽听到流言后，果然对钟离眜等将领有所怀疑，不予信任。

汉王三年四月，楚军对荥阳城中的汉王围攻甚急，汉王向项王请割让荥阳以西的土地讲和，亚父范增劝项羽急攻荥阳。然而，项羽中陈平反间之计，此时对范增已有所怀疑。一次，楚使到达汉军军营，陈平授意汉王用最高规格的菜肴，端上去献食。汉王见到楚使后，故意惊讶地说道："我以为是亚父派来的使者，原来是项王派来的！"说着，吩咐将这道菜肴端了回去，另送上粗劣的食品供楚使食用。楚使受到这种奚落和冷遇，心中很不是滋味，回去后一五一十地向项王作了汇报。对部下多疑的项王，哪里会想到这是陈平施反间之计，因此对亚父范增大加怀疑。

范增劝项羽急速攻下荥阳城，项羽由于对范增不信任，不肯听用。范增得知项羽对自己产生怀疑，十分愤怒地对项羽说："天下大事已经定了，君王好自为之吧！请允许臣告老还乡！"

范增离开楚军军营还乡，一路上心绪很坏，在尚未回到彭城以前，因背上毒疮的恶化而病死于途中。

范增是项羽麾下在军事上造诣颇深的谋士，多次为项羽出谋划策，立有大功。项羽中陈平反间之计，将范增排斥出领导集团。范增的病死,对于项羽来说是一个难以估量的重大损失。项羽在同刘邦的军事相持阶段中开始向下坡路滑去,同范增的辞职与死去是不无关系的。

同年五月,将军纪信对汉王说:"目前形势紧急,臣请求诳骗楚军,大王可以乘机出城。于是,陈平让两千名妇女披戴盔甲于夜间从东门走出,楚军发现后立即实施包围,准备攻击。这时,将军纪信乘坐着汉王的车驾,化装成汉王来迷惑敌军,喊道:"粮食用尽了,汉王降楚。"楚军听到后都高呼万岁,拥向荥阳城下围观。这时,汉王与数十名骑兵出西门逃走。走前,汉王命御史大夫周苛、魏豹、枞公守卫荥阳城。汉军众将士不能随从汉王出走的,都留在城中。周苛与枞公相互商量说:"魏豹是从楚军那边反叛过来的国君,难以与他共同守城。"因而将魏豹杀死。

九　韩信齐地称王

汉王自荥阳仓皇逃出后,到达成皋,进入函谷关。一路之上,汉王征招人马,想要再度东进与项王争雄。这时,袁生向汉王说道:

"汉与楚在荥阳相持数年,汉军常常处于被围困的境地。愿君王出兵武关,项羽必定率荥阳城下的楚军南进。这时,大王可深沟高垒,坚守不出,让荥阳、成皋一线的汉军得以休整。同时派韩信等人安抚赵地,将赵、燕、齐的土地连成一片,然后汉王再回到荥阳也为时不晚。如此,楚国需要防备的地方增多,防线拉长,兵力必然因此分散。这时,再与楚军交战,必定击破楚军。"

汉王听从袁生的计谋,出兵于宛、叶(今河南叶县境内)之间,与黥布一路收集兵众。

项羽闻知汉王出现于宛城,果然带兵南下。汉王坚守壁垒,不予出战。

自汉王彭城失败后，彭越独自率兵居于河上，常常往来于河南地区，作为汉军的游动兵力经常攻击楚军，断绝楚军粮道。这时，彭越渡过睢水，与项声、薛公交战于下邳，击破楚军，杀死薛公。项羽使令终公守成皋，自己率军东进攻击彭越。乘此机会，汉王率兵北上，击破终公率领的楚军，攻占并驻扎在成皋。

同年六月，项羽击破彭越的军队，彭越退走。项羽闻知汉军攻占并驻守成皋，便带兵西进攻克荥阳城，生擒周苛。项羽对周苛说："您若是归属我，我任命您为上将军，封三万户。"周苛骂道："你还不快些去向汉王投降，今日将要成为俘虏，你不是汉王的敌手！"项羽大怒，烹杀周苛，同时杀枞公而俘虏韩王信，于是楚军围攻成皋。

危难之中，汉王仅与滕公乘车由成皋北面的玉门逃走，北渡黄河，急驰修武住宿。第二天清晨，汉王自称汉使，急驰进入张耳、韩信的营垒。张、韩当时尚未起床，汉王在卧室内夺下印符召集诸将领，更换了他们的职位。韩信、张耳起床后，才知道汉王到来，大吃一惊。汉王夺取了张耳、韩信所统率的这支已是训练有素的精兵的指挥权，命令张耳防守赵地，任命韩信为相国（领兵的虚衔），收集尚未调到荥阳去的赵国士兵去攻打齐国。

同年八月，汉王取得原来由韩信所统率的精兵，军势大振。他带兵南下，到达黄河边上，驻扎在小修武（今河南获嘉县境）南，想要与楚军再战，被郎中郑忠劝止。这时，彭越攻占魏地的睢阳、外黄等十七城，项王从成皋率兵东击，又夺回睢阳、外黄等十七城。

汉王想放弃成皋以东的土地，驻守于巩（今河南巩县西南三十里）、洛，以此来抵拒楚军西进，同时采纳了郦食其谋取敖仓的建议。郦生还向汉王说，如今燕、赵已被平定，唯有齐国未能攻下，并且毛遂自荐，愿亲自说服齐王归属汉王。汉王认为这个建议很好，派郦食其出使齐国。

郦食其到达齐国后，对齐王田广说："大王知道天下人心的归向吗？"

"不知道。"齐王答。

"大王知道天下人心的归向，那么齐国可以保全；如果不知，那齐国恐怕就保不住了。"

"天下的人心归向哪里？"齐王问。

"归汉。"郦生答。

"先生是怎么知道的？"齐王问。

"当初，汉王与项王协力西进攻秦，与楚怀王约定：先入咸阳者称王关中。汉王先入咸阳，项王违背约规，令汉王为汉中王。项羽迁徙并杀害义帝，汉王闻之后，发蜀、汉的军队攻击三秦，出关追问义帝所在何处，收集天下军队，立诸侯的后代，攻下城池就封赏给有功之臣，得到财物便分赐给士兵，与天下共享利益，天下的英杰贤才都乐于为他效劳。现在，诸侯的军队从四面到来，蜀、汉的粮食并船而下。而项王有背弃规约的坏名声，又杀害义帝……天下人背叛他，贤才怨恨他，都不肯为他效力。所以，天下的贤士归于汉王，汉王可以毫不费力地派遣指使他们。

汉王发蜀汉之兵，平定三秦，然后东渡黄河，统率上党的军队，攻下井陉，诛杀成安君陈余，又北上破魏，攻下三十二座城池。这简直是战神蚩尤的军队，并非是人力所致，是上天赐给的洪福啊。如今汉王已据有敖仓的粮食，堵塞了成皋的险要，守卫着白马津渡口，断绝了太行山的通道，扼守着蜚狐隘口，天下诸侯晚归服的将会先被灭亡。大王还是早些归服汉王，齐国的社稷可以因此而保全；如不归服汉王，危亡正等待在您的前面。"

齐王田广认为郦生讲得很对，听从了他的建议，解除了历下（今山东济南市西）警备，整日与郦生纵酒为乐。

韩信自从受项王之命，便收集赵地人马，准备东进攻齐。自楚汉战争以来，无数事实表明，韩信作为一个具有统率全军才能的大将，不仅用兵如神，而且治军有方。他所召集来的士卒，经过短时间的训练和实战锻炼，便可成为善于作战的精兵。韩信东渡黄河，俘虏魏王、平定魏地，汉王便把他部下的精兵调到荥阳前线与楚军作战。韩信用新征集起来的士兵，在井陉口大破赵兵二十万，攻占魏、代城池，部队又训练成为作战能力很强的精兵。这时，汉王又剥夺了韩信对这支精锐部队的指挥权，把部队带到成皋前线与楚军相抗衡。在楚汉战争中，如果说萧何是汉军粮草和兵员的补给者，那么，韩信不仅是独当一面的大将，而且是汉王精锐部队的提供者（有时是被强行剥夺）。韩信受命征集赵地士卒东进攻齐。不久之后，他部下的士卒又被训练成为具有很强作战能力的精兵。

韩信的部队在渡过平原津（黄河渡口，在今山东平原县境）的前夕，已经得知在郦食其的劝说之下，齐王田广已经归附，韩信准备中止东进伐齐的军事行动。这时，范阳的一位能言善辩的说客蒯通（原名蒯彻，因避汉武帝刘彻讳改通）劝说韩信：

"将军受汉王诏令攻击齐国，而汉王只不过是派密使劝说齐王归顺，难道有诏令叫将军停止进攻吗？凭什么停止前进！况且郦生不过是一介书生，乘车只身去齐，凭着三寸不烂之舌，降服齐国七十余城；将军率数万之众，一年多的时间，才攻下赵地五十余城。做了几年的将军，反倒不如一个卑贱儒生的功劳吗？"

韩信认为蒯通讲的在理，汉王确实没有向他下令停止东进，同时也是被蒯通的激将法所动，认为蒯通讲得对，便听从蒯通的计谋。

汉王四年（公元前203年）十月，韩信率大军东渡黄河。由于齐王田广听从郦生的建议，解除了历下齐军的守备，韩信得以轻易地袭击历下齐军，并且一直攻至临淄。韩信率大军攻入齐国，齐王田广以为是郦生出卖了自己，把郦生煮死，逃往高密（今山东高密县东南），同时派使者向楚国求救。

韩信既已平定临淄，接着向东追击田广，抵达高密的西边。这时，楚国派龙且率大军救齐，号称二十万大军。齐王田广与龙且联合与韩信作战，交战前有人向龙且进言：

"汉军远道而来，拼死作战，他们的锋芒是不可抵挡的。齐、楚在自己的土地上与汉军交战，兵卒们一遇危险便容易逃散。不如深挖沟、高筑垒，令齐王派心腹大臣招抚已陷落的城池。已陷落的城池闻知齐王尚在，楚又派大军前来救援，必定会反叛汉军。汉兵远离家乡两千里而客居于此，齐国已陷落的城池又反叛汉军，汉军势必得不到军粮补给，可不战而令汉军投降。"

进言者对形势的分析甚为精辟，所设计谋又切实可行。龙且如能采纳，真不知韩信所统率的汉军将会面临怎样的命运。然而，高傲的龙且以其骄横与无知，断然地拒绝采纳说客的建议，并且说道：

"我平生知道韩信的为人，他很容易对付。况且率大军救齐，不通过交战而降服敌人，我会有什么功劳？今日如果交战而取胜，齐国的一半土地可以封赏给我，为什么不与汉军交战！"于是，一场激烈的战争便发生了。

同年十一月，龙且、田广与韩信双方隔着潍水（今山东的潍河）摆开阵势。韩信在夜间派人用一万多条布袋盛满沙土，截断潍水上源的水流，率军渡河，攻击龙且。半渡之时，又故意不胜，退兵还走。龙且见状果然高兴地说："我早就知道韩信是个胆怯的人。"于是，率大军追击韩信。当楚、齐联军渡河时,韩信派人在上游挖开堵塞河水的沙袋,河水奔腾倾泻而下。龙且的军队大部分尚未能渡过潍水,韩信急速反击,杀死龙且。龙且在潍水东岸的部队四散逃走,齐王田广也逃命而去。韩信乘胜追击,抵达城阳,俘虏了楚国的全部士兵和齐王田广。汉军将领灌婴追击齐军,俘虏齐国守相田光,抵达博阳。田横闻知齐王田广死,自立为齐王,还击灌婴,被灌婴击败。田横逃往魏地,归附彭越。灌婴进击齐将田吸于千乘,曹参进击齐将田既于胶东,田吸、田既被杀,齐地全境被韩信所统帅的汉军平定。

韩信平定齐地后,派人向汉王上书说:"齐是个伪诈多变、反复无常的国家,南边又与楚国相连,不设立'假王'(暂时代理的诸侯王)则不足以镇抚,局势不会稳定。我愿代理齐王,这样对局势会有利些。"

当时,汉王正被楚军围困于荥阳,形势十分紧急。韩信派出的使者到达后,汉王打开书信观看,顿时勃然大怒,骂道:"我被楚军围困于此地,早晚盼望他来佐助我,他竟然想自立为王!"

当时坐在汉王两旁的张良、陈平暗中踩了一下汉王的脚,凑近汉王的耳朵小声说道:

"汉军正处于不利的形势,难道能禁止得住韩信称王吗?不如趁此立韩信为王,好好地对待他,使他为自己镇守齐国;不然的话,将会发生变乱。"

汉王是个从谏如流的聪明人,张良与陈平的提醒,使他顿时省悟过来,便改口骂道:"大丈夫平定诸侯,就应当做真王,干什么做代理国王!"

汉王四年二月,汉王派张良带着新刻制的齐王印信前往齐地,正式封韩信为齐王,同时征调韩信的兵力攻击楚军。

项王得知龙且战死,大为恐惧,先后派武涉及蒯通游说韩信,劝他背叛汉王,与项王、汉王"三分天下王之"(详见本书第八章)。韩信犹豫不决,最终还是没有背叛汉王,而是率大军参加了围歼项王的垓下会战。

十　反攻前的坎坷

汉王四年十月,楚大司马曹咎守卫成皋,他违背项羽关于"若汉挑战,慎勿与战"的嘱咐,在汉军多次挑战下,渡汜水作战,半渡时遭到汉军攻击。汉军大破楚军,"尽得楚国金玉货赂",曹咎与长史司马欣自刎于汜水之上。项羽闻知曹咎兵败,率兵赶回。汉军正在荥阳东围攻钟离眜,项羽兵至,汉军畏惧楚军,全部转移到险要地带。

项羽闻知龙且所率军队被击溃,派武涉劝说韩信叛汉,韩信不听。项羽驻军于广武,与汉军相持数月,楚军缺少粮食,项羽以此为忧患。于是,项羽设置砧板,将汉王的父亲太公置于板上,警告汉王说:"今日不快快降服,我煮死太公!"

汉王回答说:"我与你项羽一同北面受命于怀王,约结为兄弟,我的父亲就是你的父亲,你一定要烹杀你的父亲,请分给我一杯肉汤。"

项王大怒,想要杀太公。项伯劝阻说:"天下大事,谁胜谁负尚未可知,况且凡是为着夺取天下的,都不顾恋家人,即或是杀了太公也不会带来什么好处,只能是增加祸害而已!"项王听取了项伯的意见,没有杀害太公。

项王对汉王说:"天下扰乱已有数年之久,只是因为我们两个人而已,愿与汉王挑战,决一雌雄,不要使天下百姓白白为此而受苦了!"

汉王笑着回答说:"我宁愿斗智,不能斗力。"

项王再三令壮士出营挑战,都被汉军中的著名射手楼烦射杀。项王为此而大怒，亲自披带盔甲，持戟出营挑战。楼烦想要射杀项羽，项羽瞪圆双眼，怒叱楼烦，楼烦在项羽神威的逼迫之下，目不敢正视，手不敢发箭，吓得退回营垒，不敢再出来射箭。汉王派人打听楚军出阵者是何人，得知此人便是项王，大为惊恐。

项王约汉王在广武两军壁垒之间隔阵对话，项王再次想要与汉王独身挑战，汉王历数项羽的罪恶：

"你项羽违背规约，封我为蜀汉王，这是罪一；你项羽假冒怀王命令，杀害卿子冠军宋义，自尊为上将军，这是罪二；你项羽奉命救赵后，理应回报怀王，但却擅自劫持诸侯军队入关，这是罪三；怀王约定入关后不许烧杀掠夺，你项羽却焚烧秦宫室，发掘始皇帝冢，私自盗取其中财物，这是罪四；你项羽无理地杀死已经投降的秦王子婴，这是罪五；你项羽于新安用欺骗手段活埋二十万秦兵，封秦军降将为王，这是罪六；你项羽把好的土地封给诸侯王手下的将领，迁徙驱逐原来的诸侯王，使得他们的臣下争相反叛，这是罪七；你项羽把义帝从彭城赶出，自己却建都于此，又侵夺韩王的封地，兼并魏、楚的土地，扩大自己的地盘，这是罪八；你项羽派人杀义帝于江南，这是罪九；你项羽身为人臣而谋杀君主，杀害已经归降的人，执政不公，信约不守，大逆不道，实为天下所不容，这是罪十。我率领正义的军队跟诸侯一道讨伐你这个残暴的贼子，只需令受过刑罚的囚犯打死你这个项羽就行了，老子何苦跟你挑战！"

项羽听汉王声讨他的罪状，大怒，用暗箭射中汉王的胸部。汉王为安定军心，机智按着脚说道："这个贼子，射中了我的脚趾头！"汉王受伤后，张良请他忍着伤痛去巡视军营，慰劳士兵，以稳定军心，不使楚军乘机取胜。汉王带病巡视兵营，伤势因而加重，急驰进入成皋城内调养。

汉王病愈，西入关中，到达都城栎阳，慰问父老，仅停留四日，又启程回到前线，驻军于广武。这时，关中增援的士兵，正源源不断地出关，开赴前线。

七月，项王立黥布为淮南王。

汉王下令：军士有不幸而死的，官吏要以衣衾棺木盛敛，转送家乡。四方百姓因此归心于汉王。

当时，彭越率领军队在魏地往来游击，经常骚扰楚军，断绝楚军的粮食供应。田横也前来依附彭越。项羽不得不经常防备彭越的袭击。齐王韩信据有齐地后，又前来进攻楚军，项羽因此而恐惧。汉派侯公向项羽说，请归还太公。项羽便与汉王谈判约定，以鸿沟为界中分天下：鸿沟以西归汉，鸿沟以东归楚。

九月，楚归还汉王的父亲太公和汉王的妻子吕雉，汉军军中高呼万岁。楚军撤兵东归。

楚军解围东归，汉王也想按和约西归。这时，张良、陈平出面向汉王劝谏说："汉已经占有天下的大半，而且诸侯又都相继归附；楚军士兵疲惫，军粮已尽，这正是上天灭亡楚国的时机。如今放任他们东归，不予攻击，这可是人们所说的'养虎自遗患'啊。"

汉王采纳了张良和陈平的这一英明决策。

在楚汉相争的转折点，是张良、陈平对局势的正确分析，使汉王没有错过这个转弱为强、由相持转入反攻的良机。有利形势的发展之快，由于决策上的正确，远远超出了汉王乃至于张良、陈平的预料。

第五章

垓下一战　称帝天下

◇◆◇

　　楚汉战争中，汉军曾多次惨遭失败，汉王也几度险遭丧命，但总是能败而复起，化险为夷。项羽领兵投入战斗，往往是攻无不克，战无不胜，但无奈战线太长、战场太多，常常是顾此失彼。项羽平生只打了一次大败仗，但这次败仗却导致了英雄的乌江自刎。

一　韩信、彭越按兵不动

汉王四年九月，项羽与刘邦订立和约，以鸿沟为界，"中分天下"，项羽解除荥阳之围，率领大军东归。

刘邦也想要按和约引兵西归，经张良、陈平劝谏，决定追击项羽。

汉王五年（公元前202年）十月，汉王率大军尾随追赶项王，到达阳夏南面时，汉军驻扎下来。为对楚军形成围攻的形势，汉王令齐王韩信、建成侯彭越各自率所部大军前来，约定日期在楚地会合，组成联军，对楚军发起围攻。

自楚汉战争以来，汉军除刘邦所直接统率的部队外，由韩信所直接统率的部队，破魏、破赵、破代、破齐，刘邦曾不止一次地抽调或剥夺韩信部下的精兵到荥阳前线与楚军作战，在楚汉战争中确实发挥了独当一面的重要作用。彭越自归属刘邦之后，在魏地（今河南）独立作战，游击楚军，经常截断楚军向荥阳前线运送粮食的粮道，在楚汉战争中也发挥了独当一面的特殊作用。韩信和彭越所直接统率的两支部队，兵员众多，训练有素，战斗力很强，在楚汉战争中曾多次大败楚军，为汉王做出了重大的贡献。就战斗力而言，刘邦所直接统率的部队是比不上韩信、彭越所统率的这两支劲旅的。可以说，没有韩信和彭越两支部队参与对楚军作战，汉王能否在楚汉战争中渡过难关，坚持下来并转弱为强，是难以想象的。显然，当项羽引兵东归、刘邦率大军追击项羽之时，不借助于韩信、彭越的力量，是难以取胜的。

汉王与韩信、彭越约定的会师地点是固陵（今河南太康县南）。当汉王统率大军到达固陵时，韩信和彭越却按兵不动，没有派大军如期前往固陵。在这种情况下，项羽回师发起攻击，大败汉军，汉王不得不退入壁垒，深挖沟，高筑垒，对楚军采取守势。固陵战败的事实再次表明：没有韩、彭部队的参战，刘邦只是凭自己所直接统率的部队与项羽直接统率的部队作战，刘邦是敌不过项羽的。

在不利的形势下，汉王一筹莫展地对张良说："诸侯的军队不听从我的调遣，这可怎么办才好？"

张良回答说："楚军兵疲粮尽，眼看就要败亡，而韩信、彭越却没有得到分封的土地。韩信虽被立为齐王，但没有明确为他划归所辖封地的疆界，他们的军队不按期到来是很自然的。君王如果能与他们共同分享天下，现在便可以立即把他们招来；如果不能同他们分享天下，事情的成败就难以预料了。君王如果能把陈县以东直到海滨的地区全部划归齐王韩信，把睢阳以北至谷城（今山东曲阜市西北的小谷城）的地区全部划归建成侯彭越，使韩、彭二人为着自身的利益各自为战，这样楚军是很容易打败的。"

刘邦对张良的这个计谋连声叫好，当即派出使者告知韩信、彭越说：

"合力攻击楚军，楚军破灭后，自陈县以东直抵海滨的土地封给齐王，睢阳以北直到谷城的土地封给彭相国。"

使者到达后，分别向韩信、彭越转告汉王的旨意，韩、彭二人当即说："请今日进兵击楚。"

二　楚军垓下四面楚歌

韩信率大军从齐地向楚地进发，这时被刘邦封为淮南王的黥布已进入九江国。十一月，刘贾率兵南渡淮水，围攻寿春，派人向楚国大司马周殷诱降。周殷叛楚，用舒县（今安徽庐江县西南）的兵力屠灭了六邑（今安徽六安市东北），率领九江国的部队迎接黥布，与黥布合兵同行，屠灭城父（今安徽亳县东南城父村）。于是，韩信、彭越、黥布的部队与刘邦所统帅的大军全部会师于垓下。

项羽率楚军到达垓下，由于兵少且军粮已经用尽，与汉军交战而不能取胜，不得不退入壁垒之中。此时，刘邦已与各路诸侯会师，汉兵与诸侯兵把垓下楚军重重包围起来。

为瓦解楚军军心，汉王麾下有人献计，教汉军战士于夜间在四面唱起了楚地的歌曲。寂静的夜晚，阵阵楚歌时时传来，由远及近，由近及远，忽高忽低，此起彼伏。歌声把被困在重围之中的楚军将士从困倦和睡梦中唤醒。楚兵们听着那熟悉的家乡歌曲，心想偌大的楚国，众多的楚人，如今怎么竟都变成了汉王的军队？这四面的楚歌声，不明明是从四面的汉军阵地上传出来的么？

被围的楚军将士，大部是跟随项羽转战多年，在所向无敌的统帅之下，人人如同猛虎，所向披靡。而如今，又都身陷重围，粮食已尽，自知难以逃生。危难之中，昔日那备感亲切的楚歌，今夜却是那样地凄凉，令人顿生绝望之念。确切地说，在四周的汉军发起总攻之前，汉军在四面所唱起的楚歌声，把楚军将士以往的勇气和信心即灵魂给摄走了，他们似乎变成了六神无主的躯壳。总之，四面的楚歌声从思想上解除了楚军的武装。试想，在这种形势和气氛之下，楚军将士还能够像当年在巨鹿城下那样"无不以一当十""呼声动天"吗？

作为楚军将士最高统帅的项羽，此刻正在军帐中沉默无语。忽然间，他听到壁垒四周传来的楚歌声，大吃一惊，说道，"难道楚地已全被汉军占有了吗？为什么汉军中有这么多的楚人！"在四面楚歌声中，项羽觉得大势已去。此刻，他感到身边同他感情最深的，一是多年伴随他经历风雨的美人虞姬,一是多年来供他骑坐的、以"骓"(zhuī)命名的骏马。酒酣之后,项羽起身慷慨悲歌,自己作诗吟唱道:

> 力拔山兮气盖世,
> 时不利兮骓不逝。
> 骓不逝兮可奈何,
> 虞兮虞兮奈若何!

这首歌词的大意,项羽是说自己是力大无比、气吞山河的盖世英雄,然而由于天时不利,连战马也不肯向前奔腾了。既然战马已经不肯向前奔腾,这可怎么办呢?虞啊,虞啊,我把你可怎么安置啊?

项羽把这首自作的诗反复吟唱数遍,虞美人也含痛附和着伴唱。项羽这位一向出生入死的英雄,此刻也不禁"泣下数行"。军帐中的左右侍臣,历来只见过项羽指挥千军万马,叱咤风云,哪里见到过统帅慷慨悲歌,泣下数行。面对着这种场面,那视死如归的壮年汉子,也都不禁泣不成声,不能抬起头来再看统帅一眼。

在后人流传和编写的这段故事中,当项羽在慷慨悲歌之时,虞美人在军帐中为项羽舞剑抒情,向项羽做最后的诀别,并自刎于项羽的面前。这当然是题中应有之义,或者即是史书未能载入的事实:

虞美人虽说是个女子,但她不仅美丽而多情,性格也十分刚烈。否则,项羽怎会那样的喜爱并经常把她带在身边?在战争风雨的沐浴之下,又深受项羽气质的熏陶,虞美人早已不是当年的柔弱女流了。她崇拜、热恋于项羽,并不为垓下的遭遇而有半点悔恨。她为自己能与战马一样地成为项羽的心爱之物,而感到幸福和满足。在战争年代,虞美人并不幻想与项羽永享人间的幸福恩爱。几年来,每当她沉浸在幸福的时刻之时，曾不止一次地乐极生悲，担心不知什么时候，瞬息之间便会失去这美好的一切。项羽的慷慨悲歌，虞美人并不感到意外，只是没有料到厄运竟会如此之快地降临。此刻，虞美人与项羽都深知自己处于怎样的一种境地。不同的是：项羽首先想到的是自己的力气与天时，而虞美人却没有想到自己，她早已把自己的一切都融化在项羽的血液之中了；相同的是：二人此刻都没有半点的恐惧，他们早已将生死置之度外。

不过，项羽在悲歌的结尾一遍遍地呼唤着她，并且一再地发出"奈若何"的悲鸣，却使得虞美人意识到了自己的存在，使她顿时清醒并镇静下来，并且找到了自己的归宿：危难之中，她不愿使自己成为心上人冲出重围的包袱；又不愿落入敌人之手，玷辱了心上人一世的名声，她只有把宝剑横在自己颈上的唯一选择。

虞美人确实是在项羽面前自刎而死的。否则，项羽绝不会丢下她不管；汉军中的将士也不会忍心或敢于向项王的美人下手！如果是成了汉军的俘虏，"好酒及色"的刘邦会放过虞美人么？《史记》书中对虞美人只是写到"美人和之"便戛然而止，再无半字下文，这本身便是虞美人自刎而死的证据之一。

三　项羽溃围、斩将、刈旗

项羽心中明白虞美人自刎身亡的一片深情厚意，是为了不给自己的突围增加包袱，明明是提示自己应当立即冲出重围，不可再于帐中延误片刻。虞美人视死如归的英烈行为，似乎给项羽以无穷的力量，使他立即振作起来。就在虞美人自刎的当天深夜，项羽告别了亲人的遗容，带领部下的壮士和八百余名骑兵冲出汉军的重重包围，一直向南方飞驰逃去。直到第二天天亮，汉军才发现项羽已逃出重围。刘邦得知项羽竟能从重重包围中逃走，大为惊讶，立即令骑兵将领灌婴率五千名骑兵紧追不舍。

项羽带领随从骑兵飞速急驰，天亮时已渡过淮河，汉军的骑兵哪里能追赶得上！不过，能跟随项羽的战马飞速奔逃的，此时只剩下百余名骑兵，其余的都掉队了。项羽逃至阴陵（今安徽定远县西北），这里远离垓下已有三百里的路程。慌忙之中，项羽迷失了道路，便向路旁田野中的一个老翁问路。这位"田父"可能是因为项羽杀害义帝的缘故，对他怀恨在心，便欺骗项羽说："往左走。"项羽向左方奔走，结果战马陷入了一片沼泽之中。待项羽的百余名骑兵从沼泽中挣扎出来的时候，灌婴所率领的五千名汉军骑兵已经赶到。项羽又带领随从骑兵向东逃走，他座下的"骓"马四蹄飞奔，尘土四起，待到达东城时，只剩下二十八名骑兵了，而后面追赶上来的汉军骑兵却有数千人。

能随同项羽一同奔驰的这二十八名骑兵，他们的战马虽说是比不上"骓"，但也堪称是高头大马，骑士们勒住缰绳时仍在长声嘶鸣，前蹄刨土，还想向前方奔去。而马上的二十八名骑士，个个稳坐于马上，手持长戟，上身笔直，面色铁青，一个个犹如铜铁铸成的塑像。总之，这二十八名骑士和二十八匹战马，是项羽的千军万马所熔炼出来的精华。虽说是在危亡关头，却个个精神抖擞，是项羽大军的军魂所在。此时此刻，这二十八名骑兵，在精神上依然保持着无敌的神威。

项羽回首望去，见汉军骑兵遮天盖地般追来，尘埃四起。他考虑到一味奔逃已不是出路，便下令跟随的骑兵停了下来，对二十八位骑兵说道："诸位兄弟，我起兵至今已有八年了。八年之中，我身经七十余次战斗，凡是敢于敌挡的，无不被我击破；凡是被我攻击的，无不被我降服，从未曾有过败阵，这才能称霸于天下。然而今天归终却被围困在这里，这是上天要灭亡我，并非是作战上有什么过错。今日要决一生死，为诸君痛快地战上一场，定要接连三胜敌人，为诸君表演溃围（突破包围）、斩将（斩杀敌将）、刈旗（砍断敌军旗帜），令诸君知道是上天要灭亡我，并非是作战上有什么过错。"

于是，项羽把二十八名骑兵分为四队，分别向四个方向冲杀。当时，汉军骑兵已将项羽等人重重包围，项羽对他的骑兵们说："看我为你们斩杀他们的一将！"说完，令四队骑兵四向冲击，并约定到山的东边分三处集合。于是，项羽大吼一声，呼喊着乘战马急驰而下。项羽的兵马所到之处，汉军无不溃散，一员汉军将领遭斩杀。当时，汉军的赤泉（今河南淅川县西南）侯杨喜担任骑兵将领，奉命追赶项羽。临近项羽时，项羽怒目而视，大声呵叱，把杨喜的人马吓得退避到数里之外。项羽与骑士们在山东面的三处会合，汉军弄不清项羽在哪一处，就兵分三路把骑士们重新重重包围起来。项羽再次奔驰而下，又斩杀汉军一名都尉，杀死百十个敌兵。当项羽把骑士再度聚拢在一处时，仅损失两名而已。项羽向骑士们问道："怎么样？"

"正像大王所说的那样！"骑士们都佩服地回答。

当年的历史画面向人们展现出：在数千名汉军骑兵的重重包围之中，项羽同他的二十八名骑兵，依然是无敌的！

四　乌江岸边一曲悲歌

项羽的溃围、斩将、刈旗，使他和二十八名随从骑兵，除损失二人外，已经冲出了汉军的重重包围。于是，项羽一行人马飞速地来到了乌江（即今日安徽和县东北的一段长江），江西岸有个渡口名乌江浦。伫立在江边之上,项羽想要渡长江,回到他起兵的江东。而乌江亭长此刻正把一只小船停靠在岸边,等待着项羽的到来。亭长对项羽说:"江东虽说狭小,但也是地方千里,民众数十万人,足以称王于天下。愿大王急速渡江。大江之上,现在只有我这只小船,汉军赶到后,也是无法渡江的。"

面对着长江的滚滚流水,项羽眼前再次浮现出八年前率领八千名江东子弟兵渡江反秦的雄伟场面,那是何等壮烈!而如今,这八千名子弟兵都已捐躯沙场,无一生还,这如何向江东父老交待?想到这里,英雄一世的项羽毅然地打断了想要"东渡乌江"的念头,笑着对乌江亭长说:"上天要灭亡我,我还渡江做什么!况且我项籍当年率领八千名江东子弟渡江北上,如今无一人生还。纵使江东的父老们怜爱我,拥戴我为王,我还有什么脸面去见他们?纵使他们不说我什么,我项籍难道不独自有愧于心吗?"

项羽略微停顿了一下,抑制住自己激动的情绪,改换了另一种语调和表情,对亭长说道:"我知道您是位长者,我骑这匹战马已有五年,所向无敌,曾经一日行走千里,不忍心杀掉它,就此送给您吧。"

项羽把战马送给乌江亭长后,令骑士全部下马步行,持短兵器同敌兵交战。项羽把"骓"送给亭长,与汉骑兵步战,表明他已不再想冲出重围。在千军万马的重重包围中,项羽的神威有一半是借助他这匹骏马;否则,他怎能冲出重围?当然,项羽在步战中也是无敌的。下马步战,"独籍所杀汉军数百人,项王亦身被十余创"。看来,他无论如何也逃不出重围了。这时,项羽回头看见了他的旧日相识、现任汉军骑司马的吕马童,说道:"你莫非就是我的熟人吗?"司马童面对项羽,指示给王翳说道:"这就是项王。"

项羽对司马童说:"我听说汉军悬赏千金买我的人头,封邑万户。

今日我就给你们一些恩德吧。"

说完,项羽自刎而死。

项羽自刎而死,王翳割取其头,其余的骑兵则互相践踏,争夺项羽的肢体,相互残杀而死的骑兵有数十人。结果,郎中骑杨喜、骑司马吕马童、郎中吕胜及杨武等四人,各得项羽的一肢体。五人把所得头颅、四肢合在一起,正是项王的尸体。因此,汉王把封地分为五份,封吕马童为中水(今河南献县西北)侯,封王翳为杜衍(今河南南阳市西南)侯,封杨喜为赤泉侯,封杨武为吴防(今河南省遂平县)侯,封吕胜为涅阳(今河南邓州市穰东镇)侯。

项羽死后,楚地全都向汉军投降,唯鲁地(今山东曲阜市)不降。汉王率大军想要屠城,兵至曲阜城下,听到城中传出来的弦歌诵读之声,认为鲁人坚守礼义,为君主死节,便拿出项羽的头令鲁人观看。鲁地父老见项羽已死,这才投降汉军。当初,楚怀王曾始封项羽为鲁公。项羽死后,鲁地最后投降,因而按照鲁公封号应享有的礼义,将项羽安葬在谷城。

汉王亲自为项羽发丧,洒泪而去。

项羽的各支宗族,汉王都不加以诛害。封项伯为射阳(今江苏淮安县东南)侯,封项襄为桃(今山东汶县东北,一说为桃丘)侯,封项佗为平皋(今河南温县东)侯,但都赐姓为刘氏。

司马迁作《史记》,为项羽作《项羽本纪》,与帝王的《本纪》并列,记载项羽一生的事迹。篇末,司马迁写了一段评论,评论说:

"我听周生说过,舜的眼睛大概有双瞳子,又听说项羽也有双瞳子,难道项羽是舜的后代吗?为什么兴起得那样的突然!当初秦朝政令有失,陈涉首先发难,豪杰蜂起,相互争夺,不可胜数。项羽并非有尺寸的权力可以凭借,乘势起兵于民间,历时三年,终于统率五路诸侯灭秦，分裂天下，封赏王侯，政令自项羽而出，号称霸王。王位虽未善终，但也是近古以来所未曾有过的。待到项羽放弃关中，怀恋楚国，驱逐义帝而称霸于东方，埋怨诸侯们背叛自己，处境就愈发艰难了。项羽以战功自夸，逞个人的智巧而不效法古人，认为霸王之业靠武力取得，想要以武力治理天下，不过五年便国家灭亡，自己也身死于东城，临终尚不觉悟而责备自己，这是大错而特错了。然而竟借口'上天要灭亡我，并非作战上的过错'，难道不是太荒谬了吗！"

在秦末农民大起义中，项羽所统率的部队是各路义军中最具有战斗力的主力部队，曾为消灭秦军主力、灭亡秦王朝立下了不朽的功劳。秦王朝灭亡后，项羽倒行逆施，以霸主的身份分封诸侯，天下又随即大乱。项羽火烧秦宫、杀义帝，战争中经常屠城，又刚愎自用，不能信用贤士，以为凭武力便可以治理天下，结果国灭身死，教训是深刻的。项羽最终是败于刘邦手下，但至死他仍然不愧为一名英雄。在政治上，项羽虽然灭秦有功，但他又崇尚暴力，为人暴虐，并非完美的形象；但在个人品质上，项羽却有不少可称道的地方，更不必说他在反秦斗争中所立下的不朽功劳了。

项羽既是历史人物，也是优秀文学作品中的典型形象。在司马迁的笔下，项羽这位悲剧性人物的主要性格特征，刻画得可谓淋漓尽致。在巨鹿之战中，项羽叱咤风云，勇冠三军，是反秦斗争中众望所归、天下瞩目的英雄。在鸿门宴上，项羽坦率、天真，"不忍"对敌人采取阴谋手段，结果坐失良机，为自己留下了隐患。于垓下之围，项羽慷慨悲歌，勇敢突围，斩将刈旗，但不愿过江忍辱偷生，自杀而死，不失为千古英雄。但是，临终他尚不觉悟，以"天亡我"为自己做辩护，又显得荒谬可笑。

项羽这位历史人物和他的形象,给后人的启迪和影响是多方面的:既有沉痛的教训,也有激动人心的启示。有些时候,人们往往要想起宋代女词人李清照所写下的名句:

> 生当作人杰,
> 死亦为鬼雄。
> 至今思项羽,
> 不肯过江东。
>
> ——《夏日绝句》

五 刘邦即位汜水之阳

汉王五年十二月,项羽乌江自刎,汉军平定楚地,汉王率军归还,到达定陶。在定陶,汉王再次采用突然袭击的手段,急驰入韩信军营,剥夺了齐王韩信对部下军队的指挥权。这就是汉王刘邦在消灭项羽之后所立即采取的一次异乎寻常的重大行动,这是刘邦在建立汉帝国前夕所采取的一项重大的断然措施。

在项羽自刎、天下诸侯纷纷归降汉王的时候,唯有临江王共敖不降,汉王派卢绾、刘贾攻击并俘虏了临江王共敖。

次年正月,汉王在剥夺韩信的军权之后,对韩信仍然颇不放心,不愿他领有齐国的大片封地。这因为齐地东面临海,无后顾之忧。为防止韩信在齐地发展成为割据势力,西向同他争夺天下,汉王在剥夺韩信兵权后,随即更立韩信为楚王,令他称王于淮北地区,都于下邳,同在齐国的封地相比,显然是大大地缩小了。

同月，汉王向全国发布命令：

"天下连年战乱，已有八载，万民百姓深受战争苦难；如今天下大事已毕，大赦天下死罪以下的囚犯。"

刘邦与项羽争夺天下，其目的是人所共知的。当项羽被消灭、全国基本平定特别是刘邦向天下发布大赦令后，诸侯王们马上意识到，如今天下已经平定，大赦令已经颁布，汉王是准备即皇帝之位了。如不及早地尊汉王为皇帝，在名号上与汉王并列为诸侯王，日后还会有自己的安身立命之处？于是，为确保自身的安全和既得利益，楚王韩信、韩王信、淮南王黥布、梁王彭越、故衡山王吴芮、赵王张敖、燕王臧荼等七位诸侯王联名向汉王刘邦上疏说：

"大王陛下，先时秦施暴政于民，天下群起而诛灭暴秦。大王最先攻入关中，接受秦王子婴投降，安定关中，于天下各路诸侯中功劳最高。大王存亡国，继绝世，定危救败，功劳盛大，恩德厚重。一又施加恩惠于诸侯王中的有功之人，使其得立社稷。如今各诸侯王的封地已经划定，但位号与大王相比拟，无有上下的分别，致使大王的昭著功德，不能宣明于后世，故冒死再拜请上皇帝尊号。"

刘邦做皇帝梦已有多年，如今天下已定，当然希望早一天即皇帝之位。然而当诸侯王请他"上皇帝尊号"时，他却故意虚伪客套地谦让一番。刘邦说："寡人听说皇帝的名号只有贤德的人才可享有，空有皇帝的名号而无有贤德之实，就不该称皇帝，寡人不敢接受皇帝的名号。诸侯王都推举寡人。这是将要把寡人置于何处？"

"大王起身于平民，诛灭暴秦，威名震动海内。又以偏僻之地，自汉中起兵，行威德于天下，诛灭不义，立有功之人为王侯。如今已平定海内，功臣都已受到封地食邑，并不以为私有。大王恩德施加于四海，诸侯王的名号已不足以称道了，居帝位甚是名副其实，愿大王以皇帝名号临幸天下。"诸侯王及众将领无不坚持上皇帝尊号，再次申明理由。

汉王刘邦见诸侯王及群臣如此坚持尊自己为皇帝，心中十分高兴。但是，表面上他还是再三谦让，最后似乎出于不得已地向诸侯王说："诸侯王以为那样会有利天下百姓，那就听从诸君吧。"

于是，诸侯王及太尉、长安侯卢绾等三百人，与博士稷嗣君叔孙通谨择良辰吉日，筹备汉王即皇帝之位的盛大典礼。

二月甲午日，诸侯王及群臣为汉王上皇帝尊号，汉王刘邦即皇帝位于氾水之阳（即氾水的北岸，在今定陶县西北），尊王后吕雉曰皇后，嫡长子刘盈曰皇太子，追尊已故母亲曰昭灵夫人。

刘邦于沛县起兵的八年之后，终于当上了皇帝。刘邦即皇帝位于氾水之阳，这标志汉帝国已经正式建立。继秦王朝之后，中国历史上又出现了一个新兴的统一王朝即汉王朝。

第六章
以秦为鉴　轻徭薄赋

　　从陈胜、吴广大泽乡起义到刘邦继皇帝位,持续八年之久的战争动乱,使得饱受秦王朝暴政之苦的天下百姓,再度陷入民失作业、饥馑连年的悲惨境地。出身于平民的皇帝刘邦,为稳定政权和汉王朝日后的长治久安,实施了一系列的高瞻远瞩的方针政策。

一　汉初社会经济凋敝

秦王朝施暴政于民，致使社会矛盾急剧激化，终于导致了秦末农民大起义的爆发。暴政之下，秦帝国的百姓们苦难深重。《汉书·食货志》记载董仲舒给汉武帝的上书，其中谈到了秦王朝"力役三十倍于古，田租、口赋、盐铁之利二十倍于古。或耕豪民之田，见税什五。故贫民常牛马之衣，而食犬彘之食。重以贪暴之吏，刑戮妄加。民愁亡聊，亡逃山林，转为盗贼。"

秦王朝的社会经济和民众生活既然如董仲舒上文所述，那么，再经过三年之久的全国规模的反秦农民战争，社会经济的再遭破坏和人民生活的每况愈下，是可以想见的。

然而，继之而来的是一场持续五年之久的楚汉战争。战乱连年，使社会生产再度遭到严重破坏，民失作业，饥馑连年，以至于出现了人食人的现象。且不说饱受战乱之苦的中原地区的广大黎民百姓，仅举汉政权统治下的关中地区为例，便可以窥见一斑了。

公元前206年，汉王刘邦率兵平定三秦，在关中建立了汉政权。汉政权的首任丞相萧何，出身于秦王朝的沛县主吏，最了解百姓的疾苦，也深知秦王朝施暴政而亡的覆辙，是中国历史上著名的贤相。萧何辅佐刘邦，从进入关中直到还定三秦之后，也实行一些安定秩序、抚恤百姓、恢复和发展生产、减轻百姓负担的政策，诸如：

汉王元年八月，刘邦率先攻入关中，除秦苛法，约法三章，秦民争相献牛、羊、酒食犒劳军士，刘邦辞让不受，说道："仓粟多，非乏，不欲费民。"

汉王二年正月，汉王下令"诸故秦苑囿园地，皆令人得田之"，为无地或少地的农民解决无有或缺少耕地问题,恢复农业生产。

然而,楚汉战争一旦全面展开之后,关中和巴蜀地区百姓所承受的负担便处于十分沉重的境地了。

汉王二年四月,汉王率诸侯联军惨败于彭城之下,兵员损失殆尽,退至荥阳线,汉政权面临着极为严重的形势。此时,作为关中留守的丞和萧何,他把关中地区的男子包括老弱一律征调到荥阳前线,为汉军补充兵员;同时又把关中及巴蜀地区的粮食源源不绝地运送到荥阳,补给军食,兵员与军粮"未尝乏绝"。

试想,关中地区的男劳力大多征调到前线,农业生产由谁来承担?粮食大多调运前线,关中的百姓吃什么?

萧何于汉王二年四月由关中向荥阳前线征调兵员和运送军粮,同年五月,关中地区又发生了大的饥馑,每斛(合二十升)米价万钱,出现了人食人的现象。关中地区百姓因饥饿而"死者过半"。在这种情况下,汉王下令关中地区百姓可以到蜀郡、汉中郡逃荒活命,允许父母卖掉子女,以免饿死于家中。

史书并没有记载汉王二年五月发生于关中的大饥馑是由于何种自然灾害直接造成的。无论如何,关中地区百姓难以承受的兵役和军粮负担,加重了这次关中大饥馑的严重程度,是不容否认的。关中地区所产的粮食如不是被大量地运送到荥阳前线,关中纵使遭受天灾,百姓略有粮储,也不至于出现"米斛万钱,人相食""死者过半"的惨象。

从汉王二年五月至汉王五年二月刘邦即皇帝位的两年零十个月中,在中国大地上还发生过多少次饥馑?这一切,史书没有留下记载。待到刘邦统一中国,做了汉王朝的皇帝时,汉帝国到处是战乱所留下的满目疮痍,田野荒芜,人民流亡,府库空虚,廪无积粟,百姓一贫如洗，无有积蓄，牲畜死亡殆尽，所谓"自天子不能具醇驷，而将相或乘牛车"，正是当时社会经济凋敝的写照。

二　高帝发布五月诏书

汉高帝五年二月，刘邦即皇帝位，以洛阳为西都。

五月，"兵皆罢归家"，汉军将士大部分复员返乡。与此同时，汉高帝向全国发布了著名的五月诏书。这道诏书的要旨在于安定天下、恢复和发展生产、按军功授爵以建立新的社会秩序，是西汉王朝建国之初的一个极其重要的纲领性文件。《汉书·高帝纪》记载了诏书的全文，因其至关重要，现将诏书原文照录如下：

诸侯子在关中者，复之十二岁，其归者半之。民前或相聚保山泽，不书名数，今天下已定，令各归其县，复故爵田宅，吏以文法教训辨告，勿笞辱。民以饥饿自卖为人奴婢者，皆免为庶人.军吏卒会赦，其亡罪而亡爵及爵不满大夫者，皆赐爵为大夫。故大夫以上赐爵各一级，其七大夫以上，皆令食邑，非七大夫以上，皆复其身及户，勿事。

七大夫、公乘以上，皆高爵也。诸侯子及从军归者，甚多高爵，吾数诏吏先与田宅，及所当求于吏者，亟与。爵或人君，上所尊礼，久立吏前，曾不为决，甚亡谓也。异日秦民爵公大夫以上，令丞与亢礼。今吾于爵非轻也，吏独安取此！且法以有功劳行田宅，今小吏未尝从军者多满，而有功者顾不得，背公立私，守尉长吏教训甚不善。其令诸吏善遇高爵，称吾意。且廉问，有不如吾诏者，以重论之。

汉高帝所发布的这道诏书,有以下十条要点:

1) 对来自原山东六国的诸侯子弟出身的官兵,因安置地点不同而给予不同的免服徭役的优待。其具体实施细则是:凡留在关中地区的,因远离家乡而免除十二年的徭役;离开关中返回家乡的,免除六年的徭役。

2) 令逃亡山泽者返回原籍,复故爵田宅,地方更不得刁难笞辱。自秦末以来,百姓因不堪忍受秦朝暴政,"亡逃山林,转为盗贼"者甚多;楚汉战争期间,百姓因不堪战乱之苦,"相聚保山泽"亦不在少数。天下平定后,这些身在山林沼泽之中、名不在户籍之内的离乡流民,其中包括地主在内,既是社会的不安定因素,流离在外又不利于恢复和发展生产,也使国家难以对他们征收赋税和徭役。为使这批人成为汉帝国统治之下的"编户齐民",下令他们一律返回本县本乡。为使他们返乡,国家向他们提出的保证条件是:恢复他们原有的爵位和田宅,对他们亡聚山林期间的非法行为一律既往不咎;地方官有向他们进行法制教育的义务,但不许对这些人进行刁难或者施加笞辱。"复故爵田宅"表明,汉承认秦代赐予的爵位,在汉代仍享有同等的待遇。

3) 民以饥饿自卖为人奴婢者,一律免为庶人。战争期间因饥饿而卖身为奴者,不在少数。仅汉王二年关中地区大饥馑,就留下了一批因饥饿而卖身为奴的人。汉高帝深知关中百姓为战胜楚军所付出的代价和贡献太大了,因而他决心通过颁发诏书来解除这批关中子弟的不幸;同时,这样做又可以增加一批编户齐民,有利于恢复生产和增加税收,提供徭役,可谓一举而两得。

4) 汉军官兵在大赦令律颁布后,一律赐爵为大夫。其实施细则是:大赦令下达后,汉军官兵凡无罪、无爵或有爵而不满大夫的,一律赐爵为大夫。在秦汉爵制中，大夫是第五等爵位。就是说：凡汉军复员官兵除获罪者外，至少会获得第五等爵位。

5）原来享有大夫爵位的复员官兵，一律在原来爵位的基础上再增赐爵位一级。这显然是在凡复员官兵一律赐予大夫爵位法令基础上，追加的一条相应法令，使原享有大夫爵位以上的复员官兵，与原大夫爵位以下者一同享受恩赐。

6）凡具有七大夫爵位（第七等爵位）以上的复员官兵，皆可享受食邑。而秦制只有列侯（二十等爵位中最高的等级即第二十级）才可享有食邑。

7）凡享有七大夫以下爵位的复员官兵，免除其个人及全家所应服的徭役。

8）以七大夫（第七等爵位）、公乘（第八等爵位）为高爵，地方政府立即优先满足他们对田宅的要求，不得拖延不办。诏书中的"诸侯子及从军归者，甚多高爵"表明，跟随刘邦转战南北的复员官兵，大多获得了高爵。

9）重申"有功劳行田宅"的按军功授爵并赋予相应特权的法令，对地方上的郡守、郡尉、县令、县尉以往未能认真贯彻执行这一法令作出训斥，指出未从军的小吏都按爵位获得了如数的田宅而有军功者尚未得以落实田宅，这是"背公立私"，责任在于"守尉长吏教训甚不善"。同时还勉励地方官员，今后要"善遇高爵，称吾意"。

10）自本诏令下达后，要进行察问。凡不认真执行此诏令的地方长官，要从重论处，即所谓"有不如吾诏者，以重论之"。

五月诏书以上的十条要点，主要包含有两大方面的内容：一是令流民回乡生产，免除因饥饿而卖身的奴婢身份，这对于扩大自耕农户的数量、恢复和发展农业生产、增加国家税收和服役人数、安定社会

173

秩序等诸多方面，无疑具有重要的意义。与此同时，承认原秦王朝赐予的爵位在汉帝国享有同等的地位和特权，这对于稳定刚刚建立起来的汉政权来说，也是具有积极意义的。

五月诏书第二个方面的内容，是对复员官兵（主要是中下级军官和士兵）按军功最低赐予第五等爵位并享有免服徭役的特权。而事实上，复员官兵大多数获得了七大夫、公乘以上的"高爵"，可以享有"食邑"以及优先得到田宅的特权。汉高帝对地方长官未能认真落实"有功劳行田宅"法令十分不满，严加训斥，并提出今后如不认真执行此诏令要从重论处的警告。刘邦赋予有军功的复员官兵以种种特权，其用意在于在全国各地造就一批军功地主这一特权阶层，把这些曾经跟随他南征北战、建国后又由于皇恩浩荡而对大汉皇帝感恩戴德的人，作为汉帝国在地方政权上的支柱力量。

总之，汉高帝五月诏书一方面扩大了编户齐民的队伍，使生产得以恢复发展，社会秩序得以安定，税收和徭役有了保障；另一方面又造就了一批享有特权的军功地主，使汉帝国的地方政权获得了有力的支柱。可见，五月诏书确实是汉帝国建国之初具有重大意义的纲领性文件。它的实施，对于汉政权的巩固和社会经济的恢复与发展，都起到了重大的积极作用。

汉高帝赋予复员官兵以免服徭役的特权，在五月诏书后，又有过多次。据《汉书·高帝纪》记载：

汉高帝八年（公元前199年）三月，高帝到达西都洛阳，下令凡跟随高帝前往平城（今山西大同市东北）征讨匈奴及守卫城池的复员官兵，一律终身免服徭役。

汉高帝十一年（公元前196年）六月，下令凡曾跟随高帝进入蜀郡、汉中郡和关中地区的复员官兵，一律终身免服徭役。

三　轻徭薄赋政策实施

汉高帝即位建国后，为减轻人民已经无力再承受的过重赋税和徭役负担，恢复和发展生产，实行了轻徭薄赋的政策。《汉书·食货志》记载说：

天下既已平定，而人民却由于战乱而毫无积蓄了。建国之初，上至天子，乘车的四马也难以配齐相同的毛色；而将相，有的甚至乘坐牛车。面对社会经济的凋敝，汉高帝决定废除秦朝苛法，使法律简明而宽缓；减轻田租，收取十五分之一的赋税；根据官府及官吏所需开支的费用，向人民征收赋税。上至天子下至封君，均以山林川泽以及市租、汤沐邑的收入作为"私奉养"，不再从国库中领取经费。从各地运至京师供应各官府的粟米，每年不超过十万石。

上述轻徭薄赋政策，对减轻汉初人民的负担、恢复和发展生产，起到了积极的作用。据《汉书·高帝纪》记载，在实行轻徭薄赋政策的过程中，曾一度出现地方长官和诸侯向人民多收赋税用来向宫廷进献的问题，而进献章程又很不完善。这一问题的出现，引起了汉高帝的极度重视。为此，他特地发出诏书，纠正偏差，制定出相应的法规来加以纠正。

汉高帝十一年二月所发布的这道诏书说：国家一向以减轻赋敛为当务之急，然而至今尚无完备的章程与法规，郡县长吏有的多收赋税向宫廷奉献，而各诸侯王向宫廷的献物又多于郡县，百姓以此为疾苦，此种举动甚不可取。现令各诸侯王、彻侯以每年十月入都城朝见献物；各郡县按人口数计算上献费用，每人每年按六十三钱交纳，作为上献的费用。

按云梦出土的秦朝法律文书，百姓欠官府债务，如果用服役偿还，每人每天的工钱是八钱。以此计算，每人每年交纳的六十三钱口赋

（人头税），仅合八天的工钱。

诏书中所谈到的"献费"，是诸侯王、彻侯及地方官进献给皇帝的，在初期无有定额。所以官吏为讨好皇帝，便多向人民征税作为献费，致使人民不堪忍受。因而，汉高帝及时发出了这道诏书。

汉高帝即皇帝位后的九年中，天下尚未完全安定下来，诸如征讨匈奴，平定陈豨、黥布的叛乱等等，因而当时人民的赋税与兵役、徭役负担虽比楚汉战争时有很大的减轻，但仍未能如愿地减缓下来。待到惠帝、吕后、文帝乃至于景帝时期，汉帝国才在客观条件有所改变的情况下，进一步实行汉高帝为汉王朝所制定的轻徭薄赋政策。

为增加从事农业生产的劳动力，汉高帝除颁发了免奴婢为庶人的法律外，还采取了鼓励增殖人口的政策。汉高帝七年（公元前200年）正月，皇帝下达诏令：凡"民产子"，可免除两年的徭役。

为恢复和发展农业生产，防止大工商业者特别是投机商人以投机倒把、囤积居奇手段侵犯农民的利益，汉高帝实行重农抑商政策，于汉高帝八年三月颁布法令，不准商人穿丝织品和细葛制作的衣服，不得携带兵器，不得乘车骑马，不得做官，向他们加倍征收人头税，为商人另立户籍即所谓"市籍"，从政治上和社会地位上对商人实行限制，这对汉初农业经济的恢复和发展，确实是起到了一定的积极作用。

四 "马上治之"引出陆贾一部《新语》

刘邦以武力夺取天下，对儒生和儒家经典一向持轻蔑的态度，动辄骂儒生为"竖儒"，常常说什么治天下哪里用得着这些"腐儒"。

尽管如此，在刘邦的手下还是有一些儒生的，有些人甚至还为协助皇帝治理国家做了不少大事，楚人陆贾便是其中的一位。

陆贾随从刘邦定天下，以能言善辩而有名。汉帝国建立后，陆贾曾奉命出使南越。经陆贾的一番解说，南越王赵佗向汉皇帝称臣。汉高帝为此十分高兴，任命他为太中大夫，在皇帝左右掌管议论。

陆贾经常在刘邦面前称道《诗》《书》，以为治理国家时用得着。一次，刘邦听得不耐烦了，开口骂道："老子的天下是从马背上得来的，哪里用得着《诗》《书》？"

"在马背上取得天下，难道还可以在马背上治理天下吗？况且成汤、武王都是以武力夺取天下，而后顺应形势用文治来维护天下，文武并用，这才是长治久安的办法啊。当年吴王夫差、晋卿智伯因穷兵黩武而亡；秦朝任用严刑苛法而不知改变，终于覆灭。假使秦统一天下以后，施行仁义，效法前代圣王，陛下怎能取得秦朝天下而有之？"

陆贾的一通反问，使刘邦自感理亏，脸上现出不大高兴而又很惭愧的表情。于是，刘邦对陆贾说："那你就为我写出秦朝为什么会失去天下、我为什么能取得天下的，同时谈论古代各国成功失败的史事。"

陆贾受命之后，粗略地论述了古往今来国家存亡的征兆和迹象。每写完一篇就上奏给刘邦，刘邦阅后无不称赞，左右的人便高呼万岁助兴。陆贾一共写了十二篇总结历史上统治经验的文章，"号其书曰《新语》。"

《新语》一书总结秦王朝灭亡的教训，指出："秦以刑罚为巢，故有覆巢破卵之祸；以赵高、李斯为杖，故有倾仆跌伤之祸。"（《辅政》）又说："夫道，莫大于无为；行，莫大于谨敬……秦始皇帝设为车裂之诛……事逾烦，天下愈乱；法愈滋，而贼愈炽；兵马益设而敌人愈多。秦非不欲为治，然失之者，乃举措暴众而用刑太极故也。"（《无为》）总之，陆贾认为秦灭亡的主要原因，是刑罚太重，"武"的一手用得太过，因而主张用"文"与"武"两手，把教化（劝善）与法令（诛恶）结合起来，实行无为而治，用文治来治理国家。

刘邦称赞陆贾的《新语》，表明陆贾的理论对刘邦以及汉初统治者奉行无为而治理论、制定并实行黄老政治确实产生了重要的影响。

刘邦命陆贾写作《新语》一事表明，他注重从秦王朝的灭亡中总结经验教训，把秦王朝的短命而亡引以为借鉴，并以此作为制定基本国策的理论根据之一。事实表明，刘邦重视从秦灭亡中总结教训，以秦为鉴，这对西汉初年的统治者实现长治久安，确实起到了积极的作用。

五 "惩戒亡秦孤立之败"埋下隐患

汉高帝注重从秦王朝的短命而亡中吸取经验教训，既有正面的积极作用，也有负面的严重后果。在所谓"惩戒亡秦孤立之败"理论下，大封同姓诸侯王，便是汉高帝以秦为鉴时所走入的误区。

是郡县天下，还是分封诸侯王国？自秦统一六国以来，一直争论了千余年之久。秦帝国建国后，朝廷上曾发生两次大的争论，都是由于这个问题引起的。公元前221年，秦统一六国。丞相王绾等大臣向秦始皇说："诸侯刚刚被消灭，燕、齐、楚地处偏远，不设置诸侯王，无以镇抚这些地区。请立皇子们为诸侯王，唯圣上定夺恩准。"秦始皇把这个问题交给群臣到朝廷上讨论，群臣都认为分封诸侯王有利于国家，唯有廷尉李斯持有异议。《史记·秦始皇本纪》记载李斯说：

"周文、武所封子弟同姓甚众,然后属疏远,相攻击如仇雠,诸侯更相诛伐,天子弗能禁止。今海内赖陛下神灵一统,皆为郡县。诸子功臣,以公赋税重赏之,甚足易制。天下无异议,则安宁之术也。置诸侯不便。"

秦始皇赞同李斯的意见,他说:

"天下共苦战斗不休,以有侯王。赖宗庙,天下初定,又复立国,是树兵也,而求其宁息,岂不难哉?廷尉议是。"

于是,秦始皇"分天下以为三十六郡",没有分封诸侯王。时隔八年之后,秦始皇在咸阳宫置酒设宴,仆射周青臣向秦始皇歌功颂德,其中谈到了"以诸侯为郡县,人人自安乐,无战争之患,传之万世,自上古不及陛下成德"。(同上)这时,博士淳于越出来反对说:

"臣闻殷周之王千余岁,封子弟功臣,自为枝辅。今陛下有海内,而子弟为匹夫,卒有田常、六卿之臣,无辅拂,何以相救哉?事不师古而能长久者,非所闻也。"

这时,已升任丞相的李斯反对说:

"五帝不相复,三代不相袭,各以治,非其相反,时变异也。今陛下创大业,建万世之功,固非愚儒所知。……"

接着,李斯提出了焚烧《诗》《书》的主张,秦始皇批准并下达了《焚书令》。

汉高帝平定天下后，总结秦亡的教训，认为秦始皇"自号为皇帝，而子弟为匹夫，内亡骨肉本根之辅，外无尺土藩翼之卫。陈、吴奋其白挺，刘、项随而毙之"。《汉书》作者认为："汉兴之初，海内新定，同姓寡少，惩戒亡秦孤立之败，于是剖裂疆土，立二等之爵。功臣侯者自有余邑，尊王子弟，大启九国。"

可见，汉高帝分封同姓诸侯王所依据的理论，与当年秦丞相王绾、博士淳于越的论调如出一辙，并没有什么新的货色。汉高帝因袭这一理论把它付诸实践，完全在于他错误地总结秦朝灭亡的经验教训。

不容否认，秦王朝没有分封诸侯王。陈胜、吴广起义后，六国旧贵族势力确实乘势而起，起兵反秦。然而，导致秦末农民大起义的，是秦帝国的暴政；首倡起义的，是戍卒陈胜、吴广；义军中的一支重要力量，是出身平民的刘邦所率领的队伍，其他如黥布、彭越等人，不是刑徒，便是"群盗"的小头目；出身于六国旧贵族而且颇具实力的，唯有项梁、项籍所率领的队伍，其他的六国后代不过是乘势起兵而已。六国旧贵族势力在灭亡秦帝国的反秦军事斗争中并非主力，他们所起的作用不过是推波助澜。

可见，引起秦末农民大起义是秦朝暴政，推翻秦帝国的是农民起义大军，农民大起义的主要领袖人物是刘邦与项羽；六国宗室的后代虽然也有人参加了农民大起义，也往往拥有"王"的名号，被称为诸侯，有的也拥有一定的军事实力，但不是灭亡秦朝的主要力量。

总之，秦王朝的短命而亡，其要害在于它施行暴政，而不是没有分封同姓诸侯王。汉高帝把六国旧贵族势力在反秦斗争中的复起，误认为秦的灭亡与没有分封同姓诸侯王有关，这是他从表面上直观地认识问题时所吞下的一颗苦果，在以秦为鉴时走入了误区。

汉高帝六年（公元前201年）所分封的同姓诸侯王如下：

荆王刘贾。刘贾出于刘氏宗族，但不知他属于宗族中的哪一支。他随从刘邦南征北战，屡立战功，汉高帝以淮东原东阳郡、鄣郡、吴郡的五十县封为荆王。都于吴（今江苏苏州市）。

楚王刘交。刘交是汉高帝的同母幼弟，汉高帝以薛郡、东海、彭城的三十六县封为楚王，都于彭城。

代王刘仲。刘仲是汉高帝的二哥，高帝以云中郡、雁门郡、代郡的五十三县封为代王。

齐王刘肥。刘肥是汉高帝的庶长子，母亲曹氏，是高帝的"外妇"（非正式夫妻关系），高帝以胶东、胶西、临淄、济北、博阳、城阳郡等七十三县封为齐王。

吴王刘濞（bì）。刘濞是高帝兄刘仲的儿子。汉高帝十一年，黥布叛乱，荆王刘贾被黥布军所杀。高帝十二年，立刘濞为吴王，称王于荆王刘贾的故地。

刘邦分封诸侯的结果，使得全国近三分之二的土地为诸侯王国所有，归中央政府直辖的只有包括京师内史在内的十五个郡而已，而这十五个郡中，还包含有列侯、公主的食邑。这些诸侯王国，受封后很快都逐渐发展成为同国家政权相对抗的势力，即所谓"藩国大者，夸州兼郡，连城数十，宫室百官同制京师"。为此，汉高帝的后继者文帝、景帝、武帝，不得不采取"众建诸侯而少其力""削藩""推恩"等政策来削弱诸侯王国的势力。汉景帝时期还爆发了吴楚七国之乱，使西汉朝为削弱诸侯国势力而在长时期内付出了重大的代价。这一切，都是汉高帝错误地总结秦朝灭亡的历史教训、实行分封诸侯王国所留下的祸患。

第七章
建章立制　规摹弘运

　　刘邦作为汉王朝的开国皇帝,为实现刘氏天下的长治久安,在面对百废待兴的局面日理万机的同时,致力于帝国制度的建设。正如《汉书·高帝纪》所言:"天下既定,命萧何次律令,韩信申军法,张苍定章程,叔孙通制礼义,陆贾造《新语》……虽日不暇给,规摹弘远矣。"

一　定都关中

刘邦还定三秦后，以栎阳为都。待他即皇帝位于汜水之阳，旋即车驾前往洛阳，以洛阳为国都，于汉高帝五年五月，在洛阳下令官兵复员返乡，发布五月诏书，安定天下。同时在洛阳南宫设酒宴庆祝汉帝国的建立，席间发表高论，论张良、萧何、韩信是辅佐他夺取天下的三位"人杰"。

洛阳本是周公在周朝建国之初所建立的"东都"，周平王东迁后即都于洛阳。汉高帝于洛阳发布五月诏书，设酒宴招待群臣，庆祝胜利，表明他是想要把汉帝国定都于洛阳。这时，是一位身穿羊皮袄的山东戍卒娄敬，以其高见改变了汉高帝原来的设想。

娄敬是齐国人，汉高帝五年，他应征到陇西郡（今甘肃临洮县南）去戍守边境，途中经过洛阳。此时，汉高帝正在洛阳南宫。娄敬下车后，身穿羊皮袄，面见虞将军（齐国人）。说："臣想要面见圣上，谈点有利于国家的事。"

虞将军见他穿着羊皮袄，便要给他换身新衣服，好去面见圣上。娄敬谢绝说："臣现在若是身穿丝绸，那就穿着丝绸衣服去拜见；若是身穿麻布短衣，那就穿着短衣去拜见。不敢临事改换衣服。"

于是，虞将军入内向汉高帝汇报，高帝召见娄敬，以饭食赏赐娄敬。用餐过后，汉高帝问娄敬有何言相告，娄敬说："陛下以洛阳为都，是想要同周王室一比隆盛吗？"

"是的。"高帝答。

"陛下取天下与周王室有所不同，周的始祖后稷，被尧封于邰（今陕西武功县西南），积德累善，传有十余代。到公刘时为躲避夏桀，迁移到邠（今陕西彬县东北）地。到太王古公亶父时，又因为戎狄逼迫的缘故，离开豳地，赶着牲畜马匹，迁往岐山周原（今陕西岐山县北），部族的人都争相跟随他同行。待到太王的孙子姬昌做了殷王朝的西伯，因出色地解决了虞、芮两国的争端，才承受了上天之命，当时的贤人吕望、伯夷都从遥远的海滨前来归附他。待周武王兴兵讨伐殷纣王，到达孟津（黄河古渡口，在今河南孟津县东北）时，不待相约而前来同武王会师的，有八百诸侯。诸侯们都说：'是讨伐殷王的时候了。'于是，一举灭掉了殷王朝。

"周成王时，周公等人辅佐天子，于是营建成周于洛阳，以为洛阳是天下的中心，各路诸侯从四方前来洛阳向周王室纳贡述职，所走的路程大抵都均等，有德行的君主在这里是容易称王天下的；无有德行的君主在这里却很容易亡国。凡是定都于洛阳的，都是想使令后世用德政招致远方的人民，而不是想凭险阻、令后世骄奢淫逸来暴虐百姓。当周朝兴盛的时候天下和平，四方外族都向往周天子，仰慕他的道义，怀念他的恩德，都心悦诚服地归附并事奉周天子，而不用在边境上驻守一兵一卒，四面八方的大国无不顺服，向周天子纳贡述职。待到周天子衰弱之后，京畿分裂成西周君和东周君两个小国，天下再也没有谁来朝见他们，再也不能驾御四方诸侯了。这并非是周王室缺少德行，而是形势衰弱的必然结果。

"今陛下起兵于沛县丰邑，收集士卒三千人，率领他们一直向西方进军，席卷蜀郡、汉中，平定三秦，与项羽交战于荥阳，争夺成皋的险要隘口，经过七十次大的战役、四十次小的战役，使得天下的人民肝脑涂地，父子暴骨于中原，因战乱而死者不可胜数，其亲属至今仍哭泣之声未绝，伤残者至今尚不能起身行走。在这种情况下，要同西周的成王、康王的盛世一比兴隆，臣私下以为是不相称的。

"况且关中秦地依靠着华山,面临黄河,四方都有险要可以固守,以为天然屏障。如果突然发生紧急情况,上百万的军队可立即动员起来。依靠着秦国原有的基础,凭借着富饶肥美的土地,这就是人们所说的天府之国啊。陛下入关中定都,纵使山东发生变乱,秦国的故地也可以保全。譬如与他人搏斗,不卡住对方的咽喉,只是捶他的脊背,是不能完全取胜的。今陛下如果入函谷关定都于关中,据有秦国的故地,这也是如同卡住天下的咽喉而又捶打它的脊背呢。"

汉高帝面对这位身穿羊皮袄的戍卒,见他侃侃而谈,句句在理,不由得肃然起敬。娄敬的一席话,又把汉高帝引回到他曾想往的关中圣地。

然而,定都毕竟是国之大事,而汉高帝又一度想都于洛阳,因此便就定都一事征求群臣的意见。高帝手下的群臣大都是出身于山东六国的人,当然愿以洛阳为都,离家乡近便些。因此,他们争相诉说周天子以洛阳为都,享国数百年;秦定都关中,却二世即亡,不如以洛阳为都会有利于国家。

汉高帝听了群臣的这番意见,一时又拿不定主意,便在朝廷上交付群臣进行讨论。这些出身于山东六国的大臣们都说:"洛阳东有成皋,西有殽山(xiáo,今河南洛宁县西北)、渑池之水(渑池水发源于河南熊耳山,东南流,汇入洛河),背靠黄河,面向伊河、洛河,其坚固也足以凭借。"

留侯张良力排众议,他说:"洛阳虽有这些险阻,但中心地区狭小,不过方圆数百里,土地瘠薄,四面受敌,并非是用武力可以固守的都城。而关中左有崤山和函谷关,右有陇山(今陕西陇县西北)和蜀郡的岷山(今四川省北部),沃野千里,南面有富饶的巴、蜀二郡,北面胡地有畜牧养马上的便利,可依靠西、南、北三面的险阻以为固守,只用东方一面来控制诸侯。当天下太平的时候,从黄河、渭河转运来的粮食,可西上供给京都;如果诸侯反叛,可沿黄河顺流而下,河道足以转运军队和粮食。这正是所说的'金城千里,天府之国'啊!娄敬的说法是对的。"

汉高帝听了娄敬的劝说,已倾向于定都关中;张良驳斥群臣的一番论证,强调是地理形势与国家的安危,是对娄敬见解的升华,这就容不得汉高帝再有半点犹豫了。

以从谏如流而著称的汉高帝,在听完张良的意见后,当日便下令起驾动身,西行定都关中。

西汉王朝定都于关中的这件大事,便以娄敬和张良的建议被汉高帝采纳而成为事实。对于西汉王朝来说,定都于关中无疑是一个正确的抉择。

定都一事既已确定,汉高帝说:"最初建议定都于秦地的是娄敬,'娄'就是'刘'嘛。"于是赐娄敬改姓为刘,任命他为郎中,号为奉春君。春季是一年的开始,娄敬首先建议定都关中,所以称他为奉春君。

二　徙都长安

汉高帝于五年五月自洛阳启程返回关中,六月壬辰日,于都城栎阳发布大赦天下的诏令。七月,燕王臧荼反叛,汉高帝率兵亲征。九月,俘虏臧荼,立太尉长安侯卢绾为燕王。闰九月,营建新都长安,修建长乐宫。

汉高帝选定位于渭水南岸的原秦朝兴乐宫故地作为汉帝国新都的基地,取名长安。它位于今陕西西安城西北约十千米处的渭水南岸的南高北低的台地上，城市平面大体上近似方形。汉高帝五年闰九月营建的长乐宫和汉高帝六年营建的未央宫，是都城长安城内最主要的两个宫殿区。长乐宫在都城南半部分的东侧，未央宫在都城南半部分的西侧，这两个宫殿区便占据了主城面积（约三十六平方千米）的三分之一。据考古勘测得知，长乐宫的宫墙周围超过十千米，未央宫的宫墙周围近九千米。此外，城内还有九市和一百六十闾（lú），分布于地势低洼的北阪。

长安城墙全部为版筑的夯土墙，墙基底厚十六米，现存高度达七米以上，城的方向基本上为正南北，城墙周长二十五千米，前面有三个城门，四周共有十二个城门，城门上建筑有城门楼。城中贯穿南北的安门内大街长五点五千米，称为驰道、御道，属于皇帝专用，街道宽四十五米，御道宽二十米。

未央宫是建筑于高台上的宫城，是作为大朝时用的，占全城面积五分之一，平面呈方形，前面约两千米，四面辟门，南面端门正对长安城南墙上的西安门，是宫城的正门。端门北的未央前殿，是未央宫的主要建筑。前殿平面阔大，呈狭长形，它是将龙首山岗地削成平台，作为宫殿的台基，即所谓"宫基不假累筑，直出长安城上"，气势雄伟。《三辅黄图》称前殿东西五十丈（一百二十米），深十五丈（三十五米），面积近北京故宫正殿太和殿两倍。前殿的夯土基址至今仍矗立在地面之上，南北长约三百四十米，东西宽一百五十米，由南至北次递增高，形成三个大台面。北端高出十余米，站在殿址北部最高处北向，可以望见渭水。

未央宫除前殿外，还有十几组宫殿。前殿的前面为广庭，左右和后方亦建有殿堂，四周另有宫墙围绕。有东西掖庭宫，北有后宫十四区。诸多小宫犹如众星拱月，以陪衬主要宫宇的气势。西掖庭的西面为园林,有沧池、渐台(水中台)。未央宫北部建有天禄、石渠二阁,收藏典籍。未央宫东门对着长乐宫的西门,门外建有东阙;未央宫北门外建有北阙。未央宫与长乐宫中间相距一里,中间隔有武库。《汉书·高帝纪》所载"萧何治未央宫,立东阙、北阙、前殿、武库、太仓",与今日考古勘测和发现完全吻合。

据刘歆《西京杂记》记载:"未央宫,周围二十二里九十五步五尺,街道周围七十里,台殿四十三,其三十二在外,其十一在后宫,池十三、山六,亦在后宫,门闼儿九十五。"这一记载表明,未央宫是由诸多宫殿、台榭、楼阁、园林、假山、池泽并围绕前殿(正殿)所形成的有统一布局而又规划整齐、气势宏伟的建筑群体。未央宫前殿、武库、太仓分别作为代表着汉帝国政权、军权、财权的壮丽建筑,意在体现皇帝的尊严和帝国政权的巩固。未央宫建成后,长乐宫为皇后所居,未央宫作大朝之用。总之,长安城西南隅的未央宫是大汉帝国政权的象征。

在长乐宫、未央宫营建期间,栎阳仍是帝国的都城。

汉高帝七年冬十月,长乐宫经过整整一年的紧张施工,终于建成。汉高帝在这里接受诸侯王、群臣对他的朝贺。朝贺时,群臣按叔孙通制定的礼仪,"以次奉贺","竟朝置酒,无敢喧哗失礼者"。长乐宫从此正式启用。

同年二月,汉高帝车驾再次来到长安。当时,由丞相萧何主持营建的未央宫已经落成。高帝见未央宫壮丽无比,生气地对萧何说:"天下动乱,战乱连年,百姓疾苦,成败尚未可知,为什么将宫室修造得如此豪华过度?"

"正因为天下尚未安定,才好趁此机会营建宫室。况且天子以四海为家,宫室如不壮丽则不足以显示天子的威严,可以令后世宫室的建筑规模不得超过它。"

听萧何如此解说，汉高帝转怒为喜。

未央宫既已落成，汉高帝于七年二月由栎阳正式迁都于长安。

未央宫落成，汉高帝在前殿举行盛大宴会，会见诸侯、群臣。宴会开始后，高帝手捧玉杯，起身向太上皇敬酒祝寿，说道：

"当初大人常常说臣没有出息，不能治产业，不如二哥有能力，如今我在事业上的成就，同二哥相比谁多？"

群臣见汉高帝如此高兴地开玩笑，在殿上都高呼万岁，大笑着取乐助兴。

三　封雍齿什方侯

汉高帝六年，高帝在分封异姓诸侯王、同姓诸侯王之后，又封赏萧何等二十余名大臣为列侯。然而，跟随汉高帝南征北战的功臣甚多。这些人因一时尚未正式得到封赏，日夜争功不休，汉高帝颇为此事着急。一日，高帝在洛阳南宫的天桥上向下观望，看见许多将领三五成群地坐在沙地上议论。见此情景，汉高帝心中也猜到了几分，便向身旁的张良问道："他们在那里都说什么？"

"陛下还不知道吗？他们在那里图谋造反呢！"张良有意把问题说得严重些，以提醒皇帝的注意。

"天下刚刚安定，为什么又要造反？"汉高帝有些困惑不解地反问。

"陛下以平民的身份起兵反秦，靠这些人取得天下。如今陛下贵为天子，而受到封赏的都是陛下所亲近喜爱的萧何、曹参这些老朋友，而所诛杀的则是平生所怨恨的仇人。如今军吏按功行赏，担心天下的土地不足以分封给所有的功臣。这些人都担心陛下不能封赏所有的功臣，又害怕怀疑到往日的过失而诛杀自己，所以三三两两地聚集在一块儿商量谋反呢。"

汉高帝根本没有像张良说的那样想要借故杀害功臣，但张良却说得那样地合情入理，使得汉高帝不无忧虑地说："这可怎么办才好？"

"陛下平生所怨恨而又被群臣所共知的，以谁最被陛下所切齿？"张良问道。

"雍齿与我有旧怨，他曾多次困辱我，我早就想杀他。因为他功多，所以不忍心。"

"今日如果首先封赏雍齿给群臣们看，群臣见雍齿都受到封赏，便会人人都相信自己肯定能受到封赏了。"

于是，汉高帝按照张良所出的主意，设酒宴招待群臣，封雍齿为什方侯，并急速催促丞相、御史论功行赏。群臣在宴会结束后都高兴地说："雍齿尚且受封为侯，我们这些人就不必担忧了。"

汉高帝深知打天下的艰难，哪里会想到坐天下又会有这么多的说道，真是多亏张良的提醒与谋划啊。

四　诏定功臣位次

汉高帝的封赏功臣，当然是从功劳最高的大臣们开始封，封他们为彻侯。高帝认为萧何的功劳最高，封他为酂侯，所得到的食邑最多。功臣中有很多人都不服气地说道："我们这些人都是身披坚甲，手执利刃，多的身经百战，少的也不下几十回，攻城略地，功劳大小不等。如今萧何不曾有半点汗马功劳，只是操持文墨，发些议论而已。他没有参加战斗，封赏反而高居我们这些人之上，这究竟是何缘故？"

"诸位都知道狩猎吧？"高帝问。

"知道。"群臣答。

"知道猎狗吗？"又问。

"知道。"又答。

汉高帝说："狩猎的时候，追杀野兽、兔子的是猎狗，而放开系狗绳索并指示野兽、兔子踪迹的则是猎人。如今诸位只是能捕捉到野兽兔子，功如猎狗。至于萧何，放开系狗绳索，指示野兽目标，功如猎人。况且诸位只是以自身跟随我，多的也不过两三人；如今萧何全宗族的数十人都跟随我转战南北，这个功劳是不可忘记的。"

听汉高帝这么一讲，群臣们再也不敢说什么了。

其他的几位功高大臣，张良身为高帝的谋士，也没有领兵作战的功劳，高帝使令他选择齐地三万户作为封邑，张良辞谢说："当初，臣起兵于下邳，与圣上相遇于留，这是上天把我授予陛下，陛下采用我的计策，有幸偶尔料中，臣愿受封于留就足可以了，三万户实不敢当。"

汉高帝于是封张良为留侯。

汉高帝封陈平为户牖侯，陈平辞谢说："这不是我的功劳。"

"我采用先生的计谋，克敌制胜，这不是功劳又是什么？"高帝反问说。

"没有魏无知的推荐，我怎能进见圣上。"陈平答。

"您可以说是不忘本了。"

汉高帝称赞陈平，又赏赐了魏无知。

分封列侯完毕，待到排定功臣位次时，群臣再次推荐曹参说："平阳侯曹参身受七十处创伤，攻城略地，功劳最多，应位列第一。"

汉高帝在封赏列侯时，已委曲了其他功臣，赐给萧何的食邑最多，待到排定位次时不想再委曲其他功臣，但心里还是想把萧何位列第

一。这时,关内侯鄂千秋进言说:

"诸位的议论都错了。曹参虽然有野战攻城夺地的功劳,这只不过一时之事。圣上与楚军相持五年,经常损失军队,多次只身逃亡。然而,萧何经常从关中调遣士卒补充兵员,不待圣上的诏令,关中多次开赴前线的士卒恰好赶上前线部队严重缺员时刻。汉军与楚军在荥阳相持数年,军中缺乏口粮,萧何从关中运送粮食,在军粮供应上从不缺乏。陛下虽然多次失去山东的土地,萧何总是保全住关中以待陛下,这是万世不朽的功劳。如今虽无有上百名像曹参这样的人,这对于汉王室的帝业来说会有什么亏损?汉王室不待他们而得以保全,怎可以想要以一旦之功而凌驾于万世功劳之上?按理应当是萧何第一,曹参居于次位。"

汉高帝说:"讲得好。"于是以萧何位列第一,恩赐他可以佩带宝剑、穿着鞋上殿,朝见皇帝时可不必按规定的礼仪小步快走。高帝又接着说:"我听说推荐贤才的人应受到上赏。萧何的功劳虽高,待得到鄂君而愈益显明。"于是,根据鄂君原来所受封的关内侯食邑加封为安平(安平在今河北安平县)侯。这一天,萧何的父子兄弟十余人都得到了封赏和食邑。又加封萧何两千户,这是汉高帝报答他去咸阳服差役时,比别人多赠给他二百钱充当旅费。

封赏功臣是汉高帝建国后所面临的诸多问题中的一件大事。事关汉政权能否得到巩固,如果处理得不好是会惹出麻烦的。张良对汉高帝的提醒,并非是危言耸听。封雍齿为什方侯,为的就是怕因此而引出动乱来。事实上,不仅在列侯的位次排定上有争论;其他诸多功臣的论功行赏,也是颇为难办,群臣争功,经过一年多的时间才逐一确定下来。总的来说,汉高帝的封赏功臣还是达到了预期的目的,对于汉政权的稳定和巩固起到了积极的作用。

五　叔孙通制礼仪

汉高帝令叔孙通制定朝仪一事，也与他手下的这些功臣有关。高帝平定天下后，废除秦朝的苛法和烦琐的礼仪规则，力求简便易行。在汉高帝论功封赏期间，群臣饮酒争功，酒醉后有的狂呼乱喊，有的甚至拔剑击柱。高帝对这些出身低微、战功颇多的武夫也没有办法，很是以此为忧。这一切，有一个人看在眼里，此人便是秦博士叔孙通。

叔孙通以诸生的身份在秦二世面前称陈胜、吴广起义不过是"鼠窃狗盗"，不足为虑，使昏庸的秦二世大为高兴，拜他为博士。事后，叔孙通为避难连夜逃出咸阳，曾投奔项梁、怀帝、项羽；汉王率五路诸侯攻入彭城时，他归降汉王。

汉王厌恶儒生服装，叔孙通改穿楚人式样的短衣，汉王便高兴了。跟随叔孙通投降汉王的，有儒生子弟百余人，然而叔孙通一个也不向汉王推荐，只是推荐那些强盗出身的壮士。弟子们都私下骂道："事奉先生好几年了，幸而得以随从归顺汉王，如今却不向汉王推荐我们，专门推荐那些强盗，是何道理？"

叔孙通得知后，对他的弟子们说："汉王正冒着矢石争夺天下，因此先推荐那些能斩将夺旗的壮士。诸生暂且等待一下，我是不会忘记你们的。"

叔孙通降汉后，被汉王拜为博士，号稷嗣君。此刻，他见群臣因论功封赏而饮酒争功，酒醉后失态失礼，而高帝对此又愈发厌恶，便向高帝说："那些儒生，很难靠他们去夺取天下，难与进取；但却可以用他们来治理国家，可与守成。臣愿征召鲁地的诸生，与臣的子弟一道制定朝会的礼仪。"

"不会是很烦难吧？"高帝问。

"五帝的乐制不相同，三王的礼制也相互有很大的区别。礼制，本是根据时事和人情的变化而有所删节和增饰。所以，夏、商、周三代礼制的继承和删节、增饰，这是可以得知的，可见古今的礼制并不相重复。臣愿采纳古礼并同秦朝的礼仪相结合，来制定新的朝仪。"叔孙通回答说。

"那就试着制定吧，一定要令人容易了解，要考虑到我能做得到。"汉高帝指示说。

于是，叔孙通出使鲁地，征召三十余名诸生。鲁地有两名诸生不肯西行，说道："您所事奉的君主先后多达十人，都是靠阿谀奉承来得到宠幸和显贵。如今天下刚刚安定，死去的人还没有来得及安葬，伤残的人尚未能起身行走，又想要制礼作乐。礼乐的产生，要积累上百年的德政，然后才能兴起。我们不忍心做您所要做的事。您所要做的事不合于古道，我们不去。您去吧，不要玷污我们！"

叔孙通听了这两个儒生的议论和表白，笑着说："你们真是鄙陋的儒生，不懂得时事的变化。"

叔孙通带领从鲁地征召的三十名儒生取道西行，一路到达都城栎阳。然后会同皇帝左右有学术修养的近臣和随从他的子弟，共有百余人，来到野外拉起绳索代表宫室处所，树立茅草表示君臣尊卑的位次，演习朝会的礼仪。通过一个多月的演习，叔孙通汇报说："皇上可以去观看排练了。"汉高帝前往野外观看儒生表演朝仪，观看完毕后说道："我能做到这些。"于是，汉高帝下令群臣演习朝会礼仪，准备参加十月岁首的盛大朝会。

汉高帝七年，长乐宫落成，诸侯、群臣都参加十月朝会。按照叔孙通制定的朝仪，在天亮之前，由掌管传达的谒者主持典礼，引导参加朝会的诸侯、大臣依次进入殿门。殿廷中排列着战车、骑兵、步兵和侍卫官员，配备武器，树立旗帜。然后传令："趋（快步走）。"与会的诸侯、大臣们按次序快步登上殿堂，殿下有郎中在台阶两旁侍立，台阶上共站有几百名郎中。功臣、列侯、众将军、军官按次序排列在殿上的西面，面向东方；文官丞相以下的官员按次序排列在殿上的东面，面向西方。

诸侯、群臣都已登上殿堂，由掌管交际礼仪的大行令设置九个傧相，从上向下传令，这时皇帝乘坐辇车出房，众官员举旗传呼警戒，由傧相引导诸侯王以下至俸禄六百石级的官吏按次序朝拜皇帝。在官员们依次逐一朝拜皇帝期间，自诸侯王以下的百官，无不因这一等级森严的拜见仪式震恐肃敬。朝见皇帝的典礼完毕，盛大的宴会正式开始。为体现皇帝的尊严，凡是陪坐在殿上的官员都俯伏着，低垂着头，不准抬头东西张望，更不准交头接耳、谈笑风生或大声喧哗，按官位高低的次序起立向皇帝敬酒祝福。斟酒九次，谒者便宣告"罢酒"，宴会至此结束。

在整个朝会和宴会过程中，没有人敢于大声喧哗而违反礼仪的。朝宴仪式结束后，汉高帝高兴地说："我今天才知道做皇帝的尊贵了。"

于是，任命叔孙通为太常，掌管宗庙礼仪，位列朝廷的"九卿"之一，赏赐给他黄金五百斤。

叔孙通见汉高帝很高兴，便乘机向前进言说："诸位弟子、儒生跟随臣已是很久了，与臣一同制定朝仪，愿陛下授予他们官职。"

汉高帝任命诸弟子、儒生一律为郎官。叔孙通出宫后，把皇帝赏赐给自己的五百斤黄金都分赐给弟子、儒生。当年曾抱怨过叔孙通的众儒生们，这时都高兴地说："叔孙先生真是圣人啊，懂得当代的时事和重要事务。"

汉高帝九年，汉高帝调任叔孙通为太子太傅，辅佐皇太子刘盈。

高帝驾崩，刘盈即皇帝位，是为孝惠皇帝。汉惠帝对叔孙先生说："先帝的陵园和寝庙，其他官员都不熟悉。"于是又把叔孙通调任太常职务，令他制定宗庙的礼仪制度。西汉初年所制定的各项礼仪制度，都是由叔孙通任太常一职时所讨论、撰写的。

六　萧何汉律九章

西汉王朝建国之初，国家的各项制度建设是在丞相萧何的领导之下进行的。早在楚汉战争期间，萧何以丞相的身份留守关中，"侍太子，治栎阳。为法令约束，立宗庙、社稷、宫室、县邑，辄奏上，可，许以从事；即不及奏上，辄以便宜施行，上来以闻。"（《史记·萧相国世家》）可见，早在楚汉战争期间，萧何便为西汉王朝的国家制度建设做了大量的工作，其中也包括法律制度的建设。

在萧何为汉帝国制定各项制度时，他首先是参照秦王朝的各项制度，并结合汉王朝的实际，制定了汉王朝的各项制度。萧何在跟随刘邦率先进入秦都咸阳时，"收秦丞相、御史律令、图书藏之。"这批秦帝国的档案文献资料，对于汉帝国的制度建设无疑是起了重要的参考作用，史称"汉承秦制"。即是说汉王朝基本上是承继秦王朝的各项制度从而制定了汉王朝的各项制度的。

汉王朝的法律制度建设，亦不例外。刘邦率义军进入关中，为解除秦朝苛法给人民带来的深重灾难，同时也为着安定秩序，争取民心，发布了约法三章，即"杀人者死，伤人及盗抵罪"。然而，接之而来的是楚汉战争，战乱不已，加之三章之法对于维护社会秩序来说，又不足以有效地起到"御奸"的作用，于是制定新的法律，特别是刑法和民事法规，便被提到议事日程上来。而主持制定汉王朝法律的相国萧何，正是以秦法为基础，取其适合于汉王朝实际情况的部分，制定了汉律九章，这就是《汉书·刑法志》所记载的如下一段概括：

汉兴，高祖初入关，约法三章曰："杀人者死，伤人及盗抵罪。"蠲削烦苛，兆民大说。其后四夷未附，兵革未息，三章之法不足以御奸，于是相国萧何攗摭秦法，取其宜于时者，作律九章。

这段记载表明，萧何是在秦法的基础上删减、增补而制定汉律的。所谓汉律九章，即是在战国初年李悝为魏国所制定的《法经》六篇的基础上又增加了《户律》《兴律》《厩律》三章，合为九章。汉律九章的条文并没有流传下来。为对汉律九章有个大致的了解，不能不从《法经》六篇谈起。

据《晋书·刑法志》的记载，李悝（kuī）参考当时各国的法律，撰写了《法经》六篇。李悝认为：社会秩序的遭到破坏，在一般情况下主要是来自社会上的刺杀行为和偷盗活动，因而将《盗法》与《贼法》两篇列于《法经》之首。《盗法》讲的是对盗的惩治，是有关惩处盗窃犯罪的法律条文；《贼法》讲的是对贼的惩治，是有关惩处杀人及伤人犯罪的法律条文。即"王者之政莫急于盗贼，故其律始于《盗》《贼》"。然而"盗贼需劾捕，故著《囚》《捕》二篇"。就是说，为逮捕和审讯盗窃和杀人及伤人的罪犯，又著有《捕法》，讲的是捕亡，是有关逮捕刑事罪犯的条文；而《囚法》，讲的是断狱，是有关审讯刑事罪犯的法律条文。《法经》的第五篇是《杂律》，讲的是对"轻狡、越城、博戏、借假、不廉、淫侈、逾制"等犯罪活动的惩治，是对有关轻狂犯法、偷越城墙、赌博、欺诈、贪污贿赂、荒淫奢侈、所用器物超越身份等级上的规定等几种违法行为的惩治。第六篇是《具法》，讲的是根据具体情况依法加重或减轻刑罚的某些具体规定。

《法经》六篇的内容表明，它是一部刑法法典，讲的是对刑事犯罪的惩治。正因为它是一部法典，所以具有相对的稳定性。商鞅在秦国变法，改法为律，《法经》六篇被沿用下来。湖北云梦出土的秦国法律文书表明，秦国后期的刑法和刑事诉讼法不仅是《法经》六篇的继续和发展，而且远远地超出了商鞅《秦律》的内容，见于云梦秦律的律名就有《捕盗律》等三十二种律目，而这三十二种律目还不能说是秦律的全部。

萧何的汉律九章，其中《盗律》《贼律》《囚律》《捕律》《杂律》《具律》，律名是自《法经》以来就有的，其具体条文当然是在秦律的基础上有所损益而拟定的。至于新增加的三章，其具体情况如下：

《户律》是有关户籍、赋税和婚姻方面的法律条文。在云梦秦律中，不仅有诸多关于户籍、赋税、婚姻方面的法律条文，而且附有魏国的《户律》法律条文。可知，汉律九章中的《户律》，是上述秦魏等国《户律》的继续和发展。

《兴律》是有关征发徭役、城防守备方面的法律条文。在云梦秦律中，有《徭律》（有关徭役的法律）、《傅律》（有关成年男子登记名籍的法律）、《戍律》（有关征发边防戍卒的法律）。汉律九章中的《兴律》无疑是秦律中上述有关法律、法规的继续和发展。

《厩律》是关于牛马畜牧和驿传之事等有关的法律条文。在云梦秦律中，有《厩苑律》（关于饲养牲畜的厩圈和苑囿的管理）、《牛羊课》（关于考核牛羊畜养的法律）、《传食律》（关于驿站供应饮食的法律规定）、《行书》（关于传送文书的法律规定）。汉律九章中的《厩律》是秦律中上述有关法律、法规的继续和发展。

总之，萧何为汉律九章所增加的《户律》《兴律》《厩律》，其贡献在于它吸取了秦律中有关法律、法规的成果，结合汉王朝的实际情况，把秦律中诸多有关的法律、法规合并为若干章，并使之更加系统化、条理化、规范化，并与秦律的六章相并列，这对汉代乃至于此后中国封建时代法律制度的建设，是有很大影响的，是中国法制发展史上的一个里程碑。

汉律九章早已失传，今天能见到的只是一些史籍和居延等地出土的汉简中的某些记载。因此，云梦出土的秦国法律文书成了我们借以了解汉律九章内容的宝贵参考资料。

需要指出的是，汉初的废除秦朝苛法是逐步进行的。直到汉惠帝四年，才废除秦朝的《挟书律》；"除三族罪、妖言令"，是在高后元年，如此等等。这一事实表明，萧何在制定汉律九章时是以秦律为蓝本并经他本人修改增订而成的。

待到汉武帝时期，张汤制定《越宫律》二十七篇，赵禹作《朝律》六篇，连同萧何的《九章律》和叔孙通的《傍章》（朝仪）十八篇，共计六十篇。这六十篇法律文书，大体上奠定了汉律的规模。而萧何的《九章律》与叔孙通、张汤、赵禹所制的法律的不同之处，在于前者是法典式的法律文献，因而在西汉的法律体系中居有特殊重要的地位。

七　韩信、张良整次兵法

韩信在楚汉战争期间是汉军的统兵大将，汉高帝称他"连百万之众，战必胜，攻必取"，与张良、萧何并列为三位"人杰"之一，在楚汉战争中发挥了举足轻重、无与伦比的至关重要的作用。试看平定三秦前夕他在汉王面前对时局的分析以及平定三秦作战方针的确定，他无疑是一位杰出的战略家。他率兵于临晋东渡黄河后，一路虏魏王、破代、破赵、攻占齐地，参加垓下会战，无不势如破竹，在井陉口和潍水两大战役中，出色地大败赵兵、楚军，可见他具有超群的军事指挥天才。韩信又治军有方，凡招收上来的士卒，在他的部下经过短时期的训练和作战实践，很快便成为战斗力甚强的精锐部队。汉王在楚汉战争的艰难岁月中曾多次征调或剥夺韩信部下的精兵，但韩信总是能够在精兵被征调或剥夺之后，很快地再培训出归自己直接统率的精锐部队。

由于韩信具有杰出的军事才能，汉帝国建立后，汉高帝命他与张良一道整理、编次各家兵法。据记载，当时收集到的各家兵法共有一百八十二家，经过韩信、张良的"删取要用，定著三十五家"。然而，经过张、韩编次删定的三十五家兵法，在诸吕专权时期被"盗取"。《汉书·艺文志》载兵书五十三家，七百九十篇，图四十三卷，并且说："汉兴，张良、韩信序次兵法，凡百八十二家，删取要用，定著三十五家。诸吕用事时而盗取之。武帝时，军政杨仆捃摭遗逸，纪奏兵录，犹未能备。至于孝成，命任宏论次兵书为四种。"《艺文志》的记载表明，经张良、韩信所"序次""删取"的兵法三十五家，虽经诸吕（吕产、吕禄）的"盗取"，汉武帝时毕竟经杨仆的收拾亡轶而有所恢复，最后在汉成帝时由任宏"论次"为兵书四种。可见，张良、韩信的序次兵法对古代兵法的整理和流传，做出了一定的贡献。

八 张苍为汉制定章程

张苍是阳武人，喜好诗书、音律、历法和算术，在秦王朝时于朝廷中担任御史职务，主管收录天下四方文书的工作。后来因犯罪而逃归家乡。沛公起兵后，攻城略地时路经阳武县，张苍以宾客的身份随从攻打南阳。在此期间，张苍触犯军法，依法论为死罪。当他被脱掉上衣伏在砧板上时，只见他长大的身体，又肥又白，活像一个葫芦瓜。统兵将领王陵见状很是惊异，认为他是个美男子，与众不同，便劝说刘邦饶过他，未予斩首。于是，张苍随从沛公西入武关，到达咸阳。沛公被立为汉王并还定三秦后，陈余击走常山王张耳，张耳归附汉王，汉王任命张苍为常山郡郡守。张苍随从韩信攻击赵军，张苍俘虏了陈余。赵地被平定后，沛公任命张苍为赵王的相国，命他守备边境，防止敌寇入侵。不久，汉王又改任张苍为赵王张耳的相国。张耳死后，其子张敖继任赵王，张苍仍任赵相，后改任代国相国。汉高帝五年（公元前202年）七月，燕王臧荼反叛，高帝率兵亲征，张苍以代相的身份随从攻燕，立有战功。汉高帝六年，封张苍为北平侯，食邑一千二百户。

不久，张苍升任"计相"，主管朝廷的财政收支。一个月后，又以列侯的身份任"主计"（由计相改名的临时职官）四年。当时，萧何担任汉帝国的相国职务，而张苍由于在秦朝担任过柱下史官职，熟悉天下的图书典籍、统计报表，又懂得算术、音律、历法，因而使令张苍以列侯的身份居于相国府中，负责管理各郡县及诸侯王国呈报给朝廷的财政收支统计、图表等各项事宜。在担任计相、主计期间，张苍在萧何的直接领导下，主持为西汉王朝制定章程的各项工作。所谓章程，"章"是指历法、算术的"章数"，"程"是指"法式"，即有关权、衡、尺、斗、斛等度量衡的统一法式，制作度量衡的标准器，为汉帝国统一度量衡做了大量的工作。

汉帝国建国初年，汉高帝所面临的问题很多，诸如安定社会秩序、恢复社会经济、封赏功臣、平定异姓诸侯王的叛乱、抵御匈奴入侵，确实是千头万绪，很少有闲暇的时间。即使在这种情况下，汉高帝丝毫也没有忽视帝国制度建设的工作。为汉王朝的长治久安，他深谋远虑。在天下平定后，汉高帝"命萧何次律令，韩信申军法，张苍定章程，叔孙通制礼仪"，在诸侯叛乱、"日不暇给"的情况下，终于使汉王朝的各项制度建设初具规模，称得上是"规摹弘远"，为汉王朝的长治久安从制度上初步地奠定了基础。

汉帝国制度建设的主持人是相国萧何，协助萧何做这项工作的还有张良、韩信、张苍、叔孙通等人。然而，从全局做出总体规划的决策人则是帝国皇帝刘邦。刘邦高瞻远瞩、深谋远虑，在汉帝国制度建设中做出了历史性的贡献。

第八章

大驾亲征　平叛御侮

在楚汉相争的军事斗争中,韩信、彭越、黥布三人,是为刘邦独当一面的主要将领。项羽灭亡后,三人均受封为异姓诸侯王。建国后,刘邦同异性诸侯王的矛盾日益尖锐。汉高帝为了刘氏政权的巩固和长治久安,不能不铲除异姓诸侯王的势力,也不得不平叛御侮。平叛御侮的胜利,使汉政权得到了初步的巩固。

一　分封异姓诸侯王

刘邦联合异姓诸侯王的势力，打败了项羽。待刘邦即皇帝位前夕，被刘邦所立的诸侯王以及归附于刘邦的原诸侯王已有七人。这时，七人联名上疏请刘邦即皇帝位，其实质是想使自己的诸侯王地位得到即皇帝之位的刘邦的正式确认，这也是各诸侯王为确保自身的利益和安危而不得不采取的共同行动。七位诸侯王的具体情况是：

楚王韩信。韩信在垓下会战前夕已被刘邦正式立为齐王。汉王五年十二月项羽自刎而死；正月，韩信便被更立为楚王，称王于淮北地区，都于下邳。同在齐国时的封地相比，是大大地缩小了。

淮南王黥布。汉王四年七月，立黥布为淮南王，称王于九江、卢江、衡山、豫章等郡，都于六。

梁王彭越。汉王五年正月，封彭越为梁王，称王于魏国故地，都于定陶。

韩王信。汉王二年立韩信（与楚王韩信为两人）为韩王。汉高帝五年春，与韩信剖符立据，封他为韩王，称王于颍川郡（治所在阳翟，今河南禹县），都于阳翟。

原衡山王吴芮。衡山王吴芮系项羽所封。汉高祖称帝不久，以吴芮率百粤兵诛暴秦有大功，徙为长沙王，都于临湘（今湖南长沙市）。

赵王张敖。张敖为张耳之子，项羽分封诸侯时立张耳为常山王。汉王三年，立张耳为赵王。汉高帝五年，张耳死，张敖嗣立为赵王。

原燕王臧荼。臧荼原为燕将，因从楚军救赵，又随项羽入关，被项羽封为燕王，称王于燕地，都于蓟。

韩信等七位诸侯王既然联名上疏尊汉王刘邦为皇帝，刘邦于汜水之阳即皇帝位后，立即以皇帝的身份确认韩信等人与汉帝国皇帝的臣属关系，正式承认他们为汉帝国的诸侯王。

汉高帝宣布说："齐王韩信熟悉楚地的风俗，徙为楚王，都于下邳。"同时，立建成侯彭越为梁王，都于定陶。原韩王信为韩王，都于阳翟。徙原衡山王吴芮为长沙王，都于临湘。淮南王黥布、燕王臧荼、赵王张敖皆称王于原地如故。

汉高帝又宣布说："原越王无诸，率闽中兵参加诛伐暴秦，项羽废而不立，今立无诸为闽中王，称王于闽中郡。"

以上异姓诸侯王都是在反秦及楚汉战争中立有大功的统兵将领，而且有的早已裂土为王，拥有很强的实力，刘邦即皇帝位后不得不承认这种既成事实，正式确认或分封他们为诸侯王。上述诸侯王中，以韩信、黥布、彭越三人具有很高的军事指挥才能，在楚汉战争中独当一面，功勋卓著。刘邦手下的将领如曹参等人，在军事才能上都比不上韩、黥、彭等人。这些人拥有大片的封地，手中又握有精兵，汉高帝怎能放心？为巩固汉帝国政权和刘氏王朝的长治久安，汉高帝于建国后逐一铲除异姓诸侯王势力，因而异姓诸侯王相继反叛朝廷，便是不可避免的了。

二　田横与五百壮士

田横是原齐王田氏的族人，他与哥哥田荣在地方上都是很有势力的人物，宗族强大，颇得人心。项羽分封诸侯，立田都为齐王，徙齐王田巿为胶东王，立田安为济北王。田荣对此不服，调遣军队抗击齐王田都，田都逃往楚国。田荣又扣留胶东王田巿，田巿逃跑后于即墨被击杀；田荣又杀死济北王田安。于是，田荣兼并三齐土地，自立为齐王。

项羽率大兵伐齐，齐王田荣兵败逃走，被平原人杀死。田荣的弟弟田横收集齐国的散亡兵卒，得数万人。在楚汉荥阳对峙期间，田横乘机收复齐国城邑，立田荣的儿子田广为齐王，田横辅佐田广，实际上专断齐国的大权。

汉王三年，郦食其游说齐王，劝田广、田横归汉，田横因此而解除历下驻军的战备，韩信乘机袭击历下齐军，乘胜攻入临淄。齐王田广及田横恼怒，以为郦食其出卖了自己，因而将郦食其烹死。齐王田广逃至高密，田横逃至博阳，代理相国田光逃到城阳，将军田既驻军胶东。田广向楚求救，楚派龙且救援。齐楚联军被韩信击败，田广被俘。汉将灌婴又击败并俘虏田光。田横听说田广死了，便自立为齐王，但被灌婴击败，逃往梁地，归附彭越。

过了一年多的时间，汉王战败项羽，即皇帝位，封彭越为梁王。田横害怕被诛杀，便与部下五百余人逃入大海，居于岛上。汉高帝得知这一消息后，认为田横兄弟原来曾平定齐地，齐人认为他有才能，所以归附他。如今虽居于海岛，如不招抚，恐怕日后会出乱子，于是派出使者前往海岛，赦免田横的罪过并召他至京。田横向使者推辞说："臣烹死陛下的使者郦生，如今听说郦生的弟弟郦商任汉朝的将领并且很有能力，臣因此而恐惧，不敢奉诏前往京师，请求免罪做名百姓，守在海岛中。"

使者回到京城后向汉高帝汇报此事，高帝召卫尉郦商，对他说："齐王田横即将到来，谁敢动一动田横的随行人员，要诛杀全族！"

汉高帝再次派使者手持符节，把皇帝召见郦商时所说的话语和情景向田横讲述，并传达汉高帝旨意：

"田横来了，最高的爵位是王，最低也是侯呢；如果不来，就要发兵诛伐了。"

于是，田横同他的两个宾客，乘坐驿站的车前来洛阳。

离洛阳三十里，田横在尸乡驿站停下来，婉言对使者说："人臣拜见天子应当沐浴，今天就住下不走了。"

使者走出馆舍，田横对两位宾客说：

"我田横当初与汉王一道南面称王，如今汉王贵为天子，而我田横却成了逃亡的奴隶，得北面事奉他，这真是莫大的耻辱。况且我烹杀了人家的兄长，又同他的弟弟一道事奉他的主人，就算是他畏惧天子的命令不敢触动我，难道我就不有愧于心吗？再说陛下所以想见我，不过是想看看我的容貌罢了。如今陛下在洛阳，现在割下我的头颅，急驰三十里，我的容颜不会改变，还可以供陛下观看。"

田横说完，便自刎而死。两名宾客捧着田横的人头，随从使者向洛阳急驰。这件事上奏汉高帝，高帝颇为震惊，也深受感动，说道：

"唉，有因由啊！田氏起身于百姓，兄弟三人相继为王，难道不是贤人吗！"

说着，汉高帝为田横之死流下了眼泪。于是，任命田横手下这两名宾客为都尉，调两千名兵卒，按照王侯的礼仪安葬了田横。

田横安葬后，二位被任命为都尉的宾客，在田横的坟墓旁挖了个坑，也都自刎而死于坑中，陪葬田横。汉高帝闻知二位宾客为陪葬田横而自刎，大为惊讶，认为田横门下的宾客都是贤者，说道："我听说其余的五百人还在海岛上。"于是派使者到海岛招安他们。使者到达后，他们听说田横已经自杀而死，五百名壮士也都自杀了。于是人们才知道田横兄弟很能得士人之心。

汉高帝要把田横召至京城，是想封他为王、为侯，不让他居于海岛之上，其目的是怕田横日后为乱于齐地，是出于巩固汉政权的需要，确实不曾想杀害他。然而，田横却误以为汉高帝要杀他，又不愿向汉高帝称臣，不愿与郦商一道事奉汉高帝，便自杀而死。田横平时很得宾客的人心，他的高风亮节，使得他门下的五百名壮士追慕他的义气全都自杀而死。司马迁很钦佩田横的高风亮节和五百名壮士视死如归的精神，因而把他们可歌可泣的事迹写入《田儋列传》之中。

三　臧荼和利几反叛

在异姓诸侯王中，最先起兵反叛汉帝国的是燕王臧荼。燕王臧荼原是项羽所封。楚汉战争期间，韩信于井陉口大破赵军，威震河北，韩信听从广武君李左车的计谋，派使者前往燕国劝降。燕王臧荼因畏惧而归属汉王。汉王即皇帝位，封臧荼称王于燕地如故。

汉高帝五年七月，臧荼起兵反叛，汉高帝率大军亲征，太尉、长安侯卢绾随从击燕。九月，臧荼兵败被俘虏，燕地被平定，汉高帝立卢绾为燕王。

燕王臧荼叛乱刚刚平定，又发生了颍川侯利几的叛乱。利几原是项羽部下的将领，项羽兵败时，他任陈县县令。利几没有跟随项羽，而是投降汉王，于是汉高帝封利几为颍川侯。汉高帝五年秋，高帝来到洛阳，召见在籍的全部彻侯。利几心里恐惧，因而举兵反叛。汉高帝亲自率兵攻击，利几兵败逃走，叛乱被平定。

四　韩王信叛走匈奴

韩王信本是韩襄王的庶孙（与后封为楚王的韩信同姓名，实为二人，为以示区别多称韩王信。编者注）。反秦战争时，沛公率兵进攻阳城，使令张良以韩国司徒的身份攻占原韩国领地，收得韩王信，任命他为韩国将军，统率韩军跟随沛公进入武关。

沛公被立为汉王，韩王信随从汉王入汉中，并对汉王说："项王所封的诸将为王，都离家乡很近，而唯独大王远居此处偏僻之地，这是降职呢。大王的士卒都是来自山东，日夜盼望着返回家乡。趁着士卒们年轻力壮、锐气正盛的时候向东进军，可以夺取天下。"

汉王还定三秦后，许诺立韩王信为韩王，先任命他为韩国太尉，率兵攻占韩国故地。项羽分封韩成为韩王，但不令他到封国称王，改封为穰侯又随即将他杀死。项羽闻知汉王派韩王信攻占韩地，便立郑昌为韩王，抵拒汉军。在韩王信攻击下，郑昌投降，汉王立韩王信为韩王，韩王信经常随从汉王与楚军作战。汉王三年，韩王信、周苛等人守荥阳，被楚军击败，韩王信降楚。不久，韩王信逃亡，又归附汉王，汉王再次立他为韩王，随从汉军击败项羽。汉高帝五年，剖符封韩王信为韩王，称王于颍川郡。

汉高帝六年春，高帝认为韩王信有雄才武略，封地北面靠近巩县、洛阳，南面逼近宛县、叶县，东面是淮阳，是天下驻扎强兵的战略要地。为防止韩王信日后称雄，汉高帝诏令韩王信迁徙到太原郡（治所在晋阳，今山西太原市西南）以北，防御胡人（即匈奴）入侵，以晋阳为都。韩王信请求以马邑（今山西朔县）为都，得到汉高帝的准许。

同年秋天，匈奴首领冒顿单于（Mòdú chányú）率大军重重包围韩王信，韩王信多次派使者到匈奴那里谋求和解。当汉高帝派兵救援韩王信时，对韩王信多次派使者去匈奴有所怀疑，认为他对汉帝国怀有二心，派人指责韩王信。韩王信害怕被诛杀，因而与匈奴约定共同进攻汉朝，举兵叛变，率领马邑的兵马投降匈奴，攻太原郡，抵达晋阳。

汉高帝七年冬，高帝率大军亲自出征，在铜鞮（今山西沁县南）大败韩王信的军队，部将王喜被斩杀，韩王信逃亡到匈奴那里。

汉高帝十一年春，韩王信与匈奴的骑兵一道入侵并进驻参合（今山西阳高县南）抵拒汉军。汉朝派将军柴武率兵攻击，柴武写信给韩王信说：

"陛下宽厚仁慈，诸侯虽有叛变逃亡的，只要能够回归，无不立即恢复原来的爵位和名号，从不诛杀。这些都是大王所知道的。如今大王因兵败逃亡到胡人那里，这不算是有什么大罪，望能急速地自动回来！"

韩王信自知难以得到汉高帝的宽恕，便回报说：

"幸赖陛下提拔，从平民百姓到南面称孤为王，这是我的幸运。荥阳大战时，我不能以身殉职，成为项羽的俘虏，这是第一条罪状。待到敌寇进攻马邑，我不能坚守城池，率众投降，这是第二条罪状。如今反而为敌寇统率军队，与将军交战，争早晚难保的性命，这是第三条罪状。春秋时期越国大夫文种和范蠡为越国立有大功，没有一条罪状，都是非死即逃。我对陛下有三条罪状，却想要活在世上，这就是伍子胥在吴国遭受诛杀的原因啊。如今我逃亡藏身于山谷之间，早晚乞求于蛮夷。我思念归乡的心情，犹如瘫痪的人不忘起身行走、双目失明的人不忘睁睛观看一样，然而形势不允许啊！"

于是，韩王信率兵与柴武交战于参合，被柴将军击败斩首。柴武为汉高帝消除了又一隐患。

五　匈奴困高帝于白登

　　秦王朝时期，蒙恬曾率十万大军北击匈奴，收复河套地区黄河以南的土地，并修筑万里长城防御匈奴南下入寇。秦末农民大起义爆发以来，中原地区战乱连年，原秦朝流放到边地的戍守人员相继离开，导致了边境空虚。于是，匈奴的势力乘机逐渐南下，渡过黄河，来到南岸与秦王朝以前的中国边塞为界。当汉军与楚军于荥阳相持不下、双方都被战争弄得疲惫不堪的时候，匈奴族却在首领冒顿单于的率领下，统一了北方草原大地，设官分职，势力逐渐强大，拥有能够弯弓射箭的战士三十多万人，虎视中原。

　　汉高帝建国后，将韩王信迁徙到代国，建都于马邑。匈奴大军包围马邑，韩王信因受到汉王朝怀疑，害怕遭到诛杀，率众于马邑投降匈奴。

　　韩王信投降匈奴后，匈奴对汉王朝的实情有了更多了解，因而率大军南越句注山（今山西代县西北），向太原郡进发，抵达晋阳城下。汉高帝亲自率大军迎击，正赶上天降大雪，天寒地冻，士卒们被冻掉手指的十有二三。于是，冒顿单于假装败走，引诱汉兵。汉军果然中计追击。冒顿将精兵隐蔽起来，把老弱残兵暴露在外，引诱三十二万汉军乘胜追击。汉高帝率骑兵首先到达平城，而汉军由于多是步兵，大队人马尚未赶到。这时，冒顿单于下令十万精锐骑兵突然出击，将汉高帝重重包围于白登（白登为山名，在平城东）。高帝被包围在平城之中，长达七天七夜。由于汉军内外不能互相接济军粮，士兵七日不得食。匈奴的骑兵，西方皆骑白马，东方皆骑青马，北方皆骑黑马，南方皆骑红马，士气高涨。

　　汉高帝在匈奴骑兵的重重包围之中，又得不到军粮的接济，粮食断绝，形势危险万分。这时，随军的户牖侯陈平进献奇计，用厚礼暗中贿赂单于的主妻阏氏（yānzhī，阏氏是匈奴君主正妻的称号），阏氏便向冒顿进言说："两个国家的君主，不应当相互围困逼迫。如今得到汉朝的土地，单于归终也不能居住在那里；况且汉王也有神灵保佑，望单于明察定夺。"冒顿与韩王信的部将王黄、赵利约定会合日期，然而王、赵的军队未能按期到来。冒顿怀疑他们与汉军有什么密谋，便听信了阏氏的话，将包围圈解围一角。于是，汉高帝命令士兵全部拉满弓，搭上箭，面朝外，从解围的一角冲了出去，与外面的汉朝大军会合。冒顿率领四十万精锐骑兵离去，汉高帝也率领大军撤回。汉王朝建国后同匈奴大军的第一次全面的交锋，便以汉高帝的白登被围和用计脱险而告终。

六　刘敬献策和亲匈奴

原来，汉高帝在晋阳闻知冒顿单于居于代谷（今山代县西北的北面），想要出击匈奴，便派人窥视侦察匈奴的实情。冒顿得知这一情况，便把壮士、肥牛、肥马都隐藏起来，使者看到的只是老弱士卒和瘦小牛马。十几批派出的使者，回来后都说匈奴可以攻击。这时，汉高帝又派刘敬出使匈奴。刘敬即娄敬，因献策定都关中，高帝赐姓为刘。在刘敬尚未返回时，高帝所派出的三十二万汉军已出兵乘胜追击，翻越了句注山。刘敬回来后向汉高帝汇报说："两国相攻，按理应该显示夸耀自己的长处。如今我到那里只看见瘦小的牲畜和老弱士兵，这一定是想要显露虚弱的假象，用埋伏奇兵来取得胜利，以臣下的愚见，认为匈奴不可攻击。"

汉高帝此时派出的大军正在乘胜追击，听刘敬发表反对意见，立即恼怒，大骂道："你这个来自齐国的混蛋！靠口舌谋得官职，今日竟敢用胡言乱语败坏我的军心。"

于是，汉高帝下令用枷锁将刘敬囚禁在广武（今山西代县西南），自己亲自前往平城督战，匈奴果然出奇兵将高帝围困在平城之中。

汉高帝从平城逃出后，首先来到广武，赦免刘敬，向刘敬赔礼道歉。高帝深情地向刘敬说："我没有采纳您的建议，以至于被围困在平城。我已经把先前几批说可以攻伐匈奴的使者都杀掉了。"

于是，高帝封刘敬二千户，爵关内侯，号为建信侯。

汉高帝从平城归来之后，韩王信又逃亡到匈奴那里。当时，冒顿单于兵强势盛，拥有三十万善射的骑兵，经常入寇北部边境，高帝以此为忧虑。一日，汉高帝向刘敬询问对策。刘敬回答说："天下刚刚安定，士卒疲劳于连年征战，不可以用武力去征服。冒顿杀死父亲，自立为单于，并且把许多年小的庶母作为自己的妻子，凭借武力逞威风，不可以用仁义去劝说他们。只施用计谋，使他们的子孙永久称臣，然而恐怕陛下不能那样去做。"

"只要能使他们称臣，有什么不能去做！究竟该怎么办才好？"高帝急切地问。

"如果陛下真能够把大公主嫁给冒顿单于，向他赠送厚重的礼品。他们知道汉朝皇帝把皇后生的女儿嫁给他，又得到赠送的厚礼，必定会立她为阏氏。阏氏作为单于的主妻，生下儿子后必定会被立为太子，将来一定能继嗣单于王位。为什么会这样呢？因为冒顿贪图汉朝的厚礼。陛下如果每年按时赠送些他们所缺少而又是汉朝所多余的东西，多次去慰问他们，同时借这个机会派说客向他们讲述一些礼节，对他们进行说服、劝告。这样的话，冒顿活着时，当然是身为女婿；死了，外孙将继位单于。难道听说过外孙敢于跟外祖父平起平坐的吗？如此可以不用军队作战而逐渐地使他们臣服。陛下如果不愿派遣大公主前去，而是使令皇族的女子或后宫的女子冒称大公主，他们迟早也会知道的，那样便会不尊重、不亲近她，这样做是不会有什么益处的。"

汉高帝听了刘敬的这个计策，连声称好，准备把大公主嫁给冒顿。

然而，吕后知道这个消息后却日夜哭泣不止，她怎能舍得把自己的女儿嫁到塞外的蛮夷之邦？吕后哭泣着向汉高帝说："妾只生下太子和这个女儿，为什么把她舍弃给匈奴！"

其实，汉高帝也舍不得把同自己颠沛流离、备尝艰辛的女儿嫁给匈奴，只是他身为大汉帝国的皇帝，为着国家和社稷的利益，怎能顾全得儿女私情。然而，在患难与共的妻子的日夜哭泣之下，汉高帝最终并没有把大公主嫁给匈奴，而是选取一名宫女冒称大公主，嫁给冒顿单于。同时，派刘敬出使匈奴缔结和亲盟约。

刘敬从匈奴回来后，对汉高帝说：

"匈奴河南（今内蒙河套地区）地区白羊、楼烦二王，离长安最近的只有七百里的路程，轻装骑兵只需一天一夜便可以到达关中。关中近年遭到战争的破坏，居民稀少，肥沃的土地可用移民来充实。当初诸侯开始起兵反秦的时候，如不是齐国宗室的各支田姓以及楚国的昭、屈、景三家大姓，谁能发动起来？现在陛下虽建都于关中，但关中人口稀少，北面又临近胡人，胡人兵马时常入寇。东面又有六国的贵族，他们的宗族势力很强，一旦发生变故，陛下也不能得以高枕无忧呢。臣愿陛下将齐国诸田氏，楚国的昭、屈、景氏、燕、赵、韩、魏的宗室后代以及山东的豪杰名家迁徙到关中。如此，天下无事，可以防备胡人入寇；诸侯发生变故，也足以率领他们东伐叛乱。这是强本弱末的策略。"

"好。"汉高帝表示赞许，派刘敬将山东六国的宗族后代和豪强大族迁徙到关中的有十多万人。

西汉王朝前期，匈奴一直是汉王朝北方边境上的忧患。在武帝即位以前的惠帝、高后、文帝、景帝在位期间，汉王朝在同匈奴的关系上，一直是奉行刘敬为汉高帝所制定的"和亲"政策，以妥协的方式来谋求减缓匈奴在北部边境上所造成的灾害。

七　贯高谋刺汉高帝

汉高帝七年，汉高帝从平城逃出后，返回京城时路过赵国。赵王张敖每日早晚脱下外衣，戴上套袖，为汉高帝进献食物。由于张敖尚汉高帝的长女鲁元公主为王后，所以在高帝面前尽到了做女婿的礼节，很是卑顺谦恭。高帝有时叉开两腿坐着，责骂赵王张敖，傲慢无礼，根本没有把赵王放在眼里。赵王的相国贯高、赵午都已是六十岁开外的人了，原本是张敖父亲张耳旧时的门客。贯、赵二人平生性情刚强，很容易动气，对于高帝的傲慢无礼和赵王的卑顺谦恭，非常生气，说道："我们的君王是个懦弱的国王！"于是，贯高、赵午向赵王张敖劝说道："当初天下豪杰并起，有能力的先立为王。今大王事奉皇帝很是恭敬，而皇帝却傲慢无礼，请允许臣下替大王杀了他！"

赵王闻听后咬破了自己的手指，流出血来，发誓般地说道："您怎能讲出这样的错话来！况且先父亡国，依赖着皇上才得以复国，恩德流传给子孙，一丝一毫都是得力于皇上。愿您不要再讲出这种话来。"

"这都是我们的不是。大王是个忠厚的人，不愿背弃恩德。况且我们是以义为重，不愿承受侮辱。如今我们是怒恨皇帝侮辱大王，所以想杀死他，这有什么玷污大王的呢？如今事情办成，归功于大王；失败了，我们自己领罪而已。"贯高、赵午等很多人都这样对赵王说。

汉高帝八年冬，汉高帝率大军在东垣（今河北石家庄市东）攻击韩王信的余寇，从东垣回来时路过赵国。贯高等人乘机在柏人县（今河北隆尧县西）馆舍的夹壁墙中隐藏武士，准备伺机挟持高帝。当高帝路过柏人县时，想要在馆舍留宿，忽然间觉得心跳，便向随行人员问道："这个县叫什么名称？"

"柏人。"随行人员回答。

"柏人么，就是逼迫人呐！"

于是，汉高帝没有在柏人县的馆舍留宿，继续向前赶路，因而免遭了一场劫难。

汉高帝九年，贯高的仇人得知他暗害皇帝的阴谋，秘密向朝廷告发。于是，高帝下令一并逮捕赵王张敖、相国贯高等人。同案的十余人争着要自刎而死，独有贯高不肯，他生气地骂道："是谁叫你们干的？如今赵王实际上没有参与这一谋划，而遭到一并被捕。你们都死了，谁来为赵王辩白他没有参与谋反！"

于是，贯高便坐上密封的囚车，与赵王一同来到长安。高帝诏令审理张敖的罪行，同时诏令赵王的大臣和宾客，有敢于跟随赵王前来的一律灭族。贯高与赵王的宾客孟舒等十余人，都自己剃光头发，用铁环束着脖子，作为赵王的家奴跟着一同来到长安。贯高到达长安后，出庭接受审讯，说道："都是我们这些人干的，赵王确实是不知道。"

狱吏在审问时进行刑讯逼供，对贯高百遍千遍地进行毒打，还不时用针刺他。贯高被打得体无完肤，再也找不到可以用刑的地方了。然而，贯高始终不肯诬陷赵王。吕后在高帝面前多次谈到赵王因为尚鲁元公主的缘故，不会做出那种事情来。高帝发怒说道："假使张敖一旦据有天下，难道会少了你女儿的吗！"

高帝没有听从吕后所说的话。廷尉将贯高受审时的情况上报，高帝颇受感动，说道："真是壮士！有谁了解他，试着用私情再问问他。"

中大夫泄公说:"贯高是我的同乡,我平时了解他。他是赵国中讲究道义、不肯背弃诺言的人。"

高帝派泄公持节到狱中,贯高因遍体鳞伤,不能行走,在躺椅上接受讯问。当泄公持节来到躺椅前时,贯高抬头望着说:"您是泄公吗?"

泄公像老朋友那样向贯高表示同情和慰问,同贯高交谈,询问赵王到底参与密谋没有。贯高回答说:"按照人之常情,难道有不爱自己父母妻子的吗?如今我的三族都要被论罪处死,哪有拿自己亲人的性命去换赵王活命的道理!赵王实在没有参与谋反,只是我们这些人干的。"同时,贯高还向泄公诉说了他们谋杀皇上的本意和赵王根本不知道谋划的情况。

于是,泄公入宫向高帝详细地汇报了讯问情况,高帝便赦免了赵王张敖。

高帝赞赏贯高为人能做到讲求信义,让泄公把赦免赵王的情况告诉贯高,说道:"赵王已被释放了。"同时也宣布赦免贯高。

贯高异常高兴地问:"我们的国王果真被释放了吗?"

"是的。"泄公回答,并且说道:"皇上称赞您,所以把您也赦免了。"

"我所以体无完肤而不肯求死的原因,是为了辩白赵王没有参与谋反。如今赵王已被释放,我的职责已经完成,死了也没有什么可遗憾的了。况且人臣有谋杀君主的罪名,还有什么脸面再服侍皇上!纵使是皇上不杀我,我就不有愧于心吗?"

说着便仰头割断喉咙,终于死去,贯高的名声因此传遍了天下。

张敖被释放后,因为尚鲁元公主的缘故,受封为宣平侯。高帝赞赏赵王的许多门客,那些自己束颈作为家奴跟随赵王来到关中的门客,后来没有不官至诸侯卿相、郡守的。直到惠帝、高后、文帝、景帝时，赵王门客的子孙都得以担任二千石级（即郡守一级）的官职。

汉高帝素来待人慢易，动辄开口骂人。然而，他对女婿赵王张敖的傲慢无礼，却使得赵相贯高等人为此而谋害他，汉高帝也几乎因此而遇险。

八　伪游云梦擒韩信

汉高帝五年十二月，项羽兵败而自刎。汉王回师，至定陶时驰入齐王韩信壁垒，剥夺了韩信的兵权。正月，汉王更立韩信为楚王，称王于淮北，都于下邳。

韩信来到都城下邳，召见当年曾分给他饭食的那位在河边冲洗丝棉的老太婆，赐给她千金以相报答。还有下乡南昌亭长，只赐给百钱，说道："您是个小人，施恩德有始无终。"同时召见那个使他受胯下之辱的少年无赖，任命他为楚国中尉，并向自己的将相们说："他是名壮士。当年他侮辱我时，我难道不能杀死他吗？但杀他没有名目，所以便忍受下来，才有今天这样的成就。"

项羽部下的名将钟离眛，家住在伊庐（今江苏灌云县东北），向来与韩信友好。项羽死后，钟离眛逃亡到韩信处藏身。汉高帝怨恨钟离眛，得知他在楚国，便诏令楚国逮捕钟离眛。韩信来到楚国就任楚王之初，巡行所属县邑，进出王府都派军队戒严。

汉高帝六年，有人上书告发韩信谋反。高帝询问各位将领应如何处置韩信。各位将领都说："急速发兵坑杀这小子算了。"

高帝闻听后默然无语。又询问陈平，陈平却推辞说："将领们都怎么说的？"高帝把将领们说过的话向陈平复述一遍。陈平问道："有人上书告发韩信谋反,这件事还有别人知道吗?"

"没有。"高帝答。

"韩信本人知道吗?"

"不知道。"

"陛下的精兵比得过楚国吗?"

"不能超过。"

"陛下将领的用兵才能,有超得过韩信的吗?"

"没有比得上的。"

"如今陛下的兵不如楚国精良,而将领的才能又赶不上韩信,如果发兵攻打他,岂不是促使他起兵反抗,我私下为陛下这样做而感到危险"

"那该怎么办呢?"高帝急切地问。

"古代时天子到地方上巡视,往往要会见诸侯。南方有个云梦沼泽(今湖北江汉平原及周围地区),陛下只说是巡游云梦,在陈县会见诸侯。陈县是楚国的西部边界,韩信闻知天子怀着和平愿望出游,势必会认为安然无事而到郊外迎接并拜见陛下,陛下可乘机将他擒拿,这事只需要一个大力士就可以了。"

汉高帝认为陈平说的很对,便派使者遍告各位诸侯:"我将南游云梦。"其实是想袭击韩信,而韩信对此却全然不知。

当汉高帝将要到达楚国时,韩信感到事情有些蹊跷。想起兵反叛,又考虑自己没有什么罪过;想要拜见皇上,又担心自己会被擒拿,一时拿不定主意。有人向韩信说:"如果杀了钟离昧去朝见皇上,皇上一定会欢喜,那就不会有什么祸患了。"

韩信果然去见钟离昧,同他商议这件事。钟离昧从韩信的言谈话语中,终于明白了他的来意,是想借自己的头去作为拜见皇帝的见面礼，只是不好意思明说罢了。这使钟离眛既感到意外，也很是气愤，说道："汉王所以不敢攻取楚国，是因为我在您这里；如果想捉拿我去讨好汉王，那么，我今日死，您也会紧随着亡命了。"于是骂韩信道："您不是厚道人。"于是自杀而死。

韩信提着钟离眛的人头，到陈县拜见汉高帝。汉高帝令武士将韩信捆绑起来，装在后面的副车上。韩信被擒拿后说道："果真像人们所说的那样，'狡兔死，走狗烹；飞鸟尽，良弓藏；敌国破，谋臣亡。'如今天下已经平定，我当然要遭到烹杀！"汉高帝说："有人告发你谋反。"于是给韩信戴上刑具，装在车队后面的副车里，取道返回洛阳。

从陈县至洛阳，有好几天的路程。一路之上，韩信思前想后，后悔当初没有听武涉、蒯通的话，今天果真落得个如此可悲的下场。在副车中，这位曾指挥千军万马、战无不胜的帝国功臣，面对自己无辜地沦为皇帝的囚徒，不由得想起一年多前在齐国的一段往事。这段往事，《史记·淮阴侯列传》曾详加记载：

汉王四年十一月，韩信在齐国潍水大败楚将龙且与齐王田广的联军，龙且被杀，田广被虏，齐地全部被平定，汉王不得不立韩信为齐王。

项羽失去了龙且这位能征惯战的大将，十分恐惧，派盱台人武涉前往齐国劝说韩信。武涉向韩信说：

"天下人共同苦于秦朝的暴政，为时已经很久了，因而各路诸侯相互同心协力地反秦。如今秦已灭亡，按功劳的大小分割土地，封为王侯，以此来使士卒得以休息。如今汉王又兴兵东进，侵占他人分封到的土地，现在已经攻破三秦，率兵出关，收集诸侯的军队向东方进军，攻打楚国。汉王的意图是不吞并天下决不罢休。他的贪得无厌、不知满足，竟达到如此地步！况且汉王这个人不能令人信赖：他曾多次落入项王的手掌之中，项王可怜他而给他留条活命；然而一旦逃脱后,他便立即违背盟约,再次攻击项王。汉王的不可信赖竟然如此,这都是您亲眼所见的事实。

"如今您虽然自以为与汉王的交情很深厚,竭尽全力为他统兵作战,但最终还是要免不了被他所擒拿的。您所以活到今天,是因为项王尚存的缘故,他不得不借用您的力量来对付项王。当今汉、项二王的成败,关键在于您:您向西依附,汉王就会取得胜利;向东依附,项王就会取得胜利。项王如果今天被灭亡,接着便会是擒拿您。您与项王有老交情,为什么不反叛汉王而与楚国讲和,从而三分天下而独立称王呢?现在放弃这个良机,决心投靠汉王来攻打楚国,作为一个有智谋的人会做出这样的选择吗?"

韩信向武涉辞谢说:

"我事奉项王,官位不过是个郎中,职务不过是持戟的卫士,进言不被听用,谋策不被采纳,所以我才背楚归汉。汉王授予我上将军大印,给予我数万人马,解下自己的衣服给我穿,分出自己的食物给我吃,言听而计从,所以我才能达到今天这种地步。人家深深地亲近我,相信我,我背叛他会是不吉祥的。即或是一死,我也不能变心。望您代我感谢项王。"

武涉离去后,齐国有个名叫蒯通的能言善辩的智术之士,深知天下局势的关键在于韩信,想要用奇谋妙策来打动他,便以给人看相为名前来劝说韩信道:"我曾跟名师学习过给人看相的方法。"

"先生怎样给人看相?"韩信问。

"人的贵与贱在于骨法(即骨格、骨相),忧与喜在于气色,成与败在于决断,用这三个方面相互参照,可以说万无一失。"

"好。请先生为我看看相。"

"愿稍屏左右的人。"蒯通说。

"左右的人都退下去了。"韩信说。

蒯通见左右的人都已退下,便开口说道:"相看您的面,不过是封侯;相看您的背,却是贵不可言。"

韩信听蒯通说自己的相貌贵不可言,心中十分高兴,便急切地问道:"这是什么意思?"

蒯通见韩信急切地向自己询问,这才振振有词地转入正题说:

"天下刚刚发难反秦的时候,各路的英雄豪杰建号称王。一声呼唤,天下的志士云聚,像鱼鳞那样密集相从,如同火花迸发四射,狂风从八面聚起。当这个时候,忧患在于灭亡秦朝而已。如今楚汉相争,使天下无辜的百姓肝胆涂地,父子暴骨于中原,不可胜数。楚人起兵于彭城,转战各地,乘胜追击,至于荥阳,乘着有利的形势,势如卷席,威名震动天下。然而,楚兵困于京(今荥阳东南)、索之间,迫近成皋以西的山地而受阻不能前进,至今已有三年了。汉王统率十万军队,抵距于巩、洛,以山河为险阻,一日之中交战多次,未能取得尺寸的成功,屡遭挫败而不能自救,兵败于荥阳,负伤于成皋,于是败走于宛、叶之间,这正是交战双方智勇俱困的形势。锐气受挫于关塞险要,粮食竭尽于内府之中,百姓疲惫至极,怨声载道,人心动荡,无所依靠。

"据我料想,这种形势,如不是天下的圣人贤者,便不能平息这天下的祸乱。当今两位君主的命运都悬在您的手里,您助汉则汉胜,助楚则楚胜。我甘愿披肝沥胆,向您敬献愚计,担心的是您不能采用啊。如果真能听用我的计策,莫如使双方都不受到损害,使他们同时存在下去,三分天下,鼎足而立。在这种形势下,谁也不敢首先动手。以你的贤能圣德,又拥有众多的甲兵,占据着齐地,迫使燕、赵二国服从自己,顺应着百姓的愿望,向西制止楚汉相争,为天下百姓请命,天下百姓必定闻风而奔走相告，群起响应，谁敢不听从！然后分割大国，削弱强国，用来分封诸侯。诸侯既已树立，天下服从而听命，归功德于齐国。据有齐国的故地，占有胶河、泗水，用恩德来安抚诸侯，对士人谦恭有礼，如此天下的君王就会相继朝拜于齐国了。我听说上天所赐予的，如果不取来受用，反而会遭到惩罚；时机到来了，如果不采取行动，反而会遭受祸殃。愿您能深思熟虑这一问题。"

韩信听罢蒯通的一番高论，对蒯通说：

"汉王待我很优厚，把他自己的车给我乘坐，把自己的衣服给我穿，将自己的食物给我享用。我听说：乘坐别人的车就要替人家承担患难，穿戴别人的衣服就要替人家分担忧虑，食用别人的饭食就要为人家的事业而死，难道可以为图谋私利而背弃道义吗？"

蒯通见韩信被汉王的小恩小惠所笼络，便进一步劝解说：

"您自以为要好好地对待汉王，想要建立万世不朽的功业，我私下以为这就错了。当常山王张耳、成安君陈余还是平民百姓的时候，彼此之间可谓生死之交。后来因为张黡（yǎn）、陈泽的事发生分歧，二人结下怨仇。常山王反叛项羽，捧着项婴的头逃跑，归附于汉王。汉王借给常山王兵力令他与韩信一道向东进攻，终于将成安君陈余杀死在洨水之南，使陈余身首异处，被天下人所耻笑。这两个人当初是天下最要好的朋友，然而最终却彼此仇杀，这是什么缘故？祸患就在于贪欲多而人心难测啊。如今您一厢情愿地想要以忠信深交于汉王，但必定不能赶上张耳、陈余当初的交情深厚吧，而所涉及的事情和利害却要比张黡、陈泽大得多。所以，我以为您一定认为汉王不会危害于您，那就大错而特错了。大夫文种、范蠡使濒临危亡的越国得以保存下来，越王勾践因此而称霸于诸侯。功成名就之后，二人不是被杀而死，便是逃亡他乡。这就是所说的野兽既已被打尽，猎狗就要被烹食了。从交友来说，您与汉王比不上张耳与陈余；从忠信来说，您与汉王比不上大夫文种、范蠡对越王勾践的一片赤诚之心。这两个人的下场，足可以供您借鉴的了。愿您能深思熟虑这一问题。

"况且，我听说臣下的勇敢和谋略使君主感到震惊的，则自身危险；功劳冠于天下的，则无法进行封赏。请允许我谈一下大王的功绩和谋略：您东渡黄河，俘虏魏王，生擒夏说，率兵攻下井陉口要塞，诛杀成安君陈余，攻占赵国土地，威胁燕国，平定齐地，在潍水击溃楚国的二十万大军，东面杀死楚国大将龙且，西面向汉王报捷，这就是功劳之大，天下无有第二个人能比得上；而谋略之高，当世没有第二个人能超出于您。如今您拥有令君主感到震惊的威势，持有无法对您进行封赏的功劳，归附于楚，楚人不敢相信；归附于汉，汉人感到震恐。您想要持有这样的威势与功劳到哪里去安身呢？您处于臣子的地位却拥有使君主震动的威势，名声高于天下所有的人，我私下为您而感到危险啊。"

蒯通的这番议论，使韩信感到阵阵心寒，觉得一时无法明确向蒯通表态，便向蒯通辞谢说："先生暂且不要再讲下去了，我将考虑这件事情。"

蒯通深知韩信在军事上英勇果断，才能盖世，但在人事上却优柔寡断，犹豫不决，知道他很难在这个问题上下定决心。几天过后，蒯通又向韩信进言，敦促他当机立断，切莫错过良机。蒯通说：

"善于听取意见，可以得知事物的征兆；能够计谋思考，可以把握事物的时机。不善于听取意见和计谋思考而又能长久安然无事，那种情况是很少见的。善于听取意见而很少失误的人，难以用闲言碎语去惑乱他；善于计谋而不本末倒置的人，难以用花言巧语去扰乱他。甘心为他人做养马之类差事的人，就会失去取得君权的机会；留恋微薄俸禄的人，必然得不到卿相的职位。所以说智者在于能够决断，而犹豫不决则是事情的祸害。在细小的事情上用尽心思，就会在大事上有所遗失。智慧足以洞察事物，但决定了又不敢果断地去实行，这就是百事的祸害根源。所以说，猛虎的犹豫不决，不如黄蜂、蝎子的敢于放刺；骏马的踯躅不前，不如劣马的慢步行走；勇士孟贲的犹豫不决，不如庸夫的必定要达到自己的目标。虽然有舜、禹那样的智慧，但是闭口不言，不如聋哑人的手势比画。以上都是说贵在采取行动。功业都是难于有成而易于失败，时机总是难于得到而易于失去。时机啊时机，失去了就不会再来，愿您仔细地考虑这一问题。"

韩信虽然犹豫不决，但终归仍然是不忍心背叛汉王，又以为自己的功劳很大，汉王终究不会夺去他的齐国，于是谢绝了蒯通。蒯通见自己的计谋不被采纳，为了日后免受祸患，便装疯做了巫师。

不久，韩信率大军参加了垓下会战。然而项羽一死，他便被剥夺兵权，并被迁徙为楚王。但是，这还未能使韩信觉悟，仍幻想提着钟离昧的人头去面见皇帝，便会安然无事。直到成了囚徒，韩信才想起了武涉、蒯通在一年多前对他的劝告，然而此刻已是时过境迁、为时已晚了。

汉高帝回到洛阳，由于没有查出韩信谋反的有力证据，便赦免了他，封他为淮阴侯。

直到这时，韩信才知道汉王畏惧和厌恶自己的才能，便常常借口身体有病而不肯参加朝见和侍从。从此之后，韩信日夜怨恨，平时总是居于家中，闷闷不乐，以自己与周勃、灌婴等人并列于侯而感到羞耻。一日韩信路过樊将军家门，进去拜访樊哙。樊哙用跪拜的礼节迎来送往，口称"大王竟肯光临臣下的家门！"韩信对樊哙这句话很敏感，以为是在嘲讽他。出了樊哙的家门，韩信自言自语地苦笑道："我一生竟与樊哙这等人处于同等地位!"

在都城,汉高帝曾同韩信闲谈各位将领才能的高低,认为各有短长。高帝问韩信:"你看我能带多少兵作战?"

"陛下不过能带十万。"韩信答。

"那你呢?"高帝问。

"我是越多越好,多多益善啊!"

"多多益善,为什么还被我擒拿?"高帝笑着问。

"陛下不善于带兵,却善于驾驭将领,这就是我韩信被陛下擒拿的缘故。况且,陛下的才能是上天所赐予,不是人力所能做到的。"

在京城居住期间,韩信曾受命与张良一道序次各家兵书。然而,韩信最终还是难逃被诛杀的命运。

九　北征陈豨

陈豨(xī)是宛朐(今山东曹县西北、荷泽市西南)人,他最初跟随汉王刘邦的时间已不得而知。汉高帝七年冬,韩王信反叛,兵败逃入匈奴。高帝亲征匈奴,从平城返回后,陈豨因多次随同高帝平定叛乱有功,受封为列侯(《史记·高祖功臣侯者年表》说,汉高祖六年正月,于攻破臧荼之后封陈豨为阳夏侯,与此处说法不同),以赵国相国的身份统率赵国、代国的部队,北部边境的部队都归他统领。

据《史记·淮阴侯列传》记载,陈豨被任命为巨鹿郡郡守(说法与《史记·韩王信卢绾列传》记载不同),赴任前曾到韩信府上辞行。韩信拉着陈豨的手,避开左右的人同他庭院中慢步,仰天长叹道:"有句话可以跟您讲吗?有些话想同你谈谈。"

"一切听从将军的盼咐。"陈豨答。

"您所驻守的,是天下精兵聚集的地方;而您,又是陛下所亲幸的大臣。有人说您反叛,陛下必定不会相信;如果消息再次传来,陛下就会怀疑你了;若是消息再三传来,陛下必定大怒并率大军亲征。这时,我为您从京城起兵做内应,如此天下便可以图谋了。"

"一定遵命照办。"陈豨向韩信保证说。

陈豨平时仰慕魏国公子信陵君的养士之风,待到他出任赵国相国守卫边境,休假回家乡时路过赵国,赵相国周昌看到随从的宾客座车有一千多辆,都城邯郸的官舍都住满了。陈豨用民间交往的礼节对待宾客,总是谦卑待人。陈豨返回代国后,周昌请求进京朝见。拜见汉高帝时,周昌详细地谈到陈豨门下的客宾甚多,在外地掌握重兵已有好几年了,恐怕发生变故,皇帝令人调查陈豨的宾客于代地在财物方面的许多违法的事,事情多牵连到陈豨。陈豨恐惧,暗中让宾客派使者到王黄、曼丘臣的驻地。

待到汉高帝十年七月,太上皇驾崩,派人召陈豨回京,陈豨推托说病得厉害,没有应召入京。九月,陈豨与王黄等人反叛,自立为代王,劫掠赵国、代国的土地。

汉高帝得知陈豨反叛并自立为代王的消息后,宽恕了赵、代两国被陈豨蛊惑或挟持胁迫的官吏,一律赦免了他们。高帝率领大军亲征,到达邯郸后高兴地说:"陈豨不是控制邯郸南边,守住漳水北面的邯郸,可知他不能有所作为。"

赵相周昌奏请斩杀常山郡的郡守、郡尉,说道:

"常山郡有二十五座城邑,陈豨反叛后,丢掉了二十座。"

"郡守、郡尉反叛了吗?"高帝问。

"不曾反叛。"周昌答。

"那是他们的力量不足以对付陈豨呢。"

汉高帝赦免了他们的过失,恢复他们的郡守、郡尉职务。

"赵国也有壮士可以带兵作战吗?"高帝问。

"有四名壮士。"周昌答。

周昌所推荐的四名壮士拜见高帝,高帝骂道:"小子们能做将领吗?"

四名壮士惭愧地拜伏地上,不敢抬头。

高帝封四名壮士为千户,任命他们为统兵将领。高帝左右的人见四名壮士不曾立有丝毫战功,又不知是否真有本事,却受封千户,大惑不解,便向高帝劝谏说:

"跟随陛下入蜀郡、汉中以及伐楚作战的有功人员,还未能普遍得到封赏,今日这四人凭什么功劳受封?"

"这不是你们所能知道的!陈豨反叛,邯郸以北都被陈豨所占有,我发出紧急公文征调天下的军队,可是至今却没有人到来,如今只有邯郸城中的兵力而已。我怎能吝惜这四千户封赏,不用来抚慰赵地的子弟!"

左右的人听皇帝这么一讲,立即茅塞顿开,都说:"太好了。"汉高帝又问:"陈豨的将领是什么人?"

左右的人回答说:"是王黄、曼丘臣,都是商人出身。"

"我知道怎么办了。"汉高帝下令悬赏千金购求王黄、曼丘臣等人。

汉高帝十一年冬,汉军在曲逆(今河北完县东南)击败并斩杀陈豨的部将侯敞,在聊城(今山东聊城县西北)击败陈豨部将张春所率领的部队,斩首万余人。太尉周勃率军平定太原、代地。

同年十二月,汉高帝亲自率大军攻击叛军所占据的东垣城,一时未能攻下。有的守城士卒在城楼上辱骂汉高帝,高帝在城下颇为恼怒。

不久，东垣城守军将领开门投降。汉高帝入城后，那些辱骂过皇帝的士卒一律被斩首，未曾辱骂的士卒一律施以黥面，以示惩罚，并下令将东垣城改名为"真定"。王黄、曼丘臣等人因部下有人为得到赏金而被活捉，陈豨的叛军终于失败。

汉高帝从河北返回洛阳，说道："代在常山郡北，赵国却从山南去统治它，太远了。"于是，立薄姬所生的儿子刘恒为代王，定都于中都（今山西平遥县西南），代郡、雁门郡都隶属于代王管辖。代王刘恒于后来平定诸吕叛乱之后，被迎立为皇帝，即汉文帝。

汉高帝十二年冬十月，太尉周勃平定代郡、云中郡，斩陈豨于当城（今河北蔚县东），陈豨叛乱被完全平定。

十　东征黥布

汉高帝五年，黥布归附汉王刘邦。同年，参与了垓下会战。刘邦即皇帝位，正式分封黥布为淮南王，都于六，封地辖有九江、庐江、衡山、豫章四郡的土地。在异姓诸侯王中，以淮南王黥布的封地和人口为最多，具有较强的势力。

汉高帝七年，黥布到陈县朝见高帝，楚王韩信被擒。

汉高帝八年，黥布到洛阳朝见皇帝。

汉高帝九年，黥布到长安朝见皇帝。

待到汉高帝十一年冬，吕后与相国萧何用计谋杀死淮阴侯韩信。同年夏，梁王彭越又被诛杀，并将彭越的尸体剁成肉酱，分赐给诸侯。当彭越的肉酱被送至淮南国时，黥布正在郊外打猎。黥布见到罐子里的肉酱，大为惊讶，顿生兔死狐悲之感。黥布与韩信、彭越都参加了秦末农民大起义，在楚汉战争中，都是独当一面的统兵将领，实力很强,是刘邦击败项羽所依靠的主要力量。没有这三支力量,刘邦是不可能打败项羽的。三人有着类似的经历,在楚汉战争中都发挥过重要的作用,又都不是汉王的嫡系部队,是汉王联合反楚的主要对象,确实是"同功一体之人"。因此,黥布见韩信、彭越接连被汉高帝所诛杀,他怎能不恐惧万分?

黥布在见到彭越的肉酱后,自知大祸即将临头,便暗中派人集结并部署军队,侦察邻近郡县的动静,以防意外情况的发生。

这时,一件意外事情的发生,导致了黥布的起兵反叛。

黥布有个宠幸的爱妾,偶然患有小病,请医师诊治。医师的家同侍中大夫贲赫的家门相对。爱妾多次到医师家看病。贲赫以为自己是淮南王的侍中,向医师送了很贵重的礼物,随爱妾在医师家饮酒。一次,爱妾在侍奉淮南王时,闲谈中谈到贲赫,称他是个忠厚老实的人。黥布听爱妾称赞贲赫,见爱妾谈话时的表情,心中产生疑惑,便很不高兴地问道:"你怎么知道他是个忠厚老实人?"爱妾便把贲赫向医师送礼并且同在医师家饮酒的事,一五一十地向黥布述说了一番。谁知黥布听后醋意大作,怀疑爱妾与贲赫有淫乱行为。

贲赫是黥布身边的近臣,很快便得知淮南王为饮酒一事发怒,十分恐惧,便推托有病,不再到府中履行公务。黥布为此更加恼怒,想要逮捕贲赫。贲赫感到大难即将临头,为免遭一死,决定上告黥布谋反,并连夜逃出城中,乘坐驿车星夜直奔长安。黥布发现贲赫逃走,立即派人追赶,但没有追上。贲赫到达长安后,上书告发黥布有种种谋反的迹象,可以在发动叛乱前将他诛杀。汉高帝看过贲赫告发黥布的上书,将此事告知相国萧何并询问对策,萧何说:"黥布不应当有这样的事,恐怕是仇家有意诬陷他。请先把贲赫拘禁起来,再派人侦察淮南王的情况。"

黥布确实在聚结部队，而贲赫的出逃，黥布便怀疑他已经把淮南国中的秘密情况，向皇帝进行告发；待到朝廷使者来到淮南国，黥布认为贲赫确已向朝廷告密，便将贲赫一家人杀死，起兵反叛朝廷。朝廷得到黥布反叛的报告，汉高帝赦免了贲赫，任命他为将军。

　　黥布原是项羽部下勇冠全军的猛将，所辖有的封地又大，且已经营多年，如今举兵反叛，汉高帝不能不分外重视。高帝得到黥布反叛的消息，立即召集诸将领商讨对策，他向诸将问道："黥布已举兵反叛，对他应如何处置？"

　　"发兵出击，坑杀这小子算了，他能成什么气候！"众将领回答说。这时，汝阴侯夏侯婴把原楚国的令尹召来，向他询问对策。令尹说："他本来会造反的。"

　　"皇上割地封他为王，赐爵位使他显贵，他因此得以南面称孤，做大国的国王，如今为什么要反叛？"夏侯婴问。

　　"去年杀了彭越，前年杀了韩信，他与彭、韩等人的情况极为相似，三者可以说是同功一体之人。彭、韩的被杀，使他怀疑大祸将要降临到自己的头上，所以他就造反了。"

　　夏侯婴同楚令尹交谈过后，向汉高帝进言说：

　　"我原来的门客、原楚国令尹薛公，这个人很有计谋，可以向他询问讨伐黥布的对策。"

　　汉高帝召见薛公，询问讨伐黥布的对策，薛公回答说："黥布反叛是不足为怪的。如果黥布出于上策，山东六国的故地就不是汉朝所有了；如果出于中策，谁胜谁负的命运尚未可知；如果出于下策，陛下便可以高枕而无忧了。"

　　"什么是上策？"汉高帝问。

　　"向东攻取吴国，向西攻取楚国，同时兼并齐国，夺取鲁地，再乘胜向燕国和赵国发出一道文书，牢固地守住上述这些地方，山东六国的故地就不是汉朝的了。"

"什么是中策？"汉高帝又问。

"向东攻取吴国，向西攻取楚国，兼并韩国，夺取魏地，据有敖仓的粮食，封锁成皋的要道，谁胜谁负的命运就不好说了。"

"什么是下策？"汉高帝再问。

"向东攻取吴国，向西攻取下蔡，把贵重的东西放到南越，在自己不利的时候投奔长沙王，如此陛下只管安稳地睡觉，可以安然而无事。"薛公一连回答了汉高帝的三次发问。高帝见薛公分析得条条是理，又进一步问道："黥布究竟会采用哪一条计策？"

"采用下策。"薛公答。

"黥布为什么会不用上策、中策而采用下策？"高帝问。

"黥布原是修建骊山陵墓的一名刑徒，自己做了大国的国王，这都是为着自己，而不懂得为百姓着想，考虑到子孙后代。所以说他一定会采用下策。"薛公答。

汉高帝称赞薛公讲得很好，封他千户。

黥布的反叛，是汉王朝政权建立后所面临的一次严重的挑战，因而汉高帝在反击之前不得不在战略上做出充分的筹画。然而，在采取军事行动之前，汉高帝却病倒了。按以往的惯例，汉高帝当然要率大军亲自东征；但时时作痛的病体使他感到难以亲临前线，便想要派太子刘盈代表他担任讨伐叛军的主帅。消息传出后，太子门下的四位原来隐居于商山的年长门客东园公、绮里季、夏黄公、角里先生即所谓"商山四皓"得知这一消息后，便在一起商量道：

"我们来到太子的门下，是想要保全太子；如果派太子担任讨伐叛军的主将，事情就危险了。"

为解决这个难题,四人便去找太子的舅父建成侯吕泽,对吕泽说道:"太子领兵与叛军作战,如果立有战功,那权位也不能再超过太子;如果无功而还,那从此就要遭受祸患了。况且同太子一同出征的将领们,过去曾经是同皇上一道平定天下的猛将。如今使令太子统领他们,这无异于让绵羊来统领狼群,是不会听从太子的调遣,为太子而卖力的,如此太子必定不能建立战功。我听说'爱其母必抱其子',如今戚夫人日夜侍奉皇上,赵王如意经常被戚夫人抱到皇上的面前,皇上也说'终究不能让我那个不才的儿子(指太子刘盈)位居于我所喜爱的儿子(指赵王如意)之上'。很明显,这是要以赵王来替代太子为继嗣了。您为什么不急速请吕后找个机会在皇上面前哭泣着说:'黥布是天下的猛将,善于统兵作战。诸将都是陛下以前的同辈,您使令太子统领这些人,无异于使羊统领狼,不会有人肯为太子卖力的。况且使令黥布得知这一情况,就会大张旗鼓地向西进犯。皇上虽然有病,可以勉强乘坐在卧车之中,仰卧而监督将领们,将领们谁敢不尽力作战?如此皇上虽然劳苦,但为了妻子儿女,还是得勉强地尽力而为啊。'"于是,吕泽当夜便去见吕后,把太子四位门客教给他的那番话讲给吕后,吕后又寻找机会在汉高帝面前把吕泽转告他的那番话哭泣着说了一遍。汉高帝听吕后这么一讲,便安慰她说:"我也认为这小子不足以派遣,还是老子再走一趟吧。"

于是,汉高帝亲自统率大军向东进发,留守的大臣们,都相送到郊外的灞上。留侯张良当时患病,也勉强起身相送到曲邮(今陕西临潼县东),临别时对汉高帝说:"我本应随从,无奈病情太重了;楚人勇猛凶悍,望皇上不要与楚人争锋。"

接着,张良又趁机向皇上说:"应任命太子为将军,监领关中的部队。"

"子房,您虽病重,也要勉强地辅佐太子啊。"高帝也向张良嘱托说。

当时,叔孙通任太子太傅,留侯张良兼任太子少傅职务。

黥布在举兵造反之初,对他部下的将领们说:"皇上已经年老了,心里厌战,这次必定不能亲自前来。他所能派遣的将领们,我只怕淮阴侯韩信和梁王彭越,可如今他们都死了,其余的都不足畏惧。"

黥布举兵造反后,果然像薛公所说的那样,向东进攻荆国。荆王刘贾与黥布的部队交战,未能取胜,逃往富陵(今江苏盱眙县东北),被黥布的军队所杀。荆王的部队都被黥布所劫持,黥布又渡过淮河进攻楚国。楚国发兵与黥布在徐(今江苏洪泗县南)、僮(今安徽泗县东北)之间交战。楚国把军队分为三支部队作战,想要以此来相互支援,出奇制胜。有人向楚国将领建议:"黥布善于用兵,百姓向来都畏惧他。况且兵法上说:诸侯在自己的国土上同敌人作战,稍有不利便容易逃散。如今把部队分为三支,他们打垮我们一支,其余的两支便都会逃跑,哪里会相互救援?"楚国的将领没有听取这一建议。黥布果然击溃其中的一支部队,其他两支部队也都随之瓦解了。

黥布乘胜向西推进,在蕲县西面与汉高帝所统率的大军相遇于会甄(乡名,在今安徽宿县东南)。黥布所统率的部队十分精锐,高帝固守于庸城。在壁垒之上,高帝瞭望黥布列阵如同项羽的军阵,勾想起十多年前与项羽争战时令人胆战心寒的一幕幕往事,心里很是厌恶。汉军的壁垒与黥布的军阵相距颇近,当黥布布阵完毕后,在阵前抬头向汉军壁垒望去,恰好同城楼上的汉高帝打个照面。汉高帝似乎带有几分深情地高声向黥布喊道:"将军何苦要造反?"汉高帝这句明知故问、言不由衷的问话,意在瓦解黥布和他部下将士的士气。而正在气头上的黥布,却愚蠢而鲁莽地正中高帝的计策,喊道："想做皇帝罢了。"

汉高帝也没有想到黥布竟会如此蔑视地回答，便破口大骂黥布。黥布的这句话，不仅激怒了汉高帝，高帝部下的一些老将们也被黥布的狂妄无礼所激怒，况且这又是在皇帝面前逞能立功的大好机会，因而壁垒上汉军将士个个义愤填膺，在高帝的命令下达后，一齐以排山倒海之势冲向黥布的军阵。

愚蠢而鲁莽的黥布，自恃作战勇猛无敌，没料到自己脱口而出的"想做皇帝罢了"这句话，立即把汉军的士气发动起来，可谓是惹火烧身。黥布的精锐部队是汉军不可以比拟的，他所布的军阵也无可挑剔，然而汉军的士气高涨，而自己军队的士气却是一如平常，因而交锋之后，黥布的军队立即被冲垮，兵败如山倒。在汉军勇猛的攻击下，黥布的部队节节败退，溃不成军，遭到了惨重的失败。

黥布在举兵反叛后，已占有荆国、楚国，形势对他是颇为有利的。然而，他没有料到与汉高帝所统领的东征大军一经交锋，便遭到如此惨重的失败。在形势不利的情况下，黥布没有向荆国、楚国撤退，以便寻找机会再与汉军交战，而是像薛公所预料的那样，选择了向南退走的下策。黥布兵败后渡过淮河向南撤退，撤退中曾多次停下来仓促地与汉军交战，但总是不顺利，一直未能站稳脚跟，而且他所统率的精锐部队也已损失殆尽，最后只带领百余人逃到长江以南。

长江毕竟是一道天堑，汉军追击到长江北岸，一时无法渡江继续追击。

黥布在走投无路的情况下，果真像薛公所预料的那样去投奔长沙王，以为这是自己唯一的生路。黥布投奔长沙王，是因为当年陈胜、吴广首倡反秦起义之时，黥布曾投奔番君吴芮，共同起兵反秦。当时，吴芮还把女儿嫁给黥布为妻。秦帝国灭亡后，项羽封吴芮为衡山王，封黥布为九江王。楚汉战争爆发后,黥布叛楚归附汉王,项羽把黥布的这位妻子杀害了。当黥布兵败投奔长沙时,吴芮早已死去,嗣立的是长沙哀王吴回(一说是长沙成王吴臣)。

长沙哀王吴回对黥布没有什么好感,关系亦不密切。他见黥布带领百余人亡命而来,怎肯为收留他一人而惹怒大汉皇帝,危害自身。于是,长沙哀王派人欺骗黥布,假装同他一道逃跑,引诱他逃往南越。黥布信以为真,跟随着逃到了番阳(今江西波阳县东)。番阳人在兹乡(波阳县境内乡名)的一个农家田舍中将黥布杀死。这位在秦汉之际勇冠三军、战功赫赫的一代枭将,便如此地结束了自己的一生。反叛汉王朝的黥布终于被灭掉了。

汉高帝封皇子刘长为淮南王,封贲赫为期思侯,随同高帝东征的将领们也都因战功得了不同的封赏。

淮南王黥布身死国除,汉高帝所分封的异姓诸侯王除了地处偏远、势力最小,又一向忠于汉王室的长沙王外,其余均已被消灭。西汉王朝的异姓诸侯王势力,至此已基本上被铲除了。

第九章
刘氏家族　吕后内助

　　刘邦所成就的帝王之业，除了趁时乘势之外，主要是得力他手下一大批文臣武将的辅佐。此外，他的结发妻子吕雉也为汉帝国的巩固做了不少她力所能及的大事；至于他所宠幸的戚夫人，后来的命运竟是那样的悲惨。

一　太公高寿

刘邦的父亲，人称刘太公，原是一位农户人家的老汉。刘邦排行老三，他的大哥早卒，二哥后来受封立为代王，后来因匈奴攻代，刘仲逃归，废为合阳侯。刘邦受封为汉王的那年，已是五十一岁。刘邦既然是老三，太公比刘邦至少年长二十五岁左右，此时应是七十六岁左右的高龄。

刘邦长大成人后，因为不治产业，太公对他的三儿子颇有怨言，但也无可奈何。沛县起兵后，秦军的势力没有到达过沛县。在反秦战争中，父亲太公和妻子吕雉一直是居住在家乡，倒也是安然无事。

刘邦受封为汉王不久，便起兵还定三秦。第二年四月，刘邦率诸侯攻下楚都彭城，但随即被项羽击溃，刘邦仅与十余名骑兵逃出重围。这时，刘邦想路过家乡把父亲、妻子、儿女一家人接走。此时因项羽也派人捉拿刘邦家室，家人早已逃散。在逃亡的路上，刘邦遇到了女儿、儿子。而太公、吕雉在审食其的护送下抄小路逃走，却被楚军截获。从此，太公、吕雉便被项羽作为人质，置于军营之中，审食其仍负责照料太公。直到汉王四年九月，刘邦与项羽订立以鸿沟为界而中分天下的和约，太公、吕雉才获得释放，与家人团聚。太公在项羽军营中以人质的身份度过了三年多的艰难岁月，他日夜思念的是儿子刘邦；至于他自己，生死早已是置之度外了。

五个月过后，刘邦即皇帝位，此时太公已是八十岁上下的老人了。太公早年一直从事田间劳动，性格又颇为豁达，虽已年届八十，身体却很硬朗。汉高帝即皇帝位后，每隔五日便按照平常人家父子间的礼仪朝见太公一次。太公的家令为此劝太公说："天无二日，地无二王。

如今皇上虽然是您的儿子，却又是天下人的君主；您太公虽然是皇上的父亲，却又是他属下的臣民，怎可使令君主拜见人臣呢？如此，会使皇帝失去威严。"

太公遵照家令的劝告，当汉高帝再次来朝见时，抱着扫帚到门口清扫道路，表示迎接；同时倒退着行走，迎接高帝入门。汉高帝见此情景，大吃一惊，赶忙下车来扶太公。太公对高帝说："皇帝是天下人的君主，怎可以因为我乱了天下的法度？"

汉高帝心里明白，太公的举动和方才讲述的这番言语，一定是家令教给的。为奖赏这位家令，高帝赐给他五百斤黄金。

五月丙午日，汉高帝向天下发布了尊太公为太上皇的诏书，这道诏书的原文如下：

人之至亲，莫亲于父子，故父有天下传归于子，子有天下尊归于父，此人道之极也。前日天下大乱，兵革并起，万民苦殃，朕亲被坚执锐，自帅士卒，犯危难，平暴乱，立诸侯，偃兵息民，天下大安，此皆太公之教训也。诸王、通侯、将军、群卿、大夫已尊朕为皇帝，而太公未有号。今上尊太公曰太上皇。

西汉一朝，统治者推崇孝道，"以孝治天下"。追本溯源，与这道诏书不无关系。

在汉高帝在位期间，刘老太公可谓享尽了晚年的清福。在未央宫落成的盛大宴会上，高帝十分高兴，兴致勃勃地手捧玉杯起身向太上皇祝寿，同时开玩笑说："大人以前说我没出息，不会经营产业，不如二哥有能力。如今我成就的产业同二哥相比，究竟谁的大呢？"

殿上的群臣们知道皇帝出于高兴，同太上皇说句笑语，便都随着高呼万岁，大笑着取乐助兴。

汉高帝在大封同姓诸侯王的时候，唯有他大哥的儿子没有受封为王侯。太公见自己的大孙子没有得到封赏，感到很奇怪，便问汉高帝是怎么回事，是不是把这个侄儿给忘记了。汉高帝回答说："我怎敢忘记大哥留下的这位侄儿，只是因为他的母亲太不忠厚了，所以没有封赏。"

汉高帝是指他身为平民百姓的时候，常常因为躲避官司，时而与宾客们到寡居的大嫂家混饭吃。大嫂讨厌他带领这么多的宾客同来，便说锅中已无有饭菜，宾客们因此而离去。宾客离去后，刘邦见锅中仍有饭菜，因此而怨恨大嫂，以至于多年过后还没有忘记这件令他怨恨的往事。然而，太公既已过问此事，再思念起早亡的兄长，汉高帝还是封赏他大哥的儿子刘信为羹颉侯。

汉高帝十年五月，年近九十岁的太上皇老死于栎阳宫，楚王、梁王都前来送葬，大赦栎阳囚犯。

二年过后，汉高帝刘邦也死了。

二　妻妾众多

刘邦是西汉的开国皇帝，史称"好酒及色"，因而他自被立为汉王之后，拥有众多的姬妾是不足为怪的。

刘邦年近四十与吕雉结为夫妻。在此以前，他的外遇不可能只是一人。据史书所载，刘邦与吕雉结婚以前，同他保持非正式夫妻关系而同居的有曹氏。曹夫人为刘邦生有一子，这便是后来受封为齐王的刘肥。刘邦于沛县起兵后，由沛公、汉王而即皇帝位，而有关曹夫人的情况，史书并无记载。

刘邦的结发妻子吕雉以及他所宠幸的戚姬，本章下文将专门谈及。

薄姬是汉文帝的生母，因而有关她的情况史书有简略的记载，同时也涉及刘邦的另外两名姬妾即管夫人与赵子儿。

薄姬的父亲是吴地人，秦王朝时与原魏国宗室的女儿魏媪私通，生下了薄姬。薄姬的父亲死后葬于会稽郡山阴县。秦末农民大起义爆发后，魏豹被立为魏王，魏媪将女儿纳入魏王宫中。楚汉战争爆发后，刘邦与项羽曾长期相持于荥阳。魏豹起初与汉王一道击楚，后来听许氏说薄姬日后当生养天子，心中暗喜，便背叛汉王而中立，后来与楚国联合。汉王派曹参等将领击败并俘虏魏王豹，将魏国改为郡县，因而薄姬便以俘虏的身份被送到汉王的"织室"。织室是汉王朝掌管皇帝丝帛制造的官府，薄姬被送入织室，当然是充当丝帛织造的女工。一日，汉高帝到织室视察，见薄姬相貌端正，举止文静，便诏令将薄姬调出织室，纳入后宫。

汉高帝后宫姬妾颇多，他下达这道命令后，便把薄姬忘到一边去了。因而薄姬入后宫一年有余，始终未能得到皇帝的召见。在后宫中，薄姬遇到了少年时的女伴管夫人与赵子儿。当年，三人曾相处得很好。一次，彼此发誓说："日后有谁先得尊贵，可不能相互遗忘啊。"

后来，管夫人与赵子儿先得幸于汉王刘邦。汉王四年的某一天，汉王在河南成皋的灵台上闲坐，管夫人与赵子儿侍奉皇上。汉王发现二位美人你看我，我看你，笑而不语，感到很奇怪，便询问是何缘故。管夫人与赵子儿便把与薄姬少年时相约的誓言向皇帝从头到尾讲述了一遍，高帝这才想起了从织室召入后宫的薄姬，心中凄然伤感，对薄姬的遭遇甚为怜悯。当时，高帝召见薄姬，薄姬答对说："昨晚妾做了个梦，梦见有条龙盘踞在妾的胸上。"

"这是个显贵的征兆，今日我就为你成全了吧。"汉王说。

当晚，薄姬被留下侍寝，后来果然怀孕，生下一名皇子，取名"恒"。刘恒8岁，被立为代王。薄姬自生子后，汉高帝很少召见她。正因为如此，高帝死后，吕后因薄姬一向未能得到皇帝的宠幸，没有加害于她，薄姬被允许随同代王一道到代地就国。后来，诸吕叛乱被平定，大臣们以薄氏"仁善"，迎立代王刘恒为皇帝，是为汉文帝。

赵姬是淮南王刘长的生母，原是赵王张敖宫中的美人。汉高帝八年，韩王信反叛，汉高帝率兵前往东垣一带围剿韩王信叛军的残部，路过赵都邯郸。赵王向高帝献美人侍寝，这个美人便是淮南王的生母赵姬。赵姬因侍寝高帝怀孕，赵王不敢将赵姬再纳入自己的宫中，便下令建筑外宫，使赵姬居住其中。待到贯高等人谋刺汉高帝的阴谋被发觉后，赵王及其家人包括赵姬在内，同时被逮捕，押送至河内郡治罪。赵姬被捕后便告诉狱吏说："日前曾侍奉皇上，现怀有身孕。"

狱吏将此事上报皇上，高帝此时正为赵王谋刺一事而怒气未消，对赵姬怀孕一事也未予理会。赵姬的弟弟通过辟阳侯审食其上报吕后，吕后因嫉妒而不肯告知高帝，审食其也不好为此事在吕后面前力争。

不久，赵姬临产，生下一个男孩。在狱中，赵姬为此事未能得到皇上的过问，十分气愤，于是自杀而死。狱吏抱着赵姬生下的这位皇子去面见汉高帝，高帝为赵姬自杀而死一事感到很后悔，令吕后抚养这个皇子，命名为"长"。同时，把赵姬安葬在真定，真定是赵姬的家乡。

在刘邦的众多妻妾中，除了上述知名的曹夫人、吕后、戚姬、薄姬、赵姬、管夫人以及赵子儿等七人外，其余姬妾的姓名和位号，均不见于史书的记载。汉高帝的皇子如赵幽王刘友、赵共王刘恢、燕灵王刘建等人，究竟是高帝的哪位姬妾所生，已不得而知。

三　高帝八男

汉高帝共有八个皇子，论年龄以庶出的刘肥最长。

刘肥的生母曹氏，是刘邦与吕雉结婚前的非正式妻子，刘肥系刘邦与曹氏同居时所生。汉高帝六年，刘邦分封诸侯，齐王韩信被徙为楚王。同年十二月，有人上书告发韩信谋反，汉高帝采用陈平计谋在陈县逮捕了韩信。当天，大赦天下。田肯向前祝贺，同时向汉高帝进言说：

"陛下擒得韩信，又在关中建都。关中秦地，形势险要，是形胜之地，它以山河为险阻，与各诸侯远隔千里。如果各诸侯国以百万士兵来攻，秦地只要用两万士兵就足以抵挡取胜。凭借着地势上的便利，从这里向各诸侯国用兵，犹如在高屋顶上向瓦沟里倒水一样，高屋建瓴，势不可挡。而东方的齐国，它东有琅邪（今山东诸城县）、即墨，物产富饶，南有坚固险要的泰山，西有黄河以为阻隔，北有渤海的鱼盐之利，土地方圆两千里，也与西面的诸侯国远隔千里，如果各诸侯国以百万士兵来攻，齐地只要用二十万士兵就足以抵挡取胜。所以，这两个地方可称为西秦、东齐。如果不是陛下嫡亲的子弟，是不可封为齐王的。"

汉高帝称赞田肯讲得好，赏给他黄金五百斤。

像齐国这样富饶的战略要地，即或是没有田肯进言，汉高帝也是不肯分封给异姓诸侯王的。韩信被由齐王徙为楚王，便说明了这一点。然而，汉高帝的皇子，刘盈已被立为太子，其余的都年纪幼小。想来想去，唯有他同曹氏所生的刘肥年龄最长，早已成年，因此立刘肥为齐王，是为齐悼惠王，食邑七十余座城邑。在同姓诸侯王中，以齐王刘肥所辖的土地和人口为最多。

汉高帝死后，孝惠帝二年（公元前193年），齐悼惠王刘肥进京入朝。惠帝与齐王在吕太后面前宴饮，按照家人的礼节，惠帝请兄长刘肥坐在上座。吕太后为此而大怒，派人酌两杯毒酒置于前，令齐王起身祝寿。齐王起身，惠帝也起身，想要一同为太后祝寿，太后恐惧，怕惠帝饮下毒酒，起身将盛有毒酒的酒杯弄翻。齐王刘肥见此情景感到很奇怪，因而不敢饮酒，便假装醉酒而离开宴席。事后询问，刘肥得知杯中是毒酒，很是忧愁，自以为无法逃出长安了。这时有一个名叫士的内史向刘肥献计说："太后只生有皇上与鲁元公主，如今大王的食邑有七十余座城池，而公主的食邑只有数城。大王果真能把辖境内的一郡土地献给鲁元公主为汤沐邑，太后必定高兴，大王也就不会有祸患了。"

于是，齐王刘肥献上城阳郡，尊鲁元公主为王太后，按事奉母亲的礼仪事奉鲁元公主。吕太后高兴地答应了这一请求，置酒设宴，允许刘肥回到自己的封国。十三年过后，刘肥病死，其子刘襄嗣齐王位。

刘盈是吕雉所生，汉王二年被立为太子，汉高帝死后继承帝位，是为汉惠帝。

刘如意是戚姬所生，九岁被立为赵王。有关如意的情况，本章下文将专门谈及。

刘恒是薄姬所生，八岁时被立为代王。诸吕叛乱被平定后，被迎立为皇帝，是为汉文帝。

刘长是赵姬所生。汉高帝十一年，淮南王黥布反叛，高帝率大军亲征，击灭黥布，当即立刘长为淮南王。刘长早年失母，由吕后抚养下长大，常依附于吕后，吕后与汉惠帝待他很亲近，没有遭受到什么祸患，只是心中常怨恨辟阳侯审食其。然而，因审食其与吕后有着特殊的亲近关系，不敢发难。待到汉文帝刘恒即位后，高帝的八个皇子只剩下他与刘恒二人，自以为与皇上最为亲近，骄横不顺，多次有不法行为，汉文帝每次都赦免了他。汉文帝三年，淮南王刘长入朝，甚为骄横。他随同汉文帝入上林苑打猎，与皇帝同乘一车，经常称皇上为"大兄"。刘长又力大无穷，力能举鼎。为替生身母亲报仇，刘长亲自到辟阳侯家门，当审食其出门迎接他时，他用藏在衣袖中的铁锥直刺辟阳侯，命令随从人员将辟阳侯的头割下来。

杀死辟阳侯审食其，刘长急驰入宫，向汉文帝请罪说：

"臣的母亲不应当受到赵王一案的牵连而法办，辟阳侯最受高后的宠幸，然而他不力争，这是第一条罪状；赵王如意母子都没有罪过，高后杀害他们时，辟阳侯也不力争，这是第二条罪状；高后封吕氏家族的人为王，想以此来危害刘家的王室，辟阳侯也不力争，这是第三条罪状。我替天下人铲除奸贼辟阳侯，为母亲报仇，谨跪伏在宫阙下请求惩处。"

汉文帝怜悯他为生母报仇的心意，又同他亲为兄弟，没有给他处分，将他赦免了。此后，淮南王越发骄横无忌，在封国内僭用皇帝的礼仪，不实施汉朝的法律，自己私自制定法令，在制度上比拟天子。后来竟谋划反叛朝廷，在囚车中绝食而死。

刘友的生母史无记载。汉高帝十一年，刘友被立为淮阳王。汉惠帝元年，赵王刘如意被吕后毒死，徙刘友为赵王，在位十四年。吕太后强以吕氏家族的女子为刘友的王后，然而刘友不喜爱吕氏王后，宠爱其他的姬妾。吕氏女一怒之下跑回娘家，向太后吕雉进谗言诬陷说：

"我家大王说：'吕氏怎可以称王？太后百年以后，我必发兵攻击吕氏。'"

吕太后闻言大怒，因而召见赵王刘友。赵王到达京城长安后，被安置在馆舍中，不予接见。吕太后下令卫士包围馆舍，赵王得不到食

物。群臣中有人偷偷给刘友送食物,被发现后都立即逮捕法办。赵王于馆舍中忍饥挨饿,作了一首歌谣,这首歌谣的原文如下:

诸吕用事兮,刘氏微;
迫胁王侯兮,强授我妃。
我妃既妒兮,诬我以恶;
谗女乱国兮,上曾不寤。
我无忠臣兮,何故弃国?
自快中野兮,苍天与直!
于嗟不可悔兮,宁早自贼!
为王饿死兮,谁者怜之?
吕氏绝理兮,托天报仇!

赵王刘友就这样被幽禁饿死于馆舍之中,死后以平民的礼仪葬于长安。

刘恢的生母史书亦无记载。汉高帝十一年,梁王彭越被诛杀,汉高帝立刘恢为梁王。赵王刘友被幽禁饿死,吕后徙刘恢为赵王,刘恢心中闷闷不乐。吕太后以侄儿梁王吕产的女儿为赵王刘恢的王后,王后的随从官员也都是吕氏家族的人,在赵国之内专断大权,暗中监视刘恢,赵王刘恢不得随意行动。刘恢有喜爱的姬妾,王后就用毒酒害死。刘恢为此作了歌诗四章,令乐工配曲歌唱。刘恢悲伤思念爱姬,自杀而死。吕太后得知此事后,认为刘恢为了妇人的缘故而自杀,不思念敬奉宗庙祖先的大礼,没有让刘恢的后代继嗣王位。

刘建的生母史书上无有记载。汉高帝十一年,燕王卢绾逃亡到匈奴那里,第二年立刘建为燕王。三年过后,刘建病死。他的美人曾为

251

他生下一子，吕太后派人将其杀害，燕王刘建因此而绝后。

汉高帝的八个皇子，刘如意、刘友、刘恢均被吕太后杀害而死；刘建虽是病死，但他唯一的儿子也是被吕太后派人杀害的。

四　患难夫妻

刘邦年近四十时娶吕雉为妻，当时任泗水亭长。婚后，吕雉主持家务，经常带领儿女到农田上劳作，过的是农户人家的生活。

刘邦任泗水亭长时，经常为沛县押送前往秦都咸阳服徭役的农夫或刑徒，常年在外，家务重担全落在吕雉一人身上，农田劳作，养育儿女，她居然料理得井然有序，毫无怨言。

刘邦因释放刑徒逃入山林为盗，吕雉不畏艰险，不惧生死，只身一人跋山涉水地四出寻找丈夫。在芒山、砀山找到丈夫后，吕后多次到山中给丈夫送衣、送饭。这时，吕雉所惦念的只有丈夫刘邦；为了丈夫，她可以舍弃自己的一切，堪称是患难夫妻。

刘邦于沛县起兵后，南征北战，西行入关，又被封为汉中王，还定三秦，率诸侯大军东征，离家一走便是五年多的光景。且莫说吕雉一人在家赡养丈夫的老父，照看年小的儿女，在战乱的年代里，吕雉怎能不挂念丈夫刘邦的冷暖与安危？

刘邦率大军攻下楚都彭城，吕雉闻讯后万分高兴。沛县距彭城很近，吕雉自以为不日便可以见到分别已有五载的丈夫了。谁知刘邦在彭城被项羽打得大败，只是带领十几名骑兵逃出重围；而吕雉一家人在投奔丈夫的逃难之中，却与儿女失散了，自己与太公成了楚军的俘虏，被项羽留在军营中充当人质。在项羽的军营中，吕雉过了二年零四个月的人质生活，其处境可想而知。

汉王四年八月，刘邦与项羽订立中分天下的和约，吕雉与太公一道被放还。从公元前209年九月刘邦于沛县起兵，到项羽按和约放还人质，整整是六年的光景。分别六年后，吕雉与丈夫重逢，又见到自己亲生的儿女，当然是喜出望外。更令她高兴的是，四个月过后，刘邦即皇帝之位，这位历尽了人间艰辛的农家女子，被立为大汉王朝的皇后，可谓是尊贵至极。

皇后的尊贵和家人的重逢团聚，为吕雉带来了无限的喜悦。然而，她也为此付出了代价。动乱年代中的颠沛流离，忧思悲伤，还有岁月的流逝，使吕雉失去了作为女人颇为看重的青春年华。当然，有失必有所得。进入中年后的吕雉，在风雨的磨炼之下，在政治上却日渐成熟了。

刘邦即皇帝位后，天下并未能太平。吕雉以皇后的身份主持后宫，辅佐汉高帝安定天下。在铲除异姓诸侯王势力、平定异姓诸侯王的叛乱中，"为人刚毅"的吕后协助汉高帝做了两件大事。

五　智擒彭越

彭越在楚汉战争中为汉王立有大功，刘邦称帝后被封为梁王，都于定陶。汉高帝六年，高帝为逮捕楚王韩信，声称巡游云梦，令诸侯王于陈县朝见天子。梁王按期到达陈县拜见汉高帝，使他意想不到的是高帝趁此机会将韩信逮捕，说他想要谋反。彭越与韩信有着类似的经历，韩信的突然被捕，使彭越大有兔死狐悲、物伤其类的感慨。从此之后，彭越事奉汉高帝格外勤谨，生怕出了什么差错而招致大祸临头。因而，在汉高帝九年、十年，彭越两次到京城长安朝见汉高帝，尽臣子之礼。

然而，汉高帝十年的秋天，陈豨在代地举兵反叛，攻占了赵、代两国的许多城池。陈豨是汉高帝手下的一员猛将，反叛后接连攻占城池，高帝不得不亲自率大军征讨。高帝到达邯郸后，征调梁王彭越率兵助讨。彭越在反秦战争、楚汉战争中素以骁勇著称，曾单独率部打败过楚军。高帝此次征调彭越率部前来，是想借助于他的力量早日平息叛乱。

可是，一向事奉皇上勤谨的彭越，这次不知是出于怎样的考虑，却推托自己身体有病，只是派部下的将领率兵前往邯郸。汉高帝见彭越没有亲自带兵前来，大为失望，继而又大为恼怒，派人责问彭越。彭越见皇上怪罪下来，恐惧万分，想要亲自前往邯郸谢罪。这时，彭越部下的将领扈辄劝说道："大王当初没有奉诏亲自前往，如今受到责问后前去谢罪，到邯郸后就会被擒拿了，不如就此发兵造反。"

梁王彭越没有听从扈辄的建议而举兵造反，仍然是声称有病，不能前往邯郸讨贼。这时，彭越因为恼怒手下掌管车马的太仆，想要杀掉他。太仆因恐惧而逃出定陶，向朝廷上告梁王与扈辄谋反。高帝得知后派使者采用突然的方式袭击梁王，梁王在毫无察觉的情况下遭到逮捕，被囚禁在洛阳。经主管官员审理，认为已构成谋反犯罪，请依法论处。

汉高帝根据案情，念及彭越往日功劳，赦免彭越的死罪，降为平民，流放到蜀郡青衣县（今四川名山县北）。在彭越被押往蜀郡的途中，在郑国的地段上遇到吕后从长安前往洛阳。彭越见到吕后，向吕后哭泣着诉说自己无罪，希望吕后能向皇上求情，改为流放到自己的故乡昌邑。吕后表面上答应了彭越，与他一同来到了洛阳。到洛阳后，吕后向汉高帝说道："梁王彭越是一名壮士，如今把他流放到蜀郡，这是给自己留下祸患，不如就此将他诛杀。我在途中遇到他前往蜀郡，现在已把他带到洛阳来了。"

汉高帝闻言后并没有说什么，吕后心领神会，认为皇上对自己的想法已经默许，便指使彭越的家臣告发他再次谋反，廷尉王恬开按照吕后的授意认定彭越谋反，上报请求诛杀彭越家族。汉高帝批准了廷尉的奏请，诛杀了彭越和他的家族，封国也被废除。

对于铲除梁王彭越的势力，汉高帝是坚定不移的，但他不忍心杀死彭越。吕后同彭越没有个人之间的感情，为了刘氏江山，她主张当机立断，斩草除根，一手策划了杀死彭越的事件。当然，她是在汉高帝的默许之下一手策划将彭越和他的家族诛杀的。

对于彭越的被诛杀，司马迁在作《史记》时评论说：

魏豹、彭越都是出身微贱的人，然而他们既已占有了上千里的疆土，南面称王，踏着敌人的血迹乘胜前进，名声日益显赫起来。他们怀有叛逆的意图，待到失败后，不杀身而死却甘愿充当囚徒，以至终于遭到诛杀，这是为什么呢？一般中等才能的人尚且为充当囚徒而感羞耻，况且身居王位的人呢？他们的忍辱不死，其中没有别的原因，而是他们的智谋勇略超过平常的人，只是担心不能保全住自己的性命，失去东山再起的机会。在他们看来，只要将来能掌握了一点权力，气候上再发生些什么变化，就能够施展自己的抱负和才能。因此，他们甘愿被囚禁而不逃避。

六　计诛韩信

韩信由楚王被降为淮阴侯，被留在京城中，整日闷闷不乐，逐渐地产生了谋反的念头，只是一时找不到机会。陈豨被任命为巨鹿郡郡守，赴任前夕拜访韩信，韩信与陈豨密谋，由陈豨在边境起兵造反，自己在京城做内应。

汉高帝十年，陈豨果然在边境举兵反叛。汉高帝亲自统领大军前往河北平叛，韩信推托有病没有随同前去。此时，韩信已经没有直接统率的部队，高帝知道他呆在京城里闷闷不乐，因而对他的不肯前往也没有在意。汉高帝离开京城，韩信暗中派人前往陈豨那里，传达韩信的口信："您只管在代国起兵，我在京城里协助您。"于是韩信与家臣谋划，准备在夜里假传诏书，赦免各官府的刑徒和奴隶，抢夺府库中的兵器，并发给他们，然后袭击吕后、太子，占据京城。计划部署完毕后，等待陈豨的回报到来时便立即采取行动。这时，一个家臣得罪了韩信，韩信把他囚禁起来，想要杀死他。家臣的弟弟得知后，便上书密告，向吕后告发了韩信准备谋反的情况。吕后想把韩信召到宫中，趁机将他逮捕，但又考虑到韩信万一不肯就范，岂不是打草惊蛇？吕后与相国萧何商量对策，派人假装从皇上那里回来，说是陈豨已被捉住处死，列侯群臣都要到宫中去朝贺。为使韩信能入宫朝贺，由萧何亲自到韩信家中，欺骗他说："您虽然有病在身，还是勉强入宫去朝贺一下吧。"

韩信是萧何荐举给汉王刘邦的，他逃走后又是萧何连夜把他追赶回来，拜为统兵大将。韩信认为萧何对自己有恩，这次不能不给恩人一点面子。然而，韩信万万没有想到：自己一入宫，吕后便下令武士将他捆绑起来，不由分说，立即斩杀在长乐宫中悬挂乐器的"钟室"中。行刑前，韩信说道："我后悔当初没有采纳蒯通的计策，如今竟被小小的女子所欺骗，这难道不是天意吗？"

于是，韩信被诛杀三族。

汉高帝从征讨陈豨的前线回到长安，见到韩信已被处死，又是高兴又是怜惜，问吕后道："韩信临死前有什么话说吗？"

"他说后悔没有采纳蒯通的计策。"吕后答。

"那是齐国的一名能言善辩的说客。"汉高帝说完后,立即下令齐国捉拿蒯通。蒯通被押解到长安,汉高帝问他:"你曾教唆过淮阴侯谋反吗?"

"是的,我是教过他,可那小子不听用我的计谋,所以自寻死路,落得个今日的下场。若是那小子采纳我的计策,陛下怎能逮捕并将他杀死?"蒯通无所畏惧地回答。

"煮死他!"高帝怒气冲冲地说。

"唉!煮死我冤枉啊。"蒯通说道。

"你教唆韩信反叛,有什么冤枉的?"

"当初,秦朝纲纪坏乱,政权解体,山东六国地区扰乱纷纷,异姓诸侯并起,英雄豪杰群聚,秦王朝一朝覆亡。海内无主,天下的人都在追逐皇帝之位,于是才能高的人捷足先登。盗跖的狗向唐尧狂叫,并非是唐尧不仁。狗的狂叫,是因为他遇到的不是自己的主人。那个时候,我只知道有韩信,不知道陛下。况且,当时天下手持坚锐兵器想做陛下所要做的事的人多得很,只不过是能力够与不够而已。难道这么多的人都能够全部煮死吗?"蒯通的一番语句句都是实情,言之成理,汉高帝听罢后说道:

"饶了他吧。"于是赦免了蒯通的罪过。

七 易立太子

刘邦在举兵反秦和楚汉战争的戎马生涯中,军营中从不缺少姬妾的陪伴。秦二世二年七月,刘邦与项羽受武信君项梁之命,率兵攻打定陶,未能攻下,但刘邦却得到一个妙龄的美女,将她留在自己军营的帐中，此人便是日后的戚姬。戚姬年轻貌美，善解人意，深得刘邦的宠幸。在此后的南征北战、东征西讨的岁月中，戚姬得以经常随军陪伴刘邦。汉王元年，戚姬生下一男，取名如意。

汉王二年，刘邦立吕后所生的刘盈为太子。后来，汉高帝发现太子刘盈"为人仁弱"，不像自己；而日见长大的如意，经常随同母亲戚姬出现在皇上的面前，很得年过半百的汉王欢心。汉王常常称道说："如意长得像我。"

从此，汉王就有了废太子刘盈、改立如意为太子的意图。当时，汉王与项羽在关东争夺天下，戚姬经常随从汉王，对汉王的意图怎会不晓得？戚姬深知吕后为人刚毅，儿子刘盈又被立为太子，自己又深得汉王的宠爱，吕后怎能不妒嫉？戚姬在心中暗自思量：皇上健在，母子可以无忧无虑；一旦皇上驾崩，太子刘盈继位，会有自己这孤儿寡母的好么？想到这里，戚姬不寒而栗。为着自身和儿子日后的命运，戚姬日夜在汉王面前哭泣，请求改立如意为太子。汉王曾私下答应戚姬的请求，但是，汉王所做出的这一抉择，主要不是出于儿女私情，同情戚姬母子的处境，而是为着大汉王朝日后的江山能否巩固。汉王理论根据，是太子刘盈"为人仁弱""不类我"，而"如意类我"。

吕后于汉王四年九月被项羽放还，汉王对结发妻子的遭遇深表同情。然而，吕后此时已是人到中年，明日黄花。她怎能像如花似玉般的戚姬那样讨得皇上的欢心。汉王称帝后，吕后因年长，每当高帝离京为安抚天下而东征西讨时，吕后是留守关中，很少有机会见到皇上，与皇上日益疏远。而这时经常随从皇上的，仍然是戚姬。汉高帝九年，九岁的如意被立为赵王。

汉高帝易立太子的意图是着眼于汉王朝的长治久安，主要不是由于对戚姬的宠幸，因而他在群臣面前并不隐讳自己的观点和意图。

然而，朝廷中的大臣们与皇上的看法并不相同。同样是出于巩固大汉王朝的江山，为免生动乱，所有的大臣们无不对改立太子持有异议。汉高帝曾多次提出改立太子的意思，但每次都受到大臣们的劝谏和力争。

汉高帝十年，此时刘如意已被立为赵王，年方十岁，汉高帝再次提出改立如意为太子，大臣们都为此而当面劝谏，汉高帝不予听取。这时，御史大夫周昌又出面力争，情况才开始有所变化。

周昌也是沛县人，与高帝是同乡，自刘邦沛县起兵后一直跟随主上，于汉王四年被任命御史大夫。汉高帝六年，周昌与萧何、曹参等人一同得到封赏，受封为汾阴侯。周昌为人正直刚强，敢于直言，萧何、曹参等人在这方面也比不上他。周昌曾在高帝休息期间入宫奏事，有一次正遇上高帝搂抱着戚夫人求欢，周昌见此情景，转身便跑。高帝见周昌突然闯宫，不待奏事而转身逃走，便从后面追赶，抓住周昌，骑在周昌的脖子上问道："你说说，我是怎样的君主？"

"陛下是桀、纣一类的君主。"周昌仰起头来向高帝说。高帝闻言后放声大笑，把周昌放开了。然而，汉高帝也确实有些敬畏周昌。

这次，高帝又要立如意为太子，群臣力争而不能得。周昌于此时出面力争，高帝不得不耐着性子问周昌为什么反对立如意为太子。周昌说话有口吃的毛病，又是在气头上，便开口说道："我不善于讲话，然而我期期知道不可如此，陛下虽然想要废太子，我期期不奉诏从命。""期"即"极"的意思，周昌因口吃和正在气头上，急切之中在"期"字上出现了拖沓重复的音节。汉高帝见周昌这种憨直忠诚的态度，在那里"期期知其不可""期期不奉诏"，不由得欣然而笑，一肚子气也没有了，废太子刘盈一事因此而暂作罢论。

当时，吕后在大厅一旁的侧室中暗暗偷听。皇上与大臣们的一番争辩，她都听得一清二楚。散朝后，吕后特意召见周昌，欠身向周昌表示衷心的谢意，说道："今天若不是您，太子几乎被废掉了。"

汉高帝担心自己死后赵王如意难以保全自己。这时，掌管皇帝符信印章的符玺御史赵尧年纪很轻，赵地人方与公对御史大夫周昌说："你手下的符玺御史年岁虽轻，然而是个奇才，您应当特别看待他，将来他会接替你的职务。"周昌笑着说："赵尧年纪轻轻的，不过是个抄抄写写的小吏而已，何以能官至御史大夫！"

不久，赵尧侍奉汉高帝，高帝独自心中不乐，继而悲歌，群臣都不知道皇上为何如此。独有赵尧进前请问道："陛下所以不乐，莫非是因为赵王年少而戚夫人与皇后有嫌隙么？是担心您万岁以后赵王不能保全自己么？"

"是的。我正为此事而忧虑，但拿不出个好办法来。"

"陛下应特地为赵王任命一个尊贵而刚毅的相国，这个人选应当是皇后、太子以及大臣们平素敬重而又畏惧的人，方可以充当此项重任。"赵尧说。

"是啊，我的想法也是这样，然而大臣中谁人合适呢？"高帝问。

"御史大夫周昌。他为人坚毅不拔，质朴正直，况且皇后、太子及大臣们平素都很敬重畏惧他，唯独周昌可以担任这一职务。"赵尧答。

高帝应声说道："好。"于是召见周昌，对他说："我想一定要烦劳您，请您勉强为我辅佐赵王。"

周昌哭泣着说："臣当初随从陛下，陛下为什么单单把我舍弃给诸侯王呢？"

"我知道这样对您是降职任用，只是想来想去，非您没有别人可以任用，请您勉为其难地去上任吧。"

周昌见汉高帝已近乎哀求，自己怎能还不答应？于是，调御史大夫周昌出任赵王的相国。

周昌出任赵相已有好些天了，御史大夫一职仍然空缺着。汉高帝时常把御史大夫的官印放在手中摸来摸去，口中叨念着："谁可以做御史大夫呢？"高帝一边叨念，一边仔细端详着面前的赵尧，最后终于说道："没有谁比赵尧更合适的了。"于是，任命赵尧为御史大夫。在这以前，赵尧也有军功食邑。担任御史大夫后，随从高帝讨伐陈豨有功，被封为江邑侯。

汉高帝并没有因为任命周昌为赵王相国而最终放弃易立太子的念头。汉高帝十二年，高帝又想要以赵王如意代替太子刘盈。早在汉高帝九年就被任命为太子太傅的叔孙通此时又进向劝谏说：

"当年晋献公因为宠幸骊姬的缘故，废太子申生、立骊姬所生的奚齐为太子，结果在晋国造成数十年的混乱，受到天下人的嘲笑。秦朝因为不早立扶苏为太子，使令赵高得以用欺诈手段立胡亥为皇帝，自取灭亡，这是陛下亲眼所见的。如今太子仁慈孝顺，天下无人不知；皇后与陛下经历过千辛万苦，吃过粗茶淡饭，这难道是可以背弃的吗？陛下如果一定要废嫡长子而立少子，臣甘愿伏罪而死，用脖子里流出来的满腔鲜血来污染地面。"

叔孙通的一番劝谏，说出了群臣们反对易立的理由，只不过他的引经据典，说古论今，把道理说的更为透彻罢了。这个道理，高帝并非不懂，他心中为太子仁弱一事耿耿于怀，考虑的是汉王朝的千秋大业。但是在叔孙通的据理劝谏之下，再看他以死力争的一片赤诚之心，便笑着说道："您不要再讲下去了，我刚才不过是说句笑谈而已。"

"太子是天下的根本，根本一动摇，天下便会随着振动，怎可以拿天下来开玩笑！"叔孙通还是在据理力争。

这时，汉高帝不得不向叔孙通说："那我听您的就是了。"

无论群臣们如何劝谏力争，尽管汉高帝也曾向大臣表示过不再改立太子，然而，知子者莫如父，汉高帝的心中总是觉得太子刘盈不宜于日后做大汉王朝的皇帝。认为他没有能力驾驭这些功劳甚高的大臣们，也没有能力主持朝纲，定夺军国大事，所以心中还是想改立太子。吕后深深为此而惶恐，不知如何是好。这时，有人对吕后说："留侯善于权谋，皇上又很信用他。"

这句话提醒了吕后，吕后便使令兄长建成侯吕泽胁迫留侯张良，对他说道："你平时经常作为皇上的谋臣，为皇上出谋划策，如今皇上想要易立太子，您怎能垫起枕头睡大觉而不闻不问呢？"

张良回答说："当初皇上多次处于困窘急迫之中，幸而采用我的计策。如今天下已经安定，因为偏爱的缘故想要改立太子，这是至亲骨肉间的事，虽有像我这样的百余人争谏，又会又何益处？"

建成侯吕泽见留侯张良不肯为此事出谋划策，又不能放过这个难得的机会，便勉强地要求说："不论您怎么说，今天还是得勉强您为我出一条计策。"

张良作为汉高帝的谋士，比其他大臣们的高明之处，在于他不仅懂得叔孙通所讲的那番古往今来的大道理，更深知皇上坚持要改立太子的根本原因，在于太子的为人仁弱，担心他日后没有能力治理国家，从而认为打消皇上改立太子的念头，必须从医治皇上的"心病"入手。只是，张良不愿在骨肉之间的这类大事上参言半字。而今天张良被吕泽纠缠不休，便不得不说道：

"这事是难以用口舌相争的，考虑到皇上有未能招致的天下四位贤人，这四人都已年过八旬，满头白发。由于皇上待人傲慢无礼，所以四位长者逃避到商山中，不愿做汉朝的臣子，坚守节操，被人们称为'商山四皓'，即商山中的四位白发老翁。这四个人虽不愿做汉朝的臣子，但皇上却很敬重这四位坚守节操的年长贤人。如今您果真能够不吝惜金玉璧帛，令人写一封言辞卑顺的书信，派一名能言善说的辩士，驾着安车前往，坚决而诚恳地邀请他们，他们是会前来的。这四人被请来后，可以作为太子门下的贵宾，时时随从太子入朝，使令皇上看见他们，皇上必定会感到奇怪而询问。如果询问，知道这就是他所求之不得的四位贤人，如今却成了太子的门下宾客，这是对太子的一大帮助。"

于是，吕后令吕泽派人手捧太子的书信，驾着安车，用卑顺的言辞，厚重的礼物，果然把四位贤人请到长安城中。四人来到长安后，被暂时安置在建成侯吕泽的家里。

"商山四皓"来到长安不久，正值黥布举兵造反，汉高帝准备让太子刘盈统领诸将前去平叛。四位白发老人认为太子不足以担当此项重任，将领们不会听从他的调遣，容易导致失败，造成危及太子地位的严重后果。于是四人用计，教建成侯吕泽立即到吕后那里，哭泣着如此这般地诉说太子不能统兵出征的理由。吕泽、吕后遵计而行，汉高帝果然亲自统兵出征，太子刘盈得以平安渡过一次危机。

汉高帝十二年，汉高帝东征黥布归来，病情日重，愈发想在临终之前易立太子，了却这桩心事。留侯张良劝谏，汉高帝不予听从。太子太傅叔孙通引古论今，以一死相争，高帝虽然表面上装作答应，心里还是想改立太子。待到宴会设置酒席时，太子刘盈侍奉皇上，"商山四皓"随从。这四位贤人都已年过八旬，头发胡须皆已雪白，衣冠也很奇特，神态飘逸，宛如仙人。汉高帝见到四位老人，感到很奇怪，问道："几位长者是何方人士？"

东园公、角里先生、绮里季、夏黄公一一向前,各自报告自己的姓名。汉高帝闻听后大为惊讶,说道:"我访求诸位已经是好几年了,您们总是在逃避我,如今为何自动地跟随我儿交游呢?"

"陛下轻视士人,喜好辱骂,我们坚守节义,义不受辱,所以恐惧而逃亡,藏身于山中。私下闻知太子为人仁慈孝顺,待人恭敬有礼,喜爱士人,天下的人没有不想为太子效死力的。所以我们这几个就前来投奔太子了。"四位老人一齐回答汉高帝。

汉高帝闻言后说道:"那就烦劳您们善始善终地关心保护太子吧。"

四位长者向汉高帝敬酒祝寿之后,便告辞离去,汉高帝目送四位老人离席,同时召唤戚夫人,并用手势指示她注目四位老人离去时的背影,向戚夫人说道:"我想改立太子,但太子有那四个人辅佐,如今羽翼已成,难以动摇了。吕后真是你的主人了。"

戚夫人闻言哭泣,皇上对她说:"你为我跳楚地的舞蹈,我为你唱楚歌。"

在低沉的气氛中,戚姬忧思百结,不知日后何方是自己的归程,茫然如坠烟海,飘然为高帝翩跹起舞,舞步急促,旋转如飞,为高帝以往所不曾赏见。这时,汉高帝更是感慨万千,用自己所作的歌辞为爱姬引吭悲歌,诉说自己在易立太子一事上的无可奈何。这首歌辞的原文如下:

> 鸿鹄高飞,一举千里。
> 羽翮已成,横绝四海。
> 横绝四海,当可奈何!
> 虽有矰缴,尚安所施!

汉高帝为戚姬悲歌数遍，戚姬闻听后抽咽流涕，最终她舞步已乱，高帝赶快向前扶持，起身离席，罢酒回宫。

司马迁在《史记·留侯世家》中称：汉高帝"竟不易太子者，留侯本招此四人之力也"。

汉高帝想要易立太子的前前后后，诸多事实表明，他想易立太子的原因，既有为汉王朝未来江山着想的"公理"，也有顾念戚夫人母子日后境遇的"私情"。以叔孙通为代表的群臣，他们反对易立太子的理由，当然是出于"公理"，但那只是"公理"的一个方面，在理由的天平上，不过是一半的一半，四分之一而已，因而不足以打消汉高帝易立太子的念头。留侯张良从医治皇帝的"心病"入手，为太子刘盈招来了"商山四皓"，使公理向刘盈倾斜。对于西汉王朝的开国皇帝刘邦来说，公理与私情这两个一半，他无疑是以前者为重的。戚姬翩跹起舞与汉高帝的引吭悲歌，表明在刘邦的头脑中易立太子一事已画上了一个句号。

汉高帝下定了这一决心后，不久便因病情恶化而死去，易立太子一事当然不会再成为问题了。

八　戚姬命运

刘邦自从被封为汉王后，拥有众多的姬妾。古代的帝王，大多如此。然而，自公元前208年刘邦于定陶得到戚姬，直到公元前195年刘邦驾崩，首尾十四年。这十四年中，刘邦所宠爱的姬妾，唯有戚姬一人而已。戚姬在十四年中一直能博得刘邦的欢心，表明戚姬并非是位寻常的女子。在刘邦一生的戎马生涯中，经常陪伴刘邦转战各地的不正是戚姬么？十四年中，戚姬有她的欢乐、希望，也有她的忧伤。

皇帝的宠爱，儿子的天真与聪明，给戚姬带来了无限的欢乐；皇上多次想要改立如意为太子，又给戚姬带来了美好的憧憬与希望。然而，吕后与太子刘盈的存在，犹如压在戚姬胸上的一块巨石，每念及此，总是不寒而栗。大臣们群起反对易立太子，更是使戚姬感到希望渺茫。"商山四皓"出现，她同皇上楚歌楚舞，更是不祥之兆；事实上，他们都是来日不多了。

汉高帝十二年四月甲辰日，汉高帝驾崩于长乐宫。五月丙寅日，太子刘盈即皇帝位，是为汉惠帝，尊吕后曰皇太后。

汉惠帝仁弱孝顺，高帝死后，国家大权落入吕后手中。吕后怨恨戚姬和赵王如意，只待高帝一死，吕太后立即命永巷令将戚姬囚禁在宫内幽禁犯罪嫔妃的永巷之中，同时派使者召赵王如意入京。赵王的相国周昌认为这次召见是凶多吉少，使令赵王声称有病而不前往。为敦促赵王来京，使者往返再三，周昌仍然是坚持不让赵王入京，并对派来的使者说："高帝把赵王嘱托给我，赵王又年少，私下听说太后怨恨戚夫人，想要征召赵王入京，一并杀害，我因此不敢让赵王前往。况且赵王也真是有病在身，不能奉召前往。"

使者返京后，把周昌说过的话如实向太后汇报，太后勃然大怒，认为只要有周昌在赵王身边，就难以把赵王召到京来。于是决定首先征召周昌，周昌不得不奉诏入京。到达长安后，周昌拜见吕太后，太后怒气冲冲地骂周昌："你不知道我最怨恨戚氏吗？你不让赵王来京，是何道理？"

周昌认为同吕太后没有什么好讲的，从此便推托有病而不肯入朝，三年后悲愤而死。周昌死后五年，太后闻知御史大夫赵尧在高帝在位时为高帝献保护赵王如意的计策，因而免去他的御史大夫职务，以此抵罪，任命任敖为御史大夫。

周昌到达长安后,吕太后又再次派使者召赵王来京,赵王动身离开赵都邯郸。在赵王尚未到达长安前,为人仁慈的汉惠帝得知太后发怒,为避免发生意外,他亲自到长安郊外的灞上迎接赵王,与赵王一同入宫,同赵王一起饮食起居。太后想要杀害赵王,因为惠帝日夜与赵王形影不离,太后一时找不到机会下手。

汉惠帝元年(公元前194年)十二月的一天,惠帝早起出宫射猎,赵王因年少贪睡,不能早起,未能与惠帝同行。太后趁此机会派人使赵王饮下毒酒。待惠帝射猎回来,见赵王已死,失声痛哭,追悔莫及。

戚姬被囚禁在永巷狱中,吕后下令剃去戚姬的头发,给她穿上赤土染成的囚服,戴上刑具,在狱中罚做舂米的苦役。由尊贵的皇帝宠姬沦为囚徒,变化之大使戚姬难以承受。为发泄心中的不满与忧伤,她自作了一首歌辞,一边舂米,一边歌唱。这首歌词的原文如下:

子为王,母为虏。
终日舂薄暮,常与死为伍。
相离三千里,当谁使告汝。

戚姬在狱中以悲歌发泄不满,很快便被吕太后得知,太后大怒道:"你还想依靠你的儿子呀!"

于是太后派人召赵王入京,想要把他们母子一同杀害。

当太后把赵王如意毒死在惠帝宫中后,对戚姬的迫害也随着进一步升级。太后下令将戚姬的手足砍断,挖去她的双眼,把她的耳朵薰聋,用喑药使她哑不能言,使令她居于地窖之中,称她为"人彘",迫使她过猪一般的生活。

几天过后,太后召惠帝去观看人彘。惠帝见到这目不忍睹的情景时，问是何人，犯有何罪，竟受此酷刑。当惠帝得知这就是戚夫人时，禁不住失声痛哭。惠帝确实像他父亲高帝所说的那样，为人仁弱。心地善良的汉惠帝，见他的生身母亲毒死赵王，如今又把戚夫人残害得这般模样，心灵上所受的刺激之大，使他因此而害病，以至于一年多未能康复。

汉惠帝所受的刺激，不仅是戚姬受刑后的惨象，更主要的是他怎么也想不通：他童年时代的母亲，是那样的仁慈善良，可如今怎么竟然如此残忍，做出如此心狠手毒的事来？！惠帝实在不理解母亲怎会如此，难道她就是自己的母亲么？他为自己的母亲竟做出如此残忍的事而感到有种说不出的耻辱和痛心。自己作为汉王朝的皇帝，竟使父亲的宠姬遭到如此的残害，还怎么治理天下？想到这里，惠帝派人向太后请示说："人彘一事，太不人道了。我作为太后的儿子，归终是不能治理天下了。"

惠帝的意思是说，请太后从此决断国家大事，自己仍如太子时那样。

此后，惠帝果真不理朝政，整日饮酒淫乐，五年后便死去。

当年吕后带领儿女去田间锄草，向过路的老汉献水献食，心地是何等地善良！待到智擒彭越，诛杀彭越及其家族，后来又计杀韩信，她一点也不手软，令人不得不刮目相看。但人们哪里会想到：在毒死赵王、将戚姬残害成人彘时，吕后竟是如此残忍，灭绝人性！如果说她诛杀彭越、韩信可以称之谓"佐高祖定天下"，颇有一些女政治家的风度；那么她残害赵王及生母戚姬的行为，所暴露出来的是什么呢？充其量不过是从狭窄的嫉妒心中迸发出来的残忍兽性而已。联系她称制后以诸吕为王、预谋篡夺刘氏江山的种种行为，还有她死后诸吕叛乱的被平定，恐怕吕后称不上是一位值得称道的政治家吧？

第十章
临终嘱托　遗风后世

　　中国自春秋战国以来，诸侯并立，相互征战，长达五百五十年之久。秦统一天下，然而国祚短促。刘邦扫平群雄，以秦亡为鉴，除秦苛法，轻徭薄赋，为汉王朝的长治久安，呕心沥血，在制度建设方面做了大量的工作，令西汉享国二百余年。作为西汉王朝的开国皇帝，刘邦的遗响余风，不无可称道者。

一　临终诏书

汉高帝即帝位后的十二年中，所发布的诏书多不可数。然而有关治国安邦的重要诏书，共有两道：一是即位不久后在洛阳发布的五月诏书，本书前文已有所录；二是临终前在长安所发布的这道诏书，载于《汉书·高帝纪》，现抄录如下：

汉高帝十二年三月，天子诏曰：

吾立为天子，帝有天下，十二年于今矣。与天下之豪士贤大夫共定天下，同安辑之。其有功者上致之王，次为列侯，下乃食邑。而重臣之亲，或为列侯，皆令自置吏，得赋敛，女子公主。为列侯食邑者，皆佩之印，赐大第室。吏二千石，徙之长安，受小第室。入蜀汉定三秦者，皆世世复。吾于天下贤士功臣，可谓亡负矣。其有不义背天子擅起兵者，与天下共伐诛之。布告天下，使明知朕意。

同年四月，高帝驾崩于长乐宫。汉高帝临终前，跟随他平定天下的功臣们大都健在。虽然异姓诸侯王如韩信、彭越、黥布等使他最为放心不下的几股主要势力已被铲除，但原先归他直属的将领们如今都已被尊为王侯，谁能担保他们日后不举兵造反？燕王卢绾的亡入匈奴，已使高帝十分寒心。在这道诏书中，汉高帝回顾建国以来的历史，声称自己待功臣不薄，实际上也确实如此。刘邦确实是以赋予种种特权来使这批功臣们成为汉政权的中流砥柱，同时也发出了"其有不义背天子擅起兵者，与天下共伐诛之"的号召，警告反叛者不会有好下场。在离开人世之前，汉高帝所放心不下的，仍然是担心功臣中有谁会反叛，与他的后继者争夺汉室江山。汉王想用这一纸诏书，为刘家天下提供一份保证。

刘邦的这道诏书对于日后汉王朝的安定，是有它积极作用的。然而，后来想要篡夺刘氏江山的，却不是哪一位功臣，而是他结发妻子吕后及吕后所培植的诸吕势力。在平定诸吕叛乱中，为安邦定国尽力的却是他在诏书中所安抚与警告的功臣诸如周勃、陈平等人。这一事实，则是汉高帝始料所不及的。

二　相国人选

刘邦为争夺天下，曾多次死里逃生，身负创伤。汉王四年，刘邦在两军阵前数说项羽的十大罪状，项羽大怒，以伏弩射中刘邦的胸部，刘邦伤势甚重，但后来得以痊愈。汉高帝一生以事业为重，并不像秦始皇晚年那样幻想长生不老。年过花甲，高帝的健康状况已日见不佳。

汉高帝十一年，刘邦已年届六旬。这一年，黥布举兵反叛，朝廷震动。当时，汉高帝正患病在身，深感力不从心难以亲自率兵出征，想要派太子统领诸将前往平定叛乱。而被易立太子一事所困惑的吕后，作为刘邦的结发夫妻，此时再也不像当年前往芒山、砀山为丈夫送饭、送衣那样，以丈夫的一切为重。此刻，吕后为着自身和儿子日后的命运，不顾丈夫身体有病，竟然采纳"商山四皓"的计策，哭泣着劝皇上亲自出征。就这样，汉高帝为着汉王朝的利益，终于拖着病体亲自出征了。

在同叛军作战时，汉高帝不幸被流矢所击中。这次箭伤虽不比八年前所受的箭伤严重，然而此时高帝毕竟年届六旬，又患病在身，箭伤令人不容乐观。可是，高帝对这次箭伤还是不在意，因为黥布被诛灭得竟比意料中的要顺利得多。作为胜利者，高帝兴奋得忘记了伤痛。

在东征的归途中，高帝回到故乡，在沛县与父老乡亲们饮酒叙旧，起舞高歌，乐极生悲，"慷慨伤怀，泣数行下"。在沛县"乐饮十余日"，高帝当时似乎并没有感到身带箭伤。然而，当高帝离开故乡踏上西行的旅途时，一直未得休息的病体开始发作，箭伤的阵痛时时向他袭来，使他感到有从未体验过的烦恼。这条秦始皇时修筑的东西驰道，高帝当年为沛县押送去咸阳服役的民夫与刑徒，曾多次来回走过。这次乘车西行，箭伤的疼痛与往事的回忆，使高帝一路上的心情很不好。待至回到长安，高帝便病倒了，伤势愈来愈重。

吕后见皇上病重，心里很着急，特地请来了名医为皇上诊治。医生进去看病，高帝问病情如何，医生回答说："陛下的病是可以治好的。"

高帝知道自己的病，认为医生是在特意安慰他，便骂医生说：

"我以平民的身份，手提三尺宝剑夺取天下，这难道不是天命吗？人的寿命是上天安排的，虽有扁鹊那样的名医，又有什么益处！"

于是，高帝就不再请医生治病，赏给这位医生五十斤黄金。

吕后见高帝的病情日重，便向高帝问道："陛下百年之后，如果萧相国死了，令谁替代他？"

"曹参可以继任。"高帝答。

吕后又问曹参以后，还有谁合适。高帝回答说："王陵可以继任。不过他有些莽撞刚硬，陈平可以辅佐他。陈平智谋有余，然而难以独自担任。周勃稳重厚道，缺少文才，然而安定刘氏天下的，必定是他，可以让他担任太尉。"

吕还问以后的人选，高帝回答说："以后的事，也不是你所能知道的了。"

汉高帝临终前就相国接班人所提到的几位人选如曹参、王陵、陈平、周勃等人，都是跟随刘邦多年、久经考验的国家栋梁之材，高帝对他们的才能、品德和个性了如指掌。后来的历史事实表明，高帝所提出的几位相国人选，确如高帝所言，在任职后无不为安定刘氏政权发挥了出色的作用。

吕后对这几位人选也是颇为了解的，并且完全遵照高帝的遗嘱行事。在萧何死后由曹参继任相国；曹参死后由王陵、陈平同时分别担任右丞相、左丞相，以周勃为太尉。而周勃、陈平等人终于在吕氏死后平定诸吕叛乱，使刘氏王朝危而复安。

历史表明，高帝临终前对相国接班人的一系列妥善安排，确实是安定西汉王朝的一项重要措施。

三　迟不发丧

汉高帝十二年（公元前 195 年）四月甲辰日，汉高帝刘邦于长乐宫寿终正寝。

汉高帝死后，直到第四天仍未发丧。迟不发丧的原因，在于吕后另有谋划。此时，吕后与亲信辟阳侯审食其谋划说："将领们原先同皇帝一样，都是平民百姓，如今北面称臣，常常为此而闷闷不乐，现在又要令他们事奉年轻的皇帝。不把他们都杀掉了，天下不会安定。"

有人听到他们的这一谋划，便告诉了郦商。郦将军为此面见审食其，当面对他说道："我听说皇帝已驾崩，至今已有四日，尚未发丧，想要诛杀所有的将领。果真如此，那天下就危险了。陈平、灌婴统率十万大军驻守荥阳，樊哙、周勃统率二十万大军正在平定燕、代等地。他们如果得知皇帝驾崩，将领们都遭到屠杀，必定联合起来，进攻关中。京城内大臣叛变，外有诸侯造反，汉王朝的灭亡就指日可待了。"

审食其闻听郦商这么一讲，才感到诛杀大臣是步险棋，问题严重，便入宫向吕后报告，吕后于当日发表，大赦天下，一场危机终于成为过去。

四　萧何见疑

萧何是刘邦的同乡，刘邦任泗水亭长时，萧何曾以沛县主吏的身份多次袒护他。沛县起兵后，萧何一直辅佐他争夺天下，在还定三秦、楚汉战争中立有大功。萧何拥戴刘邦，为刘邦成就帝业可谓呕尽了心血。然而，由于萧何功高震主，曾多次受到刘邦的怀疑。

汉王三年，刘邦与项羽在京、索一带相持不下，楚汉战争处于相持阶段。这时，汉王多次派使者从前线回到关中，向丞相萧何表示慰劳。对于汉王的慰劳，萧何也没有多想什么。这时，有位姓鲍的先生向萧何提醒说："汉王在前线风吹日晒，风餐露宿，却多次派使者来对您表示慰劳，这是对您有疑心啊。为您着想，莫如派遣您的子孙兄弟凡是能手持兵器作战的，一律到前线，如此汉王必定更能相信您。"

萧何送子弟上前线，高帝果然十分高兴。

汉高帝十一年，陈豨反叛，高帝亲自率大军到邯郸督战。这时，韩信在长安图谋造反，以为内应。吕后与萧何用计，萧何又亲自到韩信府上将他骗到宫中，把韩信杀死。高帝在邯郸闻知韩信谋反，已被吕后与萧何诛杀，特地派使者回到长安拜萧何为相国，加封五千户食邑，派五百名士卒和一名都尉充任相国的卫队。这是任何功臣所不曾得到的特殊荣誉和奖赏，朝廷中的同僚都向他表示祝贺，唯有召平向他表示吊哀。

召平这个人，原是秦朝时的东陵侯。秦朝灭亡后，他沦为平民。因家贫的缘故，召平在长安城东种瓜谋生。召平所种的瓜香甜可口，被人们称为"东陵瓜"，用他原来的封号为香瓜命名。这次，当官员们都相继向萧何表示祝贺时，召平却对萧何说：

"祸患从此就要开始了。皇上风吹日晒于野外而您却留守在朝中，没有冒战争的危险而却增加封邑，为您设置卫队，这是因为如今淮阴侯刚刚谋反于京师，有怀疑您的意思啊。为您设置卫队，这并非是对您的宠幸，望您一定要辞让不受，将全部的家财都拿出来资助军费，如此皇上的心里便会喜悦。"

萧何听从召平的计策，高帝果然大喜。

汉高帝十二年秋，黥布反叛，高帝亲自统率大军东征，从前线多次派使者回京询问相国都在做些什么。萧何因为皇上统兵在外作战，自己便尽力地劝勉抚恤百姓，将所有的家财都捐献出来资助军费，像讨伐陈豨时所做的那样。这时，有位客人提醒萧何说：

"相国，您不久就要遭到灭族了。在群臣中，您的职位是相国，功劳第一，难道还可以再往上增加吗？然而，您自从当初进入关中，就深得民心，至今已有十多年了，百姓们都亲附于您，您还是在那里孜孜不倦地为民众办事，取得民众的爱戴。皇上之所以派人多次打听您的情况，是怕您以关中摇撼汉室啊。为您着想，您为什么不多买些田地，发放一些低利息贷款来玷污自己的声誉，以表明自己想做个富家翁，而不是想要争取民心，攫取更大的权力，如此皇上对您就放心了。"

萧何采纳了客人的这个建议，皇上得知后大为高兴。

汉高帝东征黥布，胜利归来。临近长安，便有百姓拦路向皇帝上书，告发相国用贱价强购百姓的民田和房产，价值数千万。其实，这事皇帝早已知晓。高帝回到长安后，萧何拜见高帝，高帝笑着说：

"相国您就是这样利民！"

说着，高帝便把路上收到的百姓们控告萧何的上书交给他，向他说道："您自己向百姓谢罪去吧！"

萧何的强买民田，是听从客人的劝告，为的是使皇上免生怀疑，他是为保全自身而违心这样做的。如今皇上责怪下来，他认为这是罪有应得，也不感到委曲。非但不委曲，反而为皇上如此关心百姓疾苦而感到高兴。关心百姓疾苦，是萧何任丞相、相国以来，十多年中一直盘旋于脑海中的主题之一，从不曾有过轻心怠慢。今日皇上既然以与民争利责怪自己，何不趁机请皇上开放上林苑——这是萧何在心中考虑已久的事，过去一直未敢向皇上正式提出。于是，萧何趁此机会为百姓向皇上请求说："长安土地狭窄，上林苑中有很多空闲的土地，大都舍弃荒芜，望陛下能下令允许百姓入苑耕种，只收粮食，留下禾秆、麦秸作为饲养皇家禽兽的饲料。"

汉高帝闻言后大怒道：

"相国一定是接受了商人的许多财物，为他们请求我的上林苑！"于是汉高帝下令把相国交给廷尉审理，给相国戴上刑具，把他囚禁起来。

劳苦功高的堂堂相国，一言不慎便被投入狱中，这是因为汉高帝闻听相国请求开放上林苑后，很是生气。高帝心想：

我责令你为强令购买民田一事向百姓请罪，你非但不认罪，反而请求我开放上林苑，岂不是指责我封闭上林苑也是与民争利吗？

上林苑是皇家苑囿，归皇家所有是天经地义，向百姓开放则成何体统，皇帝的威严又何在？

最令汉高帝不能容忍的是，你萧何打着为民请命的旗号，我岂不成了不管百姓死活的桀、纣一类的君主，你萧何却成了拯救天下百姓的救星，这不明明是借此来收买民心吗？居心何在？

萧何只知道一心忠于皇上和成就他的帝业，哪里会想到这么许多。他为免除皇上的怀疑而有意或违心做过的几件事，都是别人提醒的结果，而且是事过之后也就算了，从不在这些事情上多费心思。他没有认真地多想一想：自己强买民田以自污，不就是听从客人的建议，怕皇上担心自己是民望所归，摇撼他刘氏江山吗？而建议开放上林苑，这不正是自己打着为民请命的旗号，事后使百姓对自己感恩戴德么？皇帝怎能不为此而恼怒。可见，萧何并没有领会客人建议他强买民田以自污的要害所在，时时以此来警戒自己，以至于一遇到实际问题，便又把百姓疾苦与安定天下放在第一位，而没有想到自己，没有想到皇上对自己最不放心的是什么，因而激怒了皇上，自己也被囚禁起来。

萧何因为请求开放上林苑被投入狱中，他既无怨恨，也不后悔。他早已把自己的全部心血和性命投入了刘邦的帝业之中了，家族中所有能上阵的人都上了前线，全部家财都资助了军费，入狱又算得了什么？即或万一有个好歹，不也就可以从此省心了么？萧何怎么也不理解皇上为什么把自己囚禁起来，也不愿意为此而多想。囚室之中，萧何闭上眼睛静静地养神；萧何问心无愧，相信皇帝迟早会把自己放出来的。

汉高帝在一气之下把相国囚禁起来，事后他自身的感受，一点也不比狱中的萧何轻松。然而，他又不愿认错。过了几天，一位姓王的卫尉侍奉高帝，向高帝问道："相国犯了什么大罪，陛下突然把他拘禁起来了？"

"我闻听李斯任秦皇帝的丞相，有善政则归功于主上，有过错则自己承担，如今相国却多收奸商的贿赂来为民众请求我的上林苑，为的是自己取媚于百姓，所以把他囚禁治罪产。"

王卫尉接着高帝的回答又说：

"如果是在职责的范围之内而又有利民众的事，敢于为民众提出请求，这才是正直地履行宰相分内的职务。陛下怎能为此而怀疑相国接受商人的贿赂呢？况且陛下与楚军相持数年，陈豨、黥布反叛时，陛下又亲自统领诸将前往征讨。当时，相国留守关中，只要他一举足则函谷关以西就不是陛下所有了。相国不在那时称王于关中为已谋利，难道会因商人的金钱来为自己谋私吗？况且秦皇帝是因为对自己的过错闭目塞听而失去天下，李斯替皇帝分担过错，又有什么值得效法的呢？陛下为什么在怀疑相国的时候会如此浅虑啊。"

高帝听了王卫尉的议论后，仍是很不愉快。他不是认为王卫尉讲的没有道理，而是恰恰相反。汉高帝实质上是生自己的气，这事使他总是感到别扭，但无论如何，汉高帝还是得按理办事，顾全大局。这一天，高帝特地派使节到狱中赦免萧何出狱。

萧何见使者手持天子符节来赦免他，顿时激动万分。此时此刻，他感到自己似乎真是犯了什么弥天大罪，或者是遇到了意外的灭顶灾难，是天子的一道符节把他从地狱中拯救出来。或许并非如此。萧何的分外激动，是感到皇上确实是了解他、信任他。他相信皇上最终定会赦免自己的信念——这是萧何在狱中的唯一精神支柱，终于没有破灭，他怎能不激动万分呢？于是，萧何激动得顾不上一切，直向宫中奔去。

萧何这时已年过花甲，两鬓苍白，几天的狱中生活，使得萧何又苍老了许多，加之仓促入宫，衣冠不整，活像个乡间贫贱的老汉。

刘邦见平时一向谦恭谨慎、衣冠整齐的相国，如今却判若两人，白发散乱，面容苍老而憔悴，衣冠不整，赤着脚步履蹒跚地直向殿上扑来，向自己谢罪。高帝大为惊讶，一阵心酸，赶忙向前扶起萧何，眼含泪水地向前认错，说道："相国快不可这样！这事就算过去吧！相国为百姓请求上林苑，我不允许，我不过是桀、纣那样的君主，而相国却是位贤相。我把您囚禁起来，不过是为了让百姓知道我的过错。"

萧何仍然双手握着皇帝的两臂不放，他没有听清楚皇帝向他说了些什么，只是仰首呆望，凝噎（yē）无语。年过花甲的帝国皇帝与年过花甲的相国，当年沛县官府内外的一对挚友，在经过二十来年的风雨同舟之后，如今却在宫殿上最终地不分彼此了。那无疑是一个十分动人的场面。

四个月过后，高帝驾崩；两年过后，萧何也与世长辞。

萧何是中国历史上的一代名相，被明代人李贽称为"结主大臣"。他忠于刘邦及其事业，刘邦也信赖他，依重他。《史记·萧相国世家》中所载刘邦对他的怀疑乃至于将他一度囚禁，还有萧何为解除刘邦疑虑以及他在别人劝说下所采取的一些小小动作，纵然果有其事，这也是专制制度下的应有之举；对于萧何与刘邦这种拥戴与信赖的整体关系而言，那不过是一些小小的插曲而已。正因为有这些小小的插曲，刘邦与萧何的关系才是完整的、真实的、动人的，是令人可信的，也是令后人仰慕和称道的。

五　张良隐逸

在刘邦所称赞的三位"人杰"中，韩信被诛杀，萧何也曾被系狱，唯有留侯张良于功成名就之后急流勇退，最终不失其谋士本色。

汉高帝五年五月，娄敬（后被赐姓为刘，即刘敬）于洛阳建议定都于关中，群臣都表示反对，高帝问于张良，张良发表一通高论，赞成娄敬的意见，高帝当日便起驾西行，定都于关中。

张良随从高帝的车驾一道西行，然而自从这次入函谷关后，他便以身体多病为理由，自此引退政坛，学习道家那一套养生的方法，呼吸俯仰，屈伸手足，以此谋求血气充足，身体轻举，增进健康。同时还采取"辟谷"的方式，不吃食物，而服用药物，以此养生。到达关中后，张良有一年多的时间闭门不出，也不接待宾客。因而，张良建议依娄敬之言定都关中，便成了他一生中告别政坛的最后一次献策。

至于封地，高帝在灭亡项羽后，曾使令他在齐地自己选择三万户作为食邑，张良辞谢说："我起兵于下邳，与皇上相识于留，这是上天把我交给陛下。陛下采用我的计策，幸而时常料中，我愿受封于留县就足够了，三万户实不敢当。"

高帝果然封张良为留侯，与萧何、曹参同时得到封赏。

张良于功成名就之后引退，在于他深信"飞鸟尽，良弓藏；狡兔死，走狗烹，敌国破，谋臣亡"这一哲理。这也是他作为一名谋士，不仅能为刘邦谋划夺取天下，也能为自己谋求安身，不愧为一位真正的谋士。

诚然，张良隐退后，他也曾受命于高帝，与韩信一道整理各家兵书；在易立太子问题上他被吕泽所胁迫而献策，建议招致"商山四皓"；高帝征讨陈豨时，他曾随军前往，献计于马邑城下；高帝东征黥布时，他相送于郊外灞上，劝告高帝"无与楚人争锋""令太子为将军，监关中兵"，谋高而意重。但总的说来，张良在汉帝国建立后，他是从政坛上引退下来了。

据《史记·留侯世家》所载，自萧何被立为相国后，张良曾与汉高帝闲谈天下之事，涉及问题很多，因为与天下兴亡无关，《史记》未予记载，但却记录下了张良的一段自我表白：

"我家世代为韩相，待到秦军灭亡韩国，我不爱惜万金家财，破产谋求勇士为韩国报仇，致使天下震动（指博浪沙行刺未遂，秦始皇下令天下大搜捕十日）。如今又以三寸舌为帝王军师，封万户，位于列侯，这是布衣百姓所能得到的最高地位，对于我张良来说，可谓心满而意足了。甘愿从此抛弃人间的事情，想要随从赤松子（传说中的仙人）遨游去了。"

汉高帝死后，吕后为了感激张良在劝谏改立太子一事中的恩德，强迫张良放弃"辟谷"，并说道，"人生于世间，犹如白驹过隙，刹那间便成过去，何必如此自讨苦吃。"

在吕后的一片盛情和强迫之下，张良不得已又恢复食用谷物。

八年过后，张良病死，儿子张不疑嗣留侯爵位。

据《史记》所载，当年在下邳桥上授给张良《太公兵法》的那位老人，当时曾告诉张良："十三年过后见到济北谷城山下的黄石，便是我的化身。"十三年过后，张良随从高祖征战，路过济北，果然见到谷城山下的黄石，便将黄石取回作为圣物供奉起来，按时祭祀。死后，黄石也一同安葬。后人到墓上祭祀张良时，也同时祭祀黄石。

司马迁于《留侯世家》评论说：

"学者大多认为没有鬼神，然而却承认有怪物，像留侯所遇到的老人授给他兵书，也算是一件令人奇怪的事了。高帝曾多次处于困境，而留侯常在这种时候为他建功，难道可以说这不是天意吗？皇上称'夫运筹帷帐之中，决胜千里外，吾不如子房。'我以为他这个人一定是身材魁梧、相貌非凡。然而看到他的画像，容貌却像位妇人美女。无怪乎孔子说：'用相貌取人，我失误于子羽。'留侯也是这样吧。"

司马光编纂《资治通鉴》，对于张良的隐退曾有所评论，因文字并非难读，为保持原文韵味，故将原文抄录如下：

臣光曰："夫生之有死，譬犹夜旦之必然；自古及今，固未有超然而独存者也。以子房之明辨达理，足以知神仙之为虚诡矣；然其欲从赤松子游者，其智可知也。夫功名之际，人臣之所难处。高帝所称者，三杰而已。淮阴诛夷，萧何系狱，非以履盛满而不止耶！故子房托于神仙，遗弃人间，等功名于外物，置荣利而不顾，所谓'明哲保身'者，子房有焉。"

六　萧规曹随

在刘邦的遗嘱中，曹参被列为汉王朝相国的第一接班人。除异姓诸侯外，在刘邦部下的众将领中，曹参"身被七十余创，攻城略地"，战功最多。汉帝国建立后，因为齐地是中国东西两大富饶的战略要地之一，素有"西秦""东秦"之说，故刘邦封庶出的长子刘肥为齐王，任命曹参为齐王的相国，实际上是把确保东方安定的重任寄托在曹参的身上。曹参继任相国之后，遵从刘邦、萧何的既定制度和政策，实行清静无为的黄老政治，贯彻与民休息方针，对汉初的社会安定和经济恢复做出了巨大的贡献，为后来"文景之治"的出现从方针路线上准备了条件。故后人有"萧规曹随"的美誉。这里，对曹参的事迹作如下的评介：

在汉初分封的异姓、同姓诸侯王国中，齐国有七十余城，封地最大，人口最多，又十分富饶。曹参出任齐王相国，他鉴于天下初定、齐王年轻的这一事实，到任后便召集当地的长老、儒生，询问安定百姓的办法。齐地原有的读书儒生数以百计，每个人都有自己的看法，很不一致，曹参也无法确定采纳哪一位的建议。后来听说胶西有一位被称为盖公的长者，精通黄帝、老子的黄老学说，便派人带着贵重的礼物把他请到齐国都城。盖公到来后，向曹参献策，认为安邦治国的总方针应是"贵清静而民自定"。至于治国的其他政策，也都是按照这个总方针类推，向曹参作了具体的论述。曹参认为盖公的这套理论很高明，便把正堂让给盖公住。曹参把盖公所阐述的这套黄老学说作为制定治国纲领的指导思想，因而在担任齐国相国的九年之中，齐地的百姓安居乐业，人们无不交口称赞他是位贤相。这一切，汉高帝在世时当然有所耳闻。

汉高帝死后两年，相国萧何患病不能起身，汉惠帝亲自到萧何家中探视。惠帝见相国病重，虽然知道萧何与曹参平时有些不大和睦，但高帝在临终前既然有遗嘱在先，而且事关社稷安危，他不得不向萧何询问道："相国如果百年以后，谁可接替？"

"最了解臣下的，莫过于君主。"萧何并没直接回答。

"您看曹参怎样？"惠帝问。

"陛下已得到了最好的人选，我死后也没有什么可遗憾的了。"萧何叩头回答。

当曹参得知萧何逝世的消息后，他在悲痛之中立即告诉左右的人赶快整理行装，说道："我将要到朝廷当相国去了。"

曹参并不知道汉高帝的临终遗嘱，但他的预料则果真不错。几天后，朝廷果然派使者持节前来召曹参入京。临行前，曹参对接任的丞相说：

"要把齐国的狱市作为奸人寄寓的场所，狱是那些教唆犯罪、包揽诉讼的地方；市是那些投机倒把、欺骗顾客的场所。对于这两个地方要谨慎些,不要去干扰它。"

"治理国家没有比这更重要的吗?"接任丞相困惑不解地问。

"不能这样看。狱与市这两个地方,是好人与坏人并存的场所,如今您去干扰他们,那奸人到哪里去容身啊。我因此把这两件事作为治国首先慎重对待的问题。"

曹参把实行黄老清静无为作为治国之本,在狱与市的问题上不能不持这种态度,其根本目的是把经济犯罪和刑事犯罪限制在一定的范围之内,不去做那些激化矛盾的事。

曹参在微贱的时候,本来与萧何的关系很友好。待到二人分别为将、为相,彼此间却产生了一些嫌隙与隔阂。但到萧何临终前,他所推荐的相国接班人唯独曹参一人;而曹参继任相国后,处理国家政务,同萧何在任时无所变更,一切遵循萧何所制定的制度和法令从事。

曹参的具体做法是,从各郡国的官吏中选择那些质朴而不善于言辞的长者,任命他们为丞相史,做自己的助手。对于那些善于文辞、苛求深究、追逐名声的人,一律将他们调出相国府。然后,自己便日夜痛饮美酒。卿大夫以下的官吏及他门下的宾客们,见曹参不处理政务,到他这里来的人都想为此而向他进言。曹参也深知这些人的来意,当客人到来后,他便十分热情地不由分说先请他们饮用美酒。饮酒高潮低落,曹参见来客想要趁机向自己进言,便再度热情地勉强他们饮酒,直到把客人们灌醉离去后方肯罢休,使得那前来想要劝说他的人总是得不到开口劝谏的机会。曹参对于想要劝谏他的人,便采取这种对待方法,并且习以为常。

曹相国住宅的后园与官吏的宿舍为邻。在曹参的影响下,宿舍里的官吏们也日夜饮酒,大声喧哗呼叫。曹参的随从讨厌这些人狂呼乱叫,但也无可奈何。随从官吏请曹参到后园中游玩,想让他听到官吏宿舍中酒醉后的呼叫声，并制止他们。谁知曹参听到后，却反而令人取酒在后园痛饮起来，也大声呼叫高歌，与官吏宿舍中的酒后呼喊声相呼应。

曹参见人犯有细小的过失，总是隐瞒遮盖，因而相国府中平安无事。

曹参的儿子曹窋（zhú）在朝廷中任中大夫，经常有机会见到皇帝。汉惠帝也怪罪曹参不理朝政，认为"莫非是轻视我吧？"因而对曹窋说：

"你回家的时候，试探着私下从容而自然地问问你父亲，就说'高帝刚刚离开群臣去世，皇上又年轻，你身为相国，整日饮酒，也不向皇帝请示，用什么表示忧虑天下呀？'但不要讲这是我让你说的。"

曹窋在假日回到家中，闲暇时侍奉父亲，将皇上的话变成自己的意思，向父亲劝谏。曹参闻听后大怒，当场抽打他二百下，并训斥说："赶快给我回宫侍奉皇上去，治理天下的大事，不是你所应当说的。"曹窋回宫后，汉惠帝知道了相国府中所发生的一切。待到朝会的时候，惠帝责怪曹参说：

"为什么抽打曹窋，那是我让他劝谏你的。"

曹参脱下帽子向皇上请罪说："请陛下考虑一下，在圣明英武上与高帝比谁强？"

"我怎敢与先帝相比？"惠帝答。

"陛下看，我的才能与萧何相比谁高明？"曹参又问。

"您似乎也比不上他。"惠帝答。

"陛下这就说对了。况且高帝与萧何平定天下，法令既已明确，如今陛下垂衣拱手，我们这一班人谨守职务，遵循原有的法制而无有改变，不也是可以的吗？"

"好。您不要再讲了。"汉惠帝终于明白了曹参为何整日饮酒,不理朝政。

曹参任汉帝国相国,前后三年。死后,百姓为他编了一首歌谣,来歌颂他的功绩。这首歌谣的原文如下:

萧何为法,较若画一。
曹参代之,守而勿失。
载其清静,民以宁一。

后人所说的"萧规曹随"这句成语典故,便是从上述故事和歌谣演化而来的。

七 卢绾悲哀

在刘邦分封的异姓诸侯王中,都是即皇帝位前已经受封为王的诸侯,共有七人。他们是楚王韩信、韩王信、淮南王黥布、梁王彭越、衡山王吴芮、赵王张敖、燕王臧荼。而建国后分封的异姓诸侯王,在刘邦手下的功臣中,唯有卢绾一人。卢绾受封为王,主要不在于他有超出其他人的功绩,而是在于同刘邦有着特殊的亲密关系。然而,他也有着自己的悲哀,确实是与众不同。

卢绾也是沛县人,与刘邦是同乡同里。卢绾的父亲与刘邦的父亲是好友,卢绾与刘邦又是同一天出生。当卢、刘两家生下男孩时,邻里乡亲们按习俗抬着羊、酒同时到两家表示祝贺。待到卢绾、刘邦长大,二人又同在一处读书,彼此相互友爱。邻里乡亲们称赞两家父辈相亲爱,又同日生子,儿子长大后又相互友爱,便再次抬着羊、酒同时到两家表示祝贺。在刘邦身为平民百姓的时候，常因吃官司而四处藏身，卢绾经常跟随着护从。待到刘邦起兵于沛县之时，卢绾以宾客的身份随从。刘邦受封为汉王进入汉中郡时，卢绾被任命为将军，经常陪伴在汉王的身边。楚汉战争发生后，卢绾随从汉王东进攻击项羽，经常以太尉的身份辅佐汉王，在汉王的卧室内出出入入，在吃、穿、用方面所得到的赏赐，群臣们没有敢同他攀比的。即或是像萧何、曹参等人，也只是因为有特殊的事时才受到汉王的以礼相见。至于从汉王那里所受到的亲近宠幸，谁也比不上卢绾。在首批受封为列侯的名单上，卢绾受封为长安侯。

汉高帝五年冬，因为项羽已被消灭，高帝使令卢绾另带领一支部队，同高帝的堂兄刘贾一道攻击临江王共尉，击败并俘虏了共尉。同年七月，汉军凯旋，后来燕王臧荼反叛，高帝统领大军亲征，卢绾随从前往。不久，臧荼战败投降。高帝既已平定天下，当时，非刘氏而受封为王的已有七人。高帝想要封卢绾为王，又担心群臣中会有人因此而不满。待到俘虏了臧荼，高帝便向将相列侯们发出诏书，在群臣中选择有功的人立为燕王。群臣都知道皇上是想封卢绾为王，便都顺从皇上的意愿说道："太尉长安侯卢绾经常跟随皇上平定天下，功劳最多，理应封为燕王。"

诏令批准了这一建议。

汉高帝五年八月，正式立卢绾为燕王。在诸侯王中，就受到皇上的宠幸而言，谁也比不上卢绾。

汉高帝十一年秋，陈豨在代地举兵反叛，高帝亲自率大军到邯郸攻击陈豨的叛军，燕王卢绾也统率燕国的部队进攻陈豨的东北部。当时，陈豨派部将王黄到匈奴请求援兵。燕王卢绾也派部下张胜出使于匈奴，通告匈奴说陈豨的军队已被击败，目的是促使匈奴不发兵援救陈豨。张胜到达匈奴，原燕王臧荼的儿子臧衍已逃亡在匈奴。臧衍见到张胜，对张胜说道：

"您在燕国所以被重用，是因为熟习匈奴事务的缘故。燕国所以能长久存在，是因诸侯多次反叛，连年用兵而不能形成定局的结果。如今您为着燕王想要赶紧地消灭陈豨等人，如果陈豨等人灭亡了，接下来便轮到燕国。到那个时候，您也将要成为汉朝大军的俘虏了。您为什么不使令燕王暂且放过陈豨而与匈奴联合？事情留有余地，可以长期占有燕地；如果遇有汉朝征讨的紧急情况，也能凭借着这种背景来安定国家。"

张胜认为臧衍讲得很对，就擅自促使匈奴出兵帮助陈豨攻打燕国，燕王卢绾怀疑张胜结交匈奴谋反，向朝廷请示将张胜留在燕国的同族人全部诛杀。这时，张胜从匈奴回到燕国，把臧衍对他讲的话向卢绾复述一遍，详细说明自己这种做法的原因。卢绾觉得张胜的一番话很有道理，就假作判处另外的人，对外声称已将张胜处决，实际上却为张胜和他的家属开脱，使他们得以成为匈奴的间谍。与此同时，卢绾又秘密派遣范齐到陈豨的驻地，想要使令他长期流亡、连年游击，不与汉军主力进行决战。卢绾的这些做法，显然是采纳了臧衍的计谋，谋求个人的私利。

汉高帝十二年，高帝统领大军东征黥布，陈豨时常率兵停留在代地。高帝派樊哙攻打并杀死陈豨。陈豨的副将向汉军投降，同时说出燕王卢绾曾派范齐到陈豨的驻地通告计谋。高帝为卢绾与陈豨暗中勾结一事感到震惊，派使者召唤卢绾，想要问个究竟并作出处理。卢绾心里有鬼，便推托有病不应召前往。高帝又派辟阳侯审食其、御史大夫赵尧前往燕国都城迎接燕王来京，并趁此机会找燕王的近臣对证有无与陈豨相勾结的事。谁知这样一来，卢绾更恐慌，竟然关门躲藏起来，对他的心腹说道：

"如今诸侯王中不是刘姓的，只有我和长沙王了。去年春季，淮阴侯被灭族；夏天，又杀了彭越。这都是吕后的计谋。现在皇上病倒了，把大权交给了吕后。吕后是个妇人，专门干诛杀异姓诸侯王和有功大臣的勾当。"

于是，卢绾声称有病而不肯应召，他左右的近臣也都逃亡匿身。卢绾对心腹所说的那番话有所泄漏，辟阳侯审食其闻知后，一一向汉高帝汇报，高帝愈发愤怒。这时，汉军得到从匈奴那边投降过来的人，降者说卢绾的部下张胜并没有被处死，现逃亡在匈奴，为燕王充当派往匈奴的使者。直到这时，汉高帝才下定结论："卢绾果真反叛了！"

高帝派樊哙统率大军进攻燕国，燕王卢绾率领全部宫人、家属及数千名骑兵逃亡，居于长城脚下，等待观望，希望在高帝病体痊愈后，进京亲自向皇上请罪。四月间，卢绾闻知高帝去世的消息，便打消了进京请罪的念头，带领部下逃入匈奴。匈奴封卢绾为东胡卢王。卢绾在匈奴的处境很不好，经常遭到匈奴人的侵夺，因而时常思念回归汉朝。一年过后，卢绾死于匈奴。

吕太后执政期间，卢绾的妻子逃亡后向汉朝投降，正赶上太后已患病在身，不能亲自接见她，便把她安排在燕王卢绾当年在京城中的馆舍中，等待康复后再设酒宴来接待她。然而，吕太后竟然因病而死，彼此不得见面。不久，卢绾的妻子也病死了。

卢绾是刘邦部下最得宠幸的大臣，享有受封为王的特殊待遇。当汉高帝得知卢绾有反叛行为时，虽然由震惊转而愤怒，但一直本着首先查清事实的态度，谨慎处理，直到从匈奴投降过来的人再度证实后，才做出发兵征讨的决定。而卢绾深受皇恩，却为个人谋划私利。为保全自己，他听从臧荼流亡在匈奴的儿子臧衍的计谋，同时也因吕后接连诛杀韩信、彭越等异姓诸侯王而寒心，竟然与叛将陈豨和敌国匈奴相勾结，虽然未正式举兵反叛汉朝，但已构成反叛朝廷的通敌、资敌的罪行。后来他叛逃亡入匈奴，虽受封为东胡卢王，但也屡受蛮夷侵夺，有说不出的悲哀，不久便死于匈奴。卢绾的悲哀，实属咎由自取。司马迁在《卢绾列传》中评论说："内见疑强大，外依蛮貊以为援，是以日疏自危，事穷智困，卒赴匈奴，岂不哀哉！"实为公正的评论。

八　豁达大度

　　秦汉之际，天下大乱。豪杰并起，群雄逐鹿。西汉开国皇帝刘邦，原为沛县农家子弟，起于微细，乘时势之风云，得贤士之佐助，终于南面称帝。对于秦汉之际的各路诸侯、英雄豪杰来说，他们同处一个动荡的时代，在客观上都具有同一个可以凭借的时势风云。当时，想称王、称帝的，又何止一人？然而，最终扫平群雄、称帝于天下的，则是刘邦。刘邦能够扫平群雄的原因，可以列举很多。其中，他个人所具有的独特素质，不能不说是一个重要的原因。后人评论刘邦，称道他"豁达大度，从谏如流"。这八个字，确实是概括了当时其他英雄豪杰所不具备而为刘邦所独具的素质，是刘邦区别于其他历史人物的主要个性特征。

　　豁达大度与从谏如流，二者具有不同的内涵，但又有着一定的联系，现依据刘邦的一生事迹，分别叙述如下。

　　称刘邦豁达大度，是说他器度开阔，胸怀大志，心有全局。司马迁作《史记·高祖本纪》，称刘邦"仁而爱人，喜施，意豁如也。常有大度，不事家人生产作业"。晋潘安仁（岳）作《西征赋》，则进一步说:"观夫汉高之兴也,非徒聪明神武,豁达大度而已也",载于萧统《文选》。自潘安仁《西征赋》始,人们便往往用"豁达大度"来称颂刘邦。下面,略举如下十例。

不事产业。

司马迁称刘邦"常有大度,不事家人生产作业"。作为一个农家子弟,从事农业生产应是其本业。而刘邦既不愿务农,又不肯经商,也不想当一名工匠,那在"士农工商"四业中,他只有走做官的这一条路。然而就刘邦家庭出身和本人的条件而言,他只能谋一个泗水亭长的职位。而亭长又不是领取朝廷俸禄的官员,只不过是秦帝国地方政权基层组织中的一名小吏而已。从刘邦担任泗水亭长期间对县府中的小吏"无所不狎侮"的玩世不恭的种种表现来看,他并不把亭长的职位当回事,不过是借此聊以寄世而已。此时的刘邦,究竟想怎样度过自己的一生,恐怕他自己也不大清楚。总之,一位出身于农家的子弟,不肯从事家人生产作业,对现实又多所不满,说穿了,他是不甘心做一名平民百姓。司马迁把刘邦的"不事家人生产作业"作为他"常有大度"的根据,这无疑是一个颇为深刻的见解;刘邦的玩世不恭,正是他身为平民百姓期间胸怀大志的一种扭曲的表现。

纵观秦皇。

刘邦带领沛县民夫在咸阳服徭役期间,有幸在百姓中间观看到秦始皇车驾出游,这是刘邦一生中至关重要的大事。在此以前,刘邦也知道国家上有皇帝,但他做梦时也没有想能见到皇帝,因为他一个小小的亭长怎会有机会见到天子。然而,当刘邦观看到秦始皇车驾出游时,他却与众不同地发出了"嗟乎,大丈夫当如此也"的感叹。此刻的刘邦,虽然没有项羽在会稽(今浙江绍兴县东南)观看秦始皇巡游时所发出的"彼可取而代也"的气魄,但细细品味起来,项羽的"彼可取而代也"体现出来的是暴力,是不能"终朝"的疾风暴雨,瞬时间即将成过去;而刘邦的"大丈夫当如此也"体现出来的是企望,它是一种追求,如细雨绵长,滋润万物,足以有助于他日后想成就的帝王之业。总之,刘邦自纵观秦皇帝车驾出游之后,他的胸怀大志再也不必通过玩世不恭、小店醉酒的形式来抒发和表现,而是同人世间最为尊贵的天子联系起来。当然,这种联系在起始阶段是那样地迷茫,是一种梦幻,但是刘邦毕竟是从此时开始竟然做起皇帝梦来了,这不能不说是刘邦人生历程中,在思想上的一个重大转变。

常徭咸阳。

《史记·高祖本纪》称刘邦"常徭咸阳",有人解释说:"刘邦常去咸阳服劳役。"这是一种误解。刘邦的"常徭咸阳",不是他本人到咸阳去服劳役,而是如《史记·萧相国世家》所说的"以吏徭咸阳",他是以小吏(亭长)的身份为沛县押送民夫去咸阳服役。这在当时是一件苦差事,临行前萧何等县府中的小吏都以刘邦好友的身份送些旅费给他。这除了体现着朋友间的情谊之外,也意味着这件差事很辛苦,还带有几分意外的风险。然而,与众不同的是,刘邦竟对这种苦差事乐此不疲,总是自告奋勇地多次带队去咸阳。其中的奥秘,就在于这是他精神上的最大寄托,是关中山水之间时隐时现的秦始皇离宫别馆,绵延数百里,令人目不暇给,数不胜数。此外,还有那雄伟的咸阳城墙、壮丽的咸阳宫殿、正在修建中的阿房宫与骊山陵墓工地。这一切,把刘邦带入了另外一个令他神往的美妙世界。他是那样地如迷如痴,有时甚至觉得自己似乎成了这一切的主人。作为一介平民百姓,这种皇帝梦给刘邦在精神上带来了极大的满足。为此,他不仅不畏惧长途跋涉的辛苦,而且在秦帝国风雨飘摇之时竟甘愿押送

"刑徒"奔赴咸阳。当然,这最后一次却不到半途就废止了,他从此也逃往山林匿身。刘邦的常徭咸阳,他主观上是为了享受这皇帝梦所能给他带来的慰藉,而客观上却陶冶了他的性情,开阔了他的胸怀,强化了他的追求。这一切,对于他后来的扫平群雄、贵为皇帝,不能说没有关系吧?

沛县举兵。

刘邦自丰西亭释放刑徒,自己也逃入山林匿身。刘邦当时不会想到,他敢于释放秦帝国的刑徒,这不是使自己以救世主的身份站到强大的秦帝国的对立面了么?这一切,使得刘邦虽藏身于山林,飘泊不定,尝尽了千辛万苦,但他的皇帝梦比"常徭咸阳"时做得还要多,而且是越来越真切了。陈胜、吴广大泽乡首倡起义,天下群起响应。在这种形势下,刘邦走出山林,被沛县父老推戴为"沛公",正式加入了反秦起义的洪流之中。在反秦的各路诸侯中,起初是一支不甚强大的力量。然而,刘邦与众不同的是,他是在做过皇帝梦之后,才举起了反秦的义旗,把举兵起义作为他为实现皇帝梦想的第一步。在当时的各路诸侯之中,有谁人这样想过?即或是出身贵族、为消灭秦军主力而扬威天下的项羽,他虽然曾发出过"彼可取而代也的"豪言壮语,但灭秦后却舍弃关中,甘愿回彭城做号令天下的西楚霸王。霸王与皇帝,二者又怎可同日而语!正因为有这种不同,刘邦在加入起义行列后,他能够审时度势,善于处理他所遇到的诸多难题,在力量不甚强大时投奔项梁,能与骄横的项羽一道共同与秦军作战;同时又能招揽天下英雄,壮大自己,终于率先经武关首先攻入关中,接受秦王子婴的投降。

屈就汉王。

按照楚怀王与诸侯的约定,先入关中者为关中王。刘邦率先攻入关中,他理应称王于关中。况且他为了称王于关中,入关后与关中父老约法三章,抚恤百姓,做了不少准备工作。然而,当项羽率领各路诸侯进入关中后,却依仗着自己手中所拥有的强大的军事力量,违背楚怀王与诸侯订立的约规,将关中封给秦朝的三个降将,令刘邦到偏僻的汉中称王,使令三个降将把刘邦的势力遏止在汉中一隅。当时受封的诸侯王大多是封在自己的家乡或附近,唯有刘邦和他部下的将士被封在远离家乡的汉中盆地,四周都是高山峻岭,对外交通十分不便。项羽的这种做法,是刘邦无论如何也不能忍受的。他不是没有过与项羽拼上一死的想法,但在萧何等人的劝谏下,他为着大局和将来,甘愿忍辱负重,屈就汉王一职,在关键时刻体现了他的豁达大度。

不念旧恶。

在秦汉之际群雄逐鹿的年代,天下的豪杰无不各自选择明主,既是为了更好地施展自己的才能,也为着成功之后的荣华富贵。因而,当时的贤能之士游移于各路诸侯之间,去此就彼的事时而有之,屡见不鲜。刘邦为成就他的帝王之业,也是尽力招揽贤才,有很多人原在敌对势力或其他诸侯那里供职,有不少人在"各保其主"的情况下,曾做过十分令刘邦困辱的事。但是这些人或为改换门庭而来,或因战败而被俘,刘邦都能做到不计前嫌,一律接纳,予以封赏,委以重任。这类的事例,多得不胜枚举。其中,最能说明问题的是他对雍齿的宽容。早在起兵之初,刘邦令雍齿守卫丰城,刘邦带兵外出作战。然而,雍齿却以丰城降魏,使刘邦处于困窘的境地。刘邦攻打丰城,未能攻下。举兵之初的艰难之际,雍齿的叛变使刘邦最为寒心,因此而忌恨终生。即使如此,刘邦后来还是宽容了雍齿,使他得以为刘邦立有不少功劳。刘邦时时想杀死雍齿以解宿怨,但总是念他功多,但更主要的是刘邦从大局出发，有豁达大度的胸怀，不念旧恶，这才使得雍齿最终并未遭到杀害。帝国建立后，功臣们为着未能及时得到封赏而议论纷纷，大有反叛的情绪和苗头。此时，刘邦采纳张良的谋略，先封雍齿为什方侯，诸将始安。这位最令刘邦忌恨的雍齿竟在特殊情况下派上了特殊的用场。可见，刘邦的不念旧恶、豁达大度竟给他带来了多大的好处。

不吝爵位。

在刘项争夺天下的楚汉战争中，刘邦如果只是依靠曹参、樊哙等人所统率的部队，且莫说是打败项羽，连楚汉相持于荥阳的局面也难以形成。试问：如果没有韩信东渡黄河后的一路上虏魏王、大破赵军于井陉口、占有齐地并于潍水击溃龙且率领的二十万大军，没有彭越的游击楚军，屡屡切断楚军的粮道，没有黥布的归属汉王，能够出现项羽与刘邦签订中分天下和约的那种局面么？决定楚汉命运的垓下决战，在韩信、彭越没有按期前来时，项羽可以把刘邦的军队打得大败；当韩信、彭越、黥布各自率领大军前来垓下参加会战时，项羽顿时陷入了四面楚歌之中，最后不得不乌江自刎。可见，没有韩、彭、黥的参加会战，刘邦是不可能战胜项羽的。刘邦究竟有什么法宝能把这些人招来为自己效力？这个法宝便是不吝惜对各路诸侯授予以爵位，封赏王侯。刘邦的最终目标是称帝天下，为此他怎能舍得把土地和人民分封给诸侯？项羽舍不得这样做，结果成了孤家寡人，最终灭亡了。刘邦呢？尽管有谋士们经常在耳边就这个问题提醒他，他还是从内心里舍不得把土地和人民分封给别人，不甘愿封韩、彭、黥等异姓诸侯王。然而，刘邦最终还是封这些人为诸侯王，把大片土地和众多人民划归他们，在实际上做到了不吝爵位。如不是豁达大度，刘邦能够做到这一点？能够打败项羽么？

称帝天下。

刘邦在消灭项羽后的第二个月,便在氾水之阳即皇帝之位。这对于做了多年皇帝梦的刘邦来说,当然是顺理成章的事。但同项羽在灭秦后甘愿回彭城做西楚霸王相比较,可知刘邦的这种选择并非寻常。试观秦汉之际的众多诸侯王,一个个谁不以称王于一方而自满自足?又有谁想过当皇帝?诚然,黥布反叛后,刘邦在两军阵前问他"何苦而反?"黥布则回答说:"欲为帝耳!"这是不是黥布也想称帝于天下、有做皇帝的雄心大志呢?不是。黥布是故意说的一句气话,意在激怒汉高帝,借以发泄心中的积愤。观黥布举兵反秦以及受封为九江王、淮南王前前后后的表现来看,他何时想过做皇帝呢?他的造反,是因为收到了彭越被诛杀后所剁成的肉酱,兔死狐悲,担心皇上也要诛杀自己,所以才举兵反叛。可见,在秦汉之际的诸侯中,唯有刘邦想做皇帝,而且也确实当上了皇帝,实属于非常之举。中国自春秋战国以来,实质上是上无天子、诸侯称雄。秦始皇首创皇帝制度,在中国历史上建立了第一个统一的、中央集权的封建专制帝国,然而十几年却灭亡了。项羽不想当皇帝,结果呢?也很快灭亡了。而刘邦的称帝天下,汉承秦制,坚持了皇帝制度,使中国的封建专制制度在西汉王朝得以最终确立。这是刘邦对中国历史发展的一大功绩,同他的豁达大度亦不无关系。

规摹弘远。

刘邦并不以自己当上了皇帝、称帝于天下而自满自足。试看他即皇帝位后,在百废待兴、异姓诸侯王叛乱此起彼伏的情况下,他"虽日不暇给",却在百忙之中"命萧何次律、令,韩信申军法,张苍定章程,叔孙通制礼仪,又与功臣割符作誓,丹书、铁契,金匮、石室,藏之宗庙",为西汉帝国的制度建设做出了总体规划,使制度建设初具规模。西汉王朝存在二百余年,为中国的历史发展做出了自己的贡献,追本溯源,自有刘邦的一份大功劳。史称他这项工作做得"规摹弘远",并非溢美之辞,是他豁达大度在称帝以后的再度充分体现。刘邦为此所做的一切,当然有为他子孙后代谋划的意图,但不能说这是他意向的全部。使自己所成就的帝业巩固发展下去,令汉帝国长治久安,这才是刘邦生前的主要愿望之所在。这是多么器度开阔、深谋远虑的宽广胸怀啊!

生死骨肉。

刘邦的豁达大度在个人生死以及对待家庭骨肉之间的问题上,再一次被充分地体现出来。为争夺天下,刘邦在反秦战争和楚汉战争中,他的大部分时间都是在军营中度过的。楚汉战争中,他多次死里逃生,胸部被暗箭射伤,可见他早已将个人的生死置之度外。当了皇帝后,他仍然屡屡大驾亲征,平叛御侮,甚至在有病的情况下,还抱病东征黥布,致使又被流矢射伤。刘邦的戎马一生,表明他为成就帝业是不顾个人生死的。这同坐在咸阳城中指挥兼并六国战争的秦始皇,是何等的不同。再看刘邦在东征凯旋的途中,他在沛县与家乡父老们饮酒作赋,起舞高歌,似乎身上并不带有箭伤;然而,当他离开家乡西归长安时,加重了的伤势竟使他一病不起;即使在这种情况下,他却有病不医,声称"命乃在天,虽扁鹊何益!"身为国家皇帝,他这种视死如归的精神,同秦始皇晚年的寻仙求药、幻想长生不老,岂不恰成相反的对照!

刘邦有父母、兄弟、妻妾和儿女,在亲人骨肉之间,他具有常人所具有的那些情感。然而,为着成就帝王之业,他既已将个人的生死置于度外,他的亲人骨肉在帝王之业面前都降到了次要地位。身为平民百姓期间,刘邦由于"不事家人生产作业",他未能在物质上孝敬父母；为了做皇帝梦，他"常徭咸阳"，长年在外，把家中农活和抚养儿女的重担全部都推给年轻的妻子。楚汉战争期间，逃亡途中他为着车马跑得快些，几次把儿女从车上推下去；项羽以煮死太公要挟刘邦，刘邦却说"幸分我一杯羹"，全然不理。但是，这些又不足以说明刘邦对父亲和儿女的绝情，只是为了成就帝业，他割舍得父亲和儿女。试看他称帝后的"五日一朝太公，如家人父子礼"，并且尊太公曰"太上皇"，他对父亲不是很孝顺的么？再如刘邦不顾群臣的反对，多次地一心想改立如意为太子。这是他考虑到太子刘盈"仁弱"，撑不起汉王朝的江山。但在群臣的一片反对声中，再加之"商山四皓"的出现，他觉得即或立如意为太子，也不会得到群臣的支持与辅佐，因而置戚姬、爱子的私情于不顾，把对刘盈的担心也搁在一边，不再提改立太子。此时此刻，他的心情该是何等地复杂；而他所做出的最后抉择，又是何等地豁达大度！

九　从谏如流

　　称刘邦从谏如流，语出《汉书·叙传》所载班彪《王命论》。在《王命论》中，班彪认为刘邦成就帝王之业的重要原因之一，在于"知人善任，使加之以信诚，好谋达于听受，见善如不及，用人如由己，从谏如顺流，趣时如响赴"。刘邦的延揽英雄、知人善任，确实是他成就帝业的重要原因。而从谏如流则使他确实从部下的贤能之士那里时时得以保证在路线上、战略和策略上的正确。刘邦一生中从谏如流的事例是不胜枚举的，下面略举如下十例。

　　郦食其谏刘邦攻取陈留。

　　刘邦沛县起兵第二年的二月，攻打昌邑未下，带兵路过高阳，有

"狂生"之称的高阳酒徒郦食其求见。刘邦听说求见者是一儒生,接见时傲慢无礼,破口大骂。郦食其只用"必聚徒合义兵诛无道秦,不宜倨见长者"一语,刘邦便立即停止洗脚,起身整衣,请郦生坐上座,赔礼道歉,询问良策,郦生献攻取陈留之计。刘邦采纳此计,不仅攻下陈留,又得郦生之弟郦商所带领的四千徒众,使刘邦所处的形势开始有所好转。

陈恢谏刘邦计得宛郡。

秦二世三年六月,刘邦攻打南阳郡,秦南阳郡郡守据守宛城,刘邦领兵绕过宛城西进。张良以"宛从后击,强秦在前,此危道也"相劝谏,刘邦立即采纳,还兵围宛城三重。秦南阳郡郡守的舍人陈恢,出城向刘邦劝谏说:"南阳郡县城数十,彼此相连,各县的官吏百姓以为投降也难免遭受一死,所以才坚守城池。您如果竭尽全力攻城,士卒死伤必多;领兵离去,各县必定追击在后,怎能先入关中?不如与各县约定,凡投降者一律由原来官吏各自守城,足下只管带兵西进。如此,各城必定争先恐后投降,西进攻秦可以无后顾之忧。"刘邦采纳陈恢的劝谏,引兵向西,所向无不归降,遂经武关率先攻入关中,接受秦王子婴投降。

樊哙、张良谏刘邦还军霸上。

秦王子婴投降后,刘邦率部队开入咸阳。入城后,除萧何首先收缴秦王朝档案文书外,其他的将领们都争先恐后地到府库中抢夺金帛财物,就地分享。而刘邦见秦皇的"宫室、帷帐、狗马、重宝、妇女以千数",便想要留在宫中享用一番。樊哙指问他是想要夺取天下,还是想做富家翁?警告他"凡此奢丽之物",正是导致秦灭亡的根源,劝他"急还霸上,无留宫中!"。然而面对着多年梦寐以求的东西,刘邦不愿意舍去,没有听从樊哙的劝谏。这时,张良又出面劝谏,指出留在宫中享用秦皇所曾享用的一切，无异于"助桀为虐"。刘邦终于采纳樊哙、张良的劝谏，将秦王朝的府库一律封存，率部下撤出咸阳，还军霸上，与关中父老约法三章，秦民大悦。

萧何谏刘邦拜韩信为统兵大将。

汉王元年四月，刘邦赴汉中郡就任汉王，韩信投奔汉王，被任命为治粟都尉。丞相萧何发现韩信有非凡的军事才能，多次向刘邦谈到韩信，但未能得到刘邦重用，韩信因此而逃亡。萧何发现韩信逃亡，不待向汉王汇报便连夜追赶，终于把韩信找了回来。刘邦责问萧何干什么去了，萧何乘机向汉王推荐韩信，说大王想要东争天下，用得着韩信，韩信也能留在汉军，否则，最终还得逃亡。刘邦同意拜韩信为将，萧何说虽然拜他为将，也留不住。刘邦说："那就拜他为大将。"说着就想召韩信前来，拜他为大将。萧何说不能这样草率从事，要"择良日，斋戒，设坛场，具礼，乃可耳"。就这样，刘邦逐一地听取萧何的劝谏，以隆重的仪式拜韩信为大将。韩信同刘邦纵论天下形势，献平定三秦计策，果然一举而平定三秦。

董公谏刘邦为义帝发丧。

汉王二年，刘邦率大军自临晋渡过黄河东征，攻下河内郡，到达洛阳新城。董公拦路向刘邦进谏，引用古人之言："顺德者昌，逆德者亡""兵出无名，事故不成""明其为贼，敌乃可服"，指出项羽杀义帝，"为天下之贼也"，应当率三军为义帝穿白衣，遍告诸侯，共同讨伐项羽。刘邦采纳董公的进谏，"为义帝发丧，袒而大哭，哀临三日，发使告诸侯"，果然很快便联合起五路诸侯共五十六万大军，趁项羽率大军攻击齐国、彭城空虚的机会，一举攻克楚都彭城。

刘邦吐哺纳张良之谏。

汉王三年，楚军多次侵夺汉军运送粮食的甬道，汉军缺乏军粮，刘邦与郦食其谋划削弱楚国，郦食其建议"复立六国之后"。刘邦认为这个计谋很好，立即下令刻印，使郦食其佩六国王印出使六国。在郦食其启程之前，张良从外地归来，拜见刘邦。刘邦当时正在吃饭，向张良谈到郦食其这个计谋。张良闻听后大为惊讶，借几上的筷子为刘邦筹划，一连列举八条不可实行的理由。最后指出："诚用客之谋，陛下事去矣！"刘邦停止用餐，倾听张良的一番议论。待到张良把话讲完，刘邦才把含在口中的饭吐了出来，骂道："这个书呆子，几乎败坏了老子的大事！"同时下令立即销毁已经刻好的印信，避免了一次决策上的重大失误。

张良、陈平谏刘邦立韩信为齐王。

汉王四年，韩信在齐地潍水大败楚将龙且所率领的二十万大军，龙且被击杀，齐地被韩信全部占有。韩信派使者向刘邦请示，为镇抚齐地，请求立自己为齐国"假王"，代理齐王职务。刘邦闻听后大骂韩信。在场的张良、陈平暗中踩刘邦的脚，在刘邦耳边说道："现在形势对汉军不利，难道有能力禁止韩信称王吗？不如借此立他为王，妥善地对待他，令他守卫齐地。不然的话，会发生变乱。"刘邦闻听后也顿时醒悟过来，便改口骂道："大丈夫平定诸侯，就应当做真王，干什么做代理国王！"同时派张良带着齐王大印，正式立韩信为齐王。

张良、陈平谏刘邦与楚军决战。

汉王四年八月，项羽在形势不利的情况下，与刘邦订立和约，以鸿沟为界，中分天下，鸿沟以西归汉，以东归楚。九月，项羽归还被作为人质的太公、吕后，领兵东归。刘邦也要领兵西归，张良、陈平劝谏说："汉已据有天下的大半，而诸侯皆附；楚兵疲食尽，此天亡之时也。今释而弗击，此所谓'养虎自遗患也'。"刘邦采纳了这一意见，率兵东征，约韩信、彭越率大军按期到指定地点会合。韩、彭到期不至，汉军被楚军打得大败。张良、陈平劝谏刘邦说："楚军破亡在即，韩信的封地却没有正式划定边界，彭越尚未受封为王，他们怎肯前来？如果把梁地、齐地封给彭、韩二人，使其各自为己而战，则楚易破也。"刘邦采纳这一计策，韩、彭果然率大军前来参加垓下会战，一举消灭了项羽。

娄敬谏刘邦定都关中。

刘邦即皇帝之位于汜水之阳后，便来到洛阳，想要定都于此。这时，来自齐地的一位名叫娄敬的士卒前往陇西郡戍守，路过洛阳。他得知刘邦想要以洛阳为都城，便通过虞将军请求拜见皇上，得到皇上的恩准。娄敬穿着羊皮衣裳面见刘邦，陈述洛阳的地理形势不宜作为都城，唯有关中的地理形势才是都城的理想处所。刘邦认为娄敬讲得有理，但拿不定主意。询问群臣，因群臣都是山东六国之人，都说是定都洛阳便利，刘邦更拿不定主意了。最后，刘邦询问张良，张良肯定娄敬的意见，又在理由上作了进一步的补充说明。于是，刘邦当机立断，下令当日便车驾西行，定都于关中。

叔孙通劝谏刘邦不可改立太子。

刘邦因太子刘盈"仁弱"，想改立赵王如意为太子。由于大臣们的一致反对，未能实行。刘邦东征黥布归来后，病情日益严重，愈发想改立太子。叔孙通为此而劝谏刘邦，指出晋献公改立太子，晋国因此而动乱数十年；秦始皇不早立扶苏为太子，致使赵高得以诈立胡亥为帝，秦朝因此短命而亡。最后，叔孙通说：陛下一定想要改立太子，愿立即死于面前，以血污地。刘邦见叔孙通谈古论今，以死相争，知道群臣都不拥戴如意为太子，便当场表示不再提改立太子一事。

十　《大风歌》

刘邦为汉帝国所留下的物质财富，今日大多已难以寻觅；唯有《大风歌》一篇，至今仍以其雄伟的气势，传诵于世间。

刘邦自沛县起兵后，十多年来一直没有机会回到自己的家乡沛县。在东征黥布凯旋的归途，路过家乡沛县，这次他不能不在家乡住上几天了。东征黥布时，刘邦虽然被流矢击伤，但黥布叛乱却很快被平定下去，天下的异姓诸侯，只剩下地处偏远的长沙王，势力微弱，又一向恭顺朝廷，天下可谓已安定下来。在这种情况下，刘邦回到阔别已久的家乡，心情是十分得意的。

自刘邦即皇帝位后，沛县早已按照丞相萧何的指令为皇帝建筑了离宫别馆，盼望着皇上早日光临故乡。当沛县父老乡亲们得知皇上的车驾已光临沛县，住进沛宫，全城的男女老少无不奔走相告，欢呼雀跃。不难理解，沛县的百姓们有谁不为家乡出了个开国皇帝而感到荣幸万分呢？

刘邦在沛宫举办盛大的酒宴，招待沛县的父老子弟。酒会上，刘邦与昔日的乡亲们畅叙往日故事，欢声笑语，一浪高似一浪，刘邦感到无比的痛快。沛县为欢迎皇帝的到来，早已挑选了一百二十名儿童，教他们为皇上合唱颂歌。当刘邦和乡亲们饮酒进入高潮的时候，殿下响起了孩子们银铃般的歌声。孩子们的歌声使刘邦的兴致更浓，当场亲自击筑（弹拨乐器），高唱自己所作的一首歌：

大风起兮云飞扬，
威加海内兮归故乡，
安得猛士兮守四方！

这些人选的儿童个个机灵，皇上的歌词又只有三句，他们很快便学会了。刘邦一边击筑，一边与儿童们合唱《大风歌》，反复合唱多遍，歌声在沛宫上空回荡。这时，刘邦不禁起身与大家跳起舞来，整个宴会的气氛达到了高潮。

乐极生悲，刘邦在高歌起舞之时，又想起当年的往事，"慷慨伤怀，泣下数行"。刘邦怀着一片深情对沛县父老们说：

"远行外地的游子，总是怀念故乡的。我虽定都关中，但是百年之后，我的魂魄还是要回到故乡的。况且我自从被立为沛公以来，讨伐暴君逆贼，如今终于取得天下，现在就以沛县作为我的汤沐邑，世世代代免除沛县的赋税徭役。"

沛县父老子弟闻听皇帝的恩赐，无不高呼万岁。

沛县的父老乡亲们整日陪着皇上开怀畅饮，谈论往事，刘邦十分高兴。就这样，刘邦一连在沛宫住了十多天。当刘邦准备离开家乡时，父老乡亲们都一再挽留，希望皇上再多住几天，刘邦不得不婉言说道："我的随从人员很多，总是留在这里你们可供给不起啊。"

启程的那天，沛县城中的男女老少倾城出动，都赶到郊外向皇上敬献酒食。这种场面，使刘邦深受感动，便又留下来，在郊外搭起帐篷，又同乡亲们在一起痛饮了三天。

这时，沛县的父老们向皇上叩头请求说："我们沛县有幸世代免除赋税徭役，可丰邑却未能得到免除，望陛下能可怜他们。"

"丰邑也是我生长的地方，我怎会忘记。因为当年丰邑人跟着雍齿背叛我，倒向魏王一边。"刘邦回答说。

沛县父老再三请求，刘邦最终还是答应丰邑与沛县一样，世代免除赋税徭役。

刘邦在沛县同父老乡亲饮酒十余日，表明他虽然做了天下的皇帝，可他的心还是同家乡的父老子弟们连在一起的。这同项羽的"富贵不归故乡,如衣锦夜行",不可同日而语。而刘邦在家乡所作的《大风歌》,第一句中的"风""云",回顾了他争夺天下、安定国家的往事。第二句中的"威加海内",说的是他所成就的帝业;"归故乡"三字是用来抒发他对父老乡亲们的一片思念之情。第三句中的"安得猛士兮守四方",表明了他希望自己所成就的帝业能够传之久长的深谋远虑。

刘邦以他的《大风歌》回顾了自己的一生,表达了他对后人的期望。五个月过后,他便与世长辞了,终年六十二岁。

汉高祖刘邦大事年表

秦昭王五十一年（公元前 256 年）一岁

刘邦生于沛县丰邑的一个普通农民家庭。

秦始皇二十六年（公元前 221 年）三十六岁

秦王政统一六国，号"始皇帝"。此后数年中，刘邦当上了秦帝国泗水郡沛县的泗水亭长，与吕雉结为夫妻，多次带领服役的民夫和刑徒去咸阳服役，与萧何、曹参结为密友。

秦始皇三十七年（公元前 210 年）四十七岁

大约在此年，刘邦于丰西亭释放刑徒，亡入草莽，匿身于芒、砀山。七月，秦始皇帝嬴政病死于沙丘。李斯、赵高立始皇少子胡亥为二世皇帝。

秦二世皇帝胡亥元年（公元前 209 年）四十八岁

秦二世东巡，继续修建阿房宫。征材士五万人屯卫咸阳。

七月，陈胜、吴广于大泽乡起义，陈胜称王，号张楚，派人四出略地；武臣徇赵地，于八月自立为赵王；周市徇魏地，立魏咎为魏王；周文西击秦，至戏，被秦将章邯击败。

九月，刘邦于沛县起兵，称沛公。项梁与侄儿项籍起兵于吴。田儋于齐起兵，称齐王。韩广奉武臣命徇燕地，自立为燕王。

秦二世二年（公元前208年）四十九岁

秦将章邯率军东下，出函谷关，接连打败以陈胜为首的农民军，陈胜被御者庄贾所杀。张耳立赵歇为赵王。秦嘉立景驹为楚王。项梁渡江后与秦嘉、景驹交战，嘉、驹败死。项梁立楚怀王孙（名为"心"）为楚王，仍号怀王；又立韩成为韩王。章邯大破齐、楚、魏的军队，杀齐王修，魏王咎自焚而死。齐人立田假为齐王，田荣攻田假立田市为齐王。

雍齿以丰邑背叛刘邦，刘邦投奔项梁，与项羽共同率军西略地，至雍丘，大败秦军，斩秦三川守李由。

秦将章邯大败楚军，项梁战死，刘邦与项羽引兵东归。楚立魏豹为魏王。章邯率秦军攻赵，赵求救于楚。楚怀王命刘邦率兵西攻秦，派宋义、项羽等率军北上救赵。

秦二世杀李斯，夷三族。

秦二世三年（公元前207年）五十岁

十一月，项羽杀宋义，自为假上将军，于巨鹿之战大败秦军，秦将章邯向项羽所率领的诸侯军投降。

刘邦在河南、湖北等地的西进击秦途中，接连攻下城池，八月入武关。

赵高杀秦二世，立二世兄子子婴，贬号为秦王。九月，秦王子婴杀赵高，夷三族。

刘邦于蓝田大败秦军。

汉王刘邦元年（公元前206年）五十一岁

十月，刘邦率大军至霸上，秦王子婴向刘邦投降，秦亡。刘邦入咸阳，旋即还军霸上。十一月，刘邦与关中百姓约法三章，废除秦朝苛法。

十二月，项羽率诸侯大军到达新丰鸿门，设鸿门宴，入咸阳，杀子婴，放火烧秦宫室。

正月，项羽尊楚怀王为义帝，徙往江南。项羽自立为西楚霸王，都彭城。项羽分封诸侯，刘邦受封为汉王，都南郑。

汉王刘邦到汉中就国，以萧何为丞相，不久拜韩信为统兵大将，制定攻占三秦的作战方案。八月，刘邦与韩信出兵北上，攻占三秦。

汉王刘邦二年（公元前205年）五十二岁

九月，项羽派九江王黥布等将义帝杀死于大江之中。陈余约齐袭逐常山王张耳，迎代王赵歇复为赵王，赵歇以陈余为代王。

正月，刘邦出函谷关，慰问关外父老。项羽击齐王田荣，复立田假为齐王，齐地人民纷纷反抗。

二月，刘邦废秦社稷，立汉社稷。

三月，刘邦率汉军于临晋东渡黄河，迫使西魏王豹投降，俘殷王司马卬，进攻项羽，楚汉战争从此开始。

四月，田横逐齐王田假，立田广为齐王。刘邦率诸侯军共六十万攻入彭城，项羽以三万精兵大败刘邦诸军于彭城。刘邦逃至荥阳，在萧何补充兵源与粮食的情况下，与楚军相持于荥阳一线。关中大饥，人相食。

八月，韩信于临晋东渡黄河，俘虏韩王信、魏王豹。闰九月，韩信平定代地。

汉王刘邦三年（公元前204年）五十三岁

十月，韩信井陉口大破赵军，虏赵王歇。十一月，九江王黥布归附汉王。

五月，刘邦使韩王信等人守荥阳，自己率数十骑逃至成皋。六月，项羽攻陷荥阳，进攻并围困成皋。项羽攻克成皋，刘邦逃走。六月，项羽分兵守成皋，亲自率大军东击彭越，彭越退走。刘邦剥夺韩信部下精兵，扼止楚军西进。九月，刘邦派郦食其说齐，齐附于汉，撤除守备。

十月，韩信率大军袭击齐历下军，攻陷临淄。齐王田广烹郦食其，向东退走。十一月，项羽派龙且率楚军救齐，号称二十万。韩信于潍水大败楚军，杀死龙且，俘虏田广。田横立为齐王，不久败逃，齐国尽被韩信占有。刘邦破楚军，又攻取成皋，驻守于广武，与楚军相持。汉立张耳为赵王。二月，汉立韩信为齐王。七月，汉立黥布为淮南王。八月，汉初定算赋。项羽因军中缺粮，与刘邦订立和约，以鸿沟为界，中分天下，东属楚，西属汉。项羽归还刘邦的父亲太公和妻子吕雉。九月，项羽引兵东归。

汉王 / 汉高帝刘邦五年（公元前202年）五十四岁

十月，刘邦接受张良等人劝谏，违背与项羽的和约，东向追击项羽，初战汉军失利。十二月，韩信、彭越、黥布分别率大军赶来，与刘邦所直接统率的军队会合，将项羽所统率的楚军围于垓下。项羽突围，败走乌江，自刎而死。

正月，汉徙韩信为楚王，立彭越为梁王。

二月，刘邦即皇帝位于汜水之阳，是为汉高祖高皇帝。徙衡山王吴芮为长沙王；立故越王无诸为闽越王。五月，诏令兵皆罢归家，汉高帝发布五月诏书，复故爵田宅，赐军功爵。接受娄敬的进言，从洛阳启程，西都关中。六月，于都城栎阳发布大赦令。七月，燕王臧荼起兵反叛。九月，臧荼兵败被俘，立卢绾为燕王。项羽故将利几起兵反叛，不久兵败。定币制：黄金以斤为单位，又铸荚钱（五分钱）。

汉高帝六年（公元前201年）五十六岁

十二月，黜楚王韩信为淮阴侯。大封功臣。正月，大封同姓诸侯王。徙韩王信封地于太原。九月,韩王信投降匈奴,匈奴冒顿单于入侵太原。汉高帝命叔孙通制定朝仪。

汉高帝七年(公元前 200 年)五十七岁

十月,长乐宫建成,始用叔孙通所制定的朝仪。高帝亲自统兵击韩王信,信败走匈奴,勾结匈奴兵攻汉。高帝追匈奴兵至平城,被匈奴兵围攻七日,用陈平计,始得脱险。二月,自栎阳徙都长安。

汉高帝八年(公元前 199 年)五十八岁

冬,高帝击韩王信余寇于东垣,过柏人县,贯高谋刺高帝而未遂。春,令贾人毋得衣锦、绣、绮、谷、绵、纻、罽、操兵、乘、骑马。匈奴多次入寇北部边境,刘敬献和亲策。

汉高帝九年(公元前 198 年)五十九岁

冬,派刘敬出使匈奴和亲结盟。十一月,徙齐楚大族及豪杰于关中,共十余万口。正月,黜赵王张敖为宣平侯。六月,更以丞相萧何为相国。

汉高帝十年(公元前 197 年)六十岁

太上皇太公卒。九月,代相陈豨勾结匈奴,叛变,自立为代王。高帝亲自统兵前往平定陈豨。

汉高帝十一年(公元前 196 年)六十一岁

冬,陈豨兵败。正月,吕后与萧何计杀韩信。三月,杀彭越,夷三族。五月立赵佗为南越王。七月,黥布起兵反汉,高帝率大军东征。

汉高帝十二年(公元前 195 年)六十二岁

十月,黥布失败南逃被杀。二月,派樊哙击卢绾,绾逃亡入匈奴。

四月甲辰日,刘邦卒于长乐宫。

太子刘盈嗣位,是为孝惠皇帝。